本书获红河学院学术著作出版资助项目资助

学术文库丛书

清末政治旋涡中的御史
(1894-1911)

郑翠斌 著

中国社会科学出版社

图书在版编目(CIP)数据

清末政治旋涡中的御史：1894～1911／郑翠斌著．—北京：中国社会科学出版社，2016.4

ISBN 978-7-5161-7672-6

Ⅰ.①清… Ⅱ.①郑… Ⅲ.①御史制度-研究-中国-1894～1911 Ⅳ.①D691.49

中国版本图书馆CIP数据核字(2016)第037628号

出 版 人 赵剑英
责任编辑 宫京蕾
特约编辑 乔继堂
责任校对 周 昊
责任印制 何 艳

出 版 中国社会科学出版社
社 址 北京鼓楼西大街甲158号
邮 编 100720
网 址 http：//www.csspw.cn
发 行 部 010-84083685
门 市 部 010-84029450
经 销 新华书店及其他书店

印刷装订 北京市兴怀印刷厂
版 次 2016年4月第1版
印 次 2016年4月第1次印刷

开 本 710×1000 1/16
印 张 16
插 页 2
字 数 254千字
定 价 60.00元

《红河学院学术文库》编委会

《红河学院学术文库》总序

红河学院地处红河哈尼族彝族自治州州府蒙自市，南部与越南接壤。2003年升本以来，学校通过对高等教育发展规律的不断探索、对自身发展定位的深入思考，完成了从专科到本科、从师范到综合的“两个转变”，实现了由千人大学向万人大学、由外延扩大到内涵发展的“两大跨越”，走出了一条自我完善、不断创新的发展道路。在转变和跨越过程中，学校把服务于边疆少数民族地区的经济社会发展、服务于桥头堡建设、服务于培养合格人才作为自己崇高的核心使命，确立了“立足红河，服务云南，辐射东南亚、南亚的较高水平的区域性、国际化的地方综合大学”的办学定位，凸显了“地方性、民族性、国际化”的办学特色，目前正在为高水平的国门大学建设而努力探索、开拓进取。

近年来，学校结合区位优势和独特环境，整合资源和各方力量，深入开展学术研究并取得了丰硕成果，这些成果是红河学院人坚持学术真理、崇尚学术创新、孜孜以求的积累。为更好地鼓励具有原创性的基础理论和应用理论研究，促进学校深入开展科学研究，激励广大教师多出高水平成果和支持高水平学术著作出版，特设立“红河学院学术著作出版基金”，对反映时代前沿及热点问题、凸显学校办学特色、充实学校内涵建设等方面的专著进行专项资助，并以《红河学院学术文库》的形式出版。

学术文库凸显了学校特色化办学的初步成果。红河学院深入实施“地方性、民族性、国际化”特色发展战略，着力构建结构合理、特色鲜明、创新驱动、协调发展的学科建设体系，不断加大力度推进特色学科研究，形成了鲜明的学科特色，强化了特色成果意识。学术文库的出版在一定程度上凸显了我校的办学特色，反映了我校学者在研究领域关注地方发展、关注民族文化发展、关注边境和谐发展的胸怀和视阈。

学术文库体现了学校力争为地方经济社会发展做贡献的能力和担当。服务社会是大学的使命和责任。学术文库的出版，集中展现了我校教师将科研成果服务于云南“两强一堡”建设、服务于推动边疆民族文化繁荣、提升民族文化自信、助推地方工农业生产、加强边境少数民族地区统筹城乡发展的追求和担当，进一步为促进民族团结、民族和谐贡献智慧和力量。

学术文库反映了我校教师在艰苦条件下努力攀登科研高峰的毅力和信心。我校学者克服了在边疆办高等教育存在的诸多困难，发扬了蛰居书斋、沉潜学问的治学精神。这批成果是他们深入边疆民族贫困地区做访谈、深入田间地头做调查、埋头书斋查资料、埋头实验室做研究等辛勤耕耘的成果。在交通不畅、语言不通、信息缺乏、团队力量薄弱、实验室条件艰苦等不利条件下，学者们摒弃了“学术风气浮躁，科学精神失落，学术品格缺失”的陋习，本着为国家负责、为社会负责、为学术负责的担当和虔诚，展现了追求学术真理、恪守学术道德的学术品格。

本次得到学校全额或部分资助并入选文库的著作涵盖文学、经济学、政治学、教育学等学科门类的七部专著，是对我校学术研究水平的一次检阅。尽管未能深入到更多的学科领域，但我们会以旺盛的学术生命力在创造和进步中不断进行文化传承和科技创新，以锲而不舍的精神和舍我其谁的气质勇攀科学高峰。

“仰之弥高，钻之弥坚；瞻之在前，忽焉在后”，对学术崇高境界的景仰、坚韧不拔的意志和自身的天分与努力造就了一位位学术大师。红河学院人或许不敢轻言“大师级”人物的出现，但我们有理由坚信：学校所有热爱科学研究的广大师生一定能继承发扬过去我们在探索路上沉淀的办学精神，积蓄力量、敢于追梦，并为努力实现“国门大学”建设的梦想而奋勇前行。当然，《红河学院学术文库》建设肯定会存在一些问题和不足，恳请各位领导、各位专家和广大读者不吝批评指正，以期帮助我们共同推动更多学术精品的出版。

甘雪春

2013年10月

目　　录

绪　论

一　微观解史：从细微处着眼

在清朝制度中，御史担负监察百官、肃清官气、维护制度的职责。这是御史职能的最主要方面，构成其日常工作的核心部分。除此而外，御史一职因其言责，还担负对社会监控的功能。凡涉及政治利弊、灾害救济、民生疾苦、社会隐忧之类，都是御史日常工作需要留心并及时纠弹的方面。御史作为清代政治系统监察部分的重要构成，其监察成效既取决于当轴态度，也有赖于御史提案质量，还与当时舆论环境息息相关。基于上述缘由，观察御史政治运作中的各方关系，御史思想、学养的个体差异等方面，就成为政治史研究很好的介入角度。

作为“耳目”之官，御史虽不能直接参与决策，更不能以直接行政方式剔除秕政，但拥有独立奏事权，是最高决策层信息收集的重要途径。御史的奏议活动，不仅构成最高决策机制启动的重要激发因素，而且还是最高统治者获取最终行政反馈信息的途径。尤其在涉及官场肃清、社会干预的领域，御史奏议对最高决策层施政的影响显而易见。

晚清政治因其内外交困，呈现诸多新特征，最高统治层为获得广泛政治谅解，而屡下诏罪己，并广开言路示以虚心纳谏作风，期望达到振刷官场生气的目的。御史以其身在言路、职负言责，自然不能缄默。况晚清官员亦不乏持政治理想主义者，又或出于忠君信念，而不愿尸位素餐。更有筹谋升途之人，也会借机展布才能。言路因此而活跃非常，政治一时受其钳制。御史作为言路中坚，政治参与的愿望较他者更胜。其谏议所及，一时不容忽视。考察晚清政治，御史构成其中一环，虽非核心组成，却正符合微观解析政治的特点。

晚清官场腐败黑暗，后胜于前。清政府历次下诏整肃，亦多未形成效。御史职司监察，纠弹不法，本分内事。但身处政治旋涡，御史每一行使纠劾，都可能承负行动表象之外的政治意向，哪些是属于纠弹程序的正常方面？而哪些又属于渗透最高决策者意图的方面？还有哪些是属于个人意气甚或是他人请托之举？解开晚清政治腐败的密码，未必就产生非凡意义，然政治运作的细微之处，恰是政治表现最真实的方面。将各种曾被忽视的政治结络连缀，或隐现出另一视阈下的历史真相，这才是详订细考历史本义之所在。如此，在晚清政治史框架里，针对御史政治活动的专门考察，于修补晚清政治史全貌，至少在细节上，是一种有意义的活动。

晚清政局波谲云诡，政治人物内心之复杂，政治关系千条万缕，都需要研究者从历史事件最细微处着眼，以便捕捉政治人物外在言行与内在政治心理的对应关系。制度的约束，政治运作的复杂、微妙，造成身处其间的御史们，在对政治活动进行监督时，往往受到多种政治因素影响。其结果不但有违制度设计者的初衷，也非监察机能实际发动者所乐见。中国传统政治关系中，并非轻易能将社会道德、人际交往和利益交换等因素区分清楚，因此政治活动的制度功能，便成为可动态控制的事物。身处晚清政治风浪中的御史们，往往自觉或者被动成为政治斗争工具，便是制度特性被政治斗争非正当利用的体现。晚清政局，从辛酉政变、甲申政潮、戊戌政变，到丁未政潮，几度变迁，其间均能看到御史闪现的身影，其事态触发者的作用显而易见。而在御史政治活动背后，却隐藏着操弄政治的真正主角们。政治局面的最终形态，均出自他们的意图和权谋，而御史只是政治倾轧的工具罢了。

自甲午战败，变政呼声日高。作为君主耳目、制度监护的御史们，显然出现了政治选择方向上的分途。小部分御史加入变政的行列，并成为其中较有影响的推动者，而同样是小部分的御史则严守制度护持者的角色，更少数则成为与变政者对抗、为政变者张目的政治投机者。但无论怎样，他们只能是既成政治走向的加速者或延缓者，并不能从根本上改变结局。揭示某段历史真实，把御史作为研究对象，只是多加了一个扫描细节。在众多细节中，御史也未必是可称重要的那个。这可能也是御史较少进入晚清政治研究视界的原因所在。但作为功能性的御史制度，以及作为政治群体的御史，显然又有其独特的政治表现力，将其作为政治史研究的对象，纵然对总体的政治评价和历史真相无太多补益之处，但就晚清政治研究而言，从细节上着眼，在细微处显示历史真实，又未尝不是一个很好的入手角度，这也正是本书选择御史作为研究对象的立意所在。

二　述史主旨、范围及概念厘清

1. 贯通述史的主旨及范围

写作《清末政治旋涡中的御史》一书面对的第一个问题，便是确定叙事的起止。无论曾经历清朝灭亡，还是后来研究这段历史，人们在一个问题上的认识具有相似性，即认为甲午战争启动了清朝政权瓦解的进程。胡思敬，自认晚清遗老，“甲午通籍以后，身历四大变，而国以倾”①。检讨清朝灭亡之由，成为胡思敬《退庐全集》主要意旨，其多篇文章均在总结当时朝政得失。他认为：“自辽东丧师，上海时务报出，士论始嚣，再经戊戌、庚子两变，外辱内阋，一反一激，而奸人得所借手。至丙午，五大臣考察宪政归，袁世凯携兵入京，变六官为十部，祖制尽堕，祸乃大稔。虽有智者，不能善其后矣。”② 在后来研究者中，石泉表达了类似意旨。关于甲午战争在清朝灭亡中的关键性作用，石泉曾做过一个精辟的总结。他说，甲午中日战争“无论就远东国际情势，或就中国国内局势言之，皆为近代史上划时代之大事……就中国国内局势言之，自同治中兴以至甲午，二三十年间大致可称稳定，在此期间，李鸿章身统海陆精锐，总绾北洋兵权，创行洋务，筹办海防，以肆应中外，当天下之冲，实为一时重心。而甲午惨败之后，精华略尽，淮军声势一落千丈，李氏本人退居闲散。京畿重地之政局形势，亦随之巨变。乙未以后，北洋新军肇建，维新运动大起，革命运动亦萌芽海外，而戊戌、庚子之变，相继起于中枢。新政、新军渐次遍于各省，满汉种族之争，中央地方之争，政治派系之争，新旧思想之争，纷然日盛，遂以速清之亡，并成民国以后纷扰无宁日之局。凡此种种，溯其关键所在，亦

---

① 胡思敬：《戊戌履霜录》，《退庐全集》，《近代中国史料丛刊》第45辑，文海出版社1966年版，第1490页。说明：以下注释若同一来源，出版者、出版时间等信息概予省略。

② 胡思敬：《丙午厘定官制刍议》，《退庐全集》，第1376页。

莫不以甲午一战为其转捩点也”①。

至于清朝灭亡原因，1924 年张謇在《四川忠县秦太公墓表》中，曾感叹晚清朝政：“嗟乎！晚清朝政之乱，表病在新旧，本病在后帝，始于宫廷一二人离异之心，成于朝列大小臣向背之口。因异生误，因误生猜，因猜生嫌，因嫌生恶，因恶生雠，因雠生杀。恶而雠，故有戊戌之变；雠而杀，故有庚子之变。戊戌雠帝，雠小臣，卒雠清议；庚子杀大臣，杀外人，卒杀无辜之民。”② 认为朝政乱于帝后间猜嫌，并非张謇的独见，胡思敬在《审国病书》中也持类似看法。胡思敬说：“自古天下之乱，多起于家庭骨肉之间。……穆宗厌世，德宗由亲藩入承大统。醇邸携太上之尊，树用私人，结党相倾，恭王之势渐孤，不得不引身而退，由是兄弟不和。孝钦既援立德宗，又欲贵其兄女，册以为后。后长德宗二岁，德色皆仅中人。而长善二女，同时入宫。长曰珍妃，次曰瑾妃（引者注：长为瑾妃，次为珍妃）。珍妃警敏知书善权变，尤有宠，由是夫妇不和。孝钦因后故，痛恶二妃。二妃时播弄于德宗之前，潜谋夺嫡。甲午用兵、戊戌变法，皆由妃党主之。已而康党事败，孝钦再出垂帘，由是母子之间，亦视同仇雠矣。三事首尾相因，祸延数十年，而国运从此不振。”③

胡思敬认为在帝后之外，又有兄弟不和、夫妻不睦，最终导致国运“不振”的结果。而这三对关系转向对抗，则在甲午战争前后。胡思敬谈论清朝走向灭亡，也均以甲午战争为其论说起点。如他在《戊戌履霜录》中说：“日难初平，德衅旋发于胶。士论嚣□，庙谟不定。一二行险侥幸之徒，托名忠爱，鼓煽公卿。于是李端棻言学，荣禄、胡燏棻言兵，翁同龢议设昭信股票，新政始萌芽矣。”他另有一段论说党祸的话：“甲午款夷后，朝政多苟且，上下皆知其弊，以本朝文禁严，屡兴大狱，无敢轻掉笔墨，讥时政者。自时务报出，每旬一册，每册数千言。张目大骂，如人人意所欲云。江淮河汉之间，爱其文字奇诡，争传诵之，行

① 石泉：《甲午战争前后之晚清政局》“引言”，生活·读书·新知三联书店 1997 年版，第 1—2 页。

② 张謇：《四川忠县秦太公墓表》，张怡祖编：《张季子（謇）九录·文录》卷 15，《近代中国史料丛刊续编》第 97 辑，文海出版社 1983 年版，第 2592 页。

③ 胡思敬：《审国病书》，《退庐全集》，第 1257—1258 页。

销至万七千余册。由是康门之焰张，而羽翼成，党祸伏矣。”[①] 在胡思敬看来，正是甲午战败及此后列强的侵略，激化了清朝政治中原有矛盾，由兄弟、夫妻、母子不和而出现政治猜嫌，因新政、党祸而导致清朝最后灭亡。

《清末政治旋涡中的御史》一书，最终选择甲午战争作为叙事起点，既是基于对晚清政局最后阶段特征的分析，同时也认同前人在同一问题上的结论。至于将给事中一并列入对御史的考察，主要依据是御史制度或监察制度与给事中制度或谏诤制度至清代已经合一，若因格于名称刻意将同一制度下的给事中排除在叙事之外，势必限制文本叙述的广度及取样的代表性。高一涵作《中国御史制度的沿革》一书，也一并予给事中制度以考察。可见，这并不是一个可以任意取舍的部分。另外，无论考察历史时空中任一阶段御史的状态，都需要对御史制度做出梳理，以便准确把握御史的制度特性及职官气质，这是理解御史全部政治行为的关键因素之一，也是历史叙述的一个逻辑起点。这便意味着《清末政治旋涡中的御史》在叙述中所跨越的历史时空，并不限于甲午战争至清朝灭亡的十几年中，何况自 19 世纪早期以来，中国人的思想及情感，无不与鸦片战争以来对外的受挫经历有关，仅限于甲午战争以后的叙事，根本无法说明政治人物行为及思想的特征。因此，《清末政治旋涡中的御史》一书的叙事，在主要时间段外，尚需追溯远古政治活动初起之时“御”、“史”及“御史”的历史真态，力图从历史传承中把握御史这一群体在制度、文化及精神方面的特性。这是何其困难的事情，但又何其重要，因为历史上任何看似孤立的事物只是连续时间轴上的一个点。它的存在，相沿既渊，影响至远。历史研究最为忌讳的便是将研究对象孤立化，关于历史人物的研究尤其如此。要想把握御史在清末思想的本真，分析当事人行为及言论固然重要，而溯源其制度及文化的历史根源同样重要。另外，鸦片战争以来相对特殊的社会政治环境，施加于士大夫思想及情感的影响，同样需要做出梳理。历史具有延续性，历史的断裂是研究者一叶障目的误判。

2. “御”、“史”及“御史”的制度文化溯源

中国古代官制中，“御史”作为官称起始很早。从语言演化的角度

---

① 胡思敬：《审国病书》，《退庐全集》，第 1491—1550 页。

观察，用“御史”做官称，当源于政治制度最初形成时的职事划分。王国维《释史》一文认为：“史为掌书之官，自古为要职。殷商以前，其官之尊卑虽不可知，然大小官名及职事之名多由史出，则史之位尊地要可知矣。”① 王国维虽观察到殷商官名及职事与“史”的关系，却并未指明“史”作为职官的起源问题。“史为掌书之官”的说法，虽与《说文解字》“记事者也，从又持中，中正也。凡史之属，皆从史”② 的解读相近，但与《甲骨文字诂林》所列各家之说相比，也只是众说之一。“史”字本义未必史官，但“史”为官称却必与“史”字本义相关。单据甲文构型不足以确定“史”字本义，而据古文献的反推路径似也并不可靠。那么结合汉字创字原则，循人类思维的一般规律，参照社会发展基本水平的推论或能显示某种新结果。

（1）“御”、“史”释义及“史”字本义更近“侍从”的推论

语言哲学在探讨语言意义的时候，很关注语言与实在之间的关系，《西方现代语言哲学》③ 一书在其第一部分就讨论这一问题。中国古代语言哲学思想与此相对应，则是关于“名”与“实”的讨论。孔子对“正名”的重视，即是此一表征：“君子于其所不知，盖阙如也。名不正，则言不顺；言不顺，则事不成；事不成则礼乐不兴；礼乐不兴，则刑罚不中；刑罚不中，则民无所措手足。故君子名之必可言也，言之必可行也。君子于其言，无所苟而已矣。”④ 可见，孔子将语言的准确表达，上升到关涉国家统治，以及个人品行的高度。尤其在汉语的形成过程中，在古代，“单音节词占绝对优势。这样，有限的每一个音节就难免要承担表示许多单音词的任务，也就是说，势必存在大量的同音词”。这样汉语只能以单音节词即字，在外形上的不同进行词义的区别。“每个字都是一个音节，代表一个词。”因此，“汉字是一种直接表词的文字即表词文字”⑤。

御，据《说文解字》，“使马也，从彳从卸”，为会意字。南唐文字

① 王国维：《观堂集林》卷6《艺林六》，中华书局1959年版，第269页。

② （汉）许慎：《说文解字》，中华书局1963年版，第65页。

③ 参见车铭洲编《西方现代语言哲学》，李连江译，南开大学出版社1989年版。

④ 杨树达：《论语疏证》卷13《子路篇》，上海古籍出版社1986年版，第304—305页。

⑤ 董琨：《中国汉字源流》（增订版），商务印书馆1998年版，第20—21页。

训诂家徐锴在《说文解字系传》中注释“卸”，“解车马也。或彳或卸，皆御者之职”，古文作“驭”，字形“从又从马”①。《说文解字今释》一书，更以甲骨文作参证，回溯其造字之原，引罗振玉《增订殷墟书契考释》，“此（指甲文御字）……与午字同形，殆象马策。人持策于道中，是御也”②。然与《甲骨文字诂林》一书所收各家之说相比照，罗说并不准确，《说文》的解释也很成问题。

据《甲骨文字诂林》一书，甲骨研究者对“御”的解释，历来持议不同。孙诒让在甲骨文释解方面可谓先驱，但也每多误释误解。他释“御”为“绍”，几无后来学者支持。罗振玉据《说文》，将“御”从甲骨文中释解而出，获得学者赞同。而其释义亦沿用《说文》，则为其他学者所否定。闻宥便认为，“……罗叔蕴读为御之省文……诸家从之，宥按罗释是也，惟其说则未谛”③。王国维认为，“御”“盖借为禦字，《说文》：‘禦祭也’”。王襄先主“御”为“使马”义，后又以“御即禦之省文”，并“或曰与《诗》吉日以御宾客之御谊同，进也”补订其说。叶玉森赞同罗振玉说法，认为“罗氏释御至确”。郭沫若关于“御”的看法前后亦有使马和祭祀两种。孙海波断定，“御”即“禦”，祭祀义。董作宾亦主此说。吴其昌亦主“御”假为“禦”，表祭祀。闻宥关于“御”，则认为“卜辞所出御字多言迎尸之事”，又有“迎迓于道是为御”之说。杨树达则认为，“禦为攘灾之祭”，往往“具禳灾之义”。陈梦家对“御”之主张同于禳灾之说，另举一用为少数民族称谓的例证。李孝定赞同罗振玉、闻宥对“御”字的释读，认为“御”本义当训迓。饶宗颐则举一例，“御”用为少数民族称谓的情况。屈万里主“御”为祭名。夏含夷通过字形在不同分期形态差异，确定“御”字最初形态，并据字形判断，“御之本义确实为祓除不祥之祭”。裘锡圭也认为卜辞中的“御”多数情况下用为祭名，“‘御’是御除灾殃的一种祭祀”。郭沫若又考察了“御”为“用”的情况。王贵民对甲骨文中“御”的用法进行了分类，以此考察“御”的本来含义。他的最终结论是“它（指‘御’字）的本义都是迎迓”。姚效遂、肖丁赞同

① （汉）许慎：《说文解字》，第43页。

② 汤可敬：《说文解字今释》，岳麓书社2002年版，第271页。

③ 闻宥：《殷墟文字孳乳研究》，《东方杂志》第25卷第3号，1928年，第53—58页。

“御”是祈福禳灾之义，与古代祭祀有关。周国正认定“御”为卜辞中祭祀动词中的一类。于省吾为《甲骨文字诂林》作按语，认为“御”“在卜辞中多作祭名”，而将“御”释为“迎”，则认为不妥，“以迎妇为言，其说非是”[①]。

上举各家说法中，罗振玉依“说文”，释“御”为“驭”，“使马”之义，创议虽早，但难获认同。随着甲骨辞例整理渐多，学者趋向认为，“御”主要与古代祭祀活动有关。王贵民《说御史》一文，综合诸家释“御”之说，确认“御”非“使马”义：“诸说各有所见，均无以驭马为说，足见甲骨文御字非驭马之意可以无疑。”[②] 这与李孝定在《甲骨文字集释》中的按语，正相印证。李孝定认为：“御之本义当训迓，其训进训用者，均由此谊所孳乳。其用为祭名者，则假为禦。卜辞御字以用为祭名之义为多，其训为使马之义者，字当作驭，与御截然二字。”[③] 多数学者主张“御”，与祭祀有关。故此，前述《说文解字今释》一书引罗说，释“御”字原，似有不妥。从《辞源》“御”辞条的八种释义[④]，及衍生词组的释例来看，历经西周进至春秋、战国，“御”的字义有很大变化。这反映了在政治生活日渐复杂的过程中，人们在思维和交往时，需要对特定用字及字义做调整。以“御”为例，其祭名和祭祀意义，逐渐丢失，而抵御和控制含义，则得到扩展，进而成为君主特别用字。

《说文解字今释》参证甲文、金文，为“史”作释：“或以为簿书，或以为简册，或以为盛算之器，或以为笔，待考。”[⑤]《说文解字今释》并未给出明确解释，终以“待考”卸事。而《甲骨文字诂林》列举各家之说，“史”字本义，主要有如下诸种：罗振玉认同“史”为掌簿书者；马叙伦认为“史”字就是“笔”字；吴其昌认为“事”字，“初

① 于省吾主编：《甲骨文字诂林》第1册，中华书局1999年重印本，第391—406页。

② 王贵民：《说御史》，胡厚宣等：《甲骨探史录》，生活·读书·新知三联书店1982年版，第307页。

③ 李孝定编述：《甲骨文字集释》，台北“中研院”历史语言研究所1970年再版本，第589页。

④ 此八种解释为：1. 驾驭车马。2. 治理，统治。3. 侍奉。4. 进用，奉进。5. 女官，侍从的近臣。6. 封建社会指与皇帝有关的事物。7. 抵御。8. 迎接（据广东、广西、湖南、河南辞源修订组，商务印书馆编辑部编：《辞源》，商务印书馆1998年版，第1083页）。

⑤ 汤可敬：《说文解字今释》，第419页。

义……象手执旗形，故而引申有所执事之义”，“更后辗转引申……为专指祭祀之事”；而孙海波认为，“史、事同字，御史亦即御事”；陈梦家则认为，“史为田猎之网而网上出干者”；而李孝定则对《说文解字》之说表示赞同；饶宗颐引王荣宝《法言义疏》认为“史者掌天文之官之总称”；屈万里区分了“史”、“事”、“使”同形异用的情况；丁骕确定了一例“史”为地名的用法；白静川从殷代祭祀与政治不分的特点，从诸侯奉行王的册告出发，推论了事系官职的演变过程；考古所则列举了“史”为“事”，并指祭祀之事的另一例证；于省吾从甲骨字形不同，指出“史”与“事”在指事上存在的差异；徐中舒循甲骨文字间的构形关系，认为“史之本义为事，文史之史，乃引申之义”；方述鑫从甲骨文字形着眼，认为，“史、事二字……本义均是手持武器做事。从史的字又有吏和使，是史的孳乳字，故亦含做事的意思”；胡厚宣则从史字在甲骨中的各种形态入手，进行字形对比，认为与田猎和战争有关，且证实史字在卜辞中“有用为事者”，“又有用为使者”。胡厚宣认为，“古文字史、事、使三字不分”。他举例说：“由甲骨卜辞看来，史官者正是出使的或住在外地的一种武官”。他最后总结道：“总之，由甲骨卜辞看来，殷代的史，尚非专门记言记事，掌握国家文书诏令簿书图册的文官，也不是专门担任着王朝钻龟占卜，钻燧取火以及国家庶事的任务。主要乃是担任国家边防的一种武官”；伍士谦亦持史与狩猎或作战用具相关之说；王贵民据史字一例甲骨构形，且辅之古音，认为“甲骨文史字大部分是事字的意义”；黎虎同样从字形出发，却得出“‘史’之本义当为‘使’”，“其余均为假借引申之义”的结论；刘钊亦说，卜辞中的“东使”、“西使”均指派出的使者。综合以上学者观点，《甲骨文字诂林》作按语：“卜辞‘史’、‘事’、‘使’无别。”就史字本义，大家最终未能给出令人满意的解释，不得不以“姑存以待考”[①] 结论[②]。

但依上述各家观点判断，史字本义非《说文解字》所释之义，基本可以定论。“史”、“事”、“使”的甲骨文为同形，论其构形，或为

① 于省吾主编：《甲骨文字诂林》第4册，第2947—2961页。

② 参见李孝定编述《甲骨文字集释》，第953—970页。

狩猎、作战之会意，或为持节出使之会意，孰为本原，尚难确定。但要作记事者、簿书、简策或笔等文史之类的解释，就史字的甲文构形来说，便有明显不能令人信服之处，更难论及其他。其实，持“史”为田猎或作战用具说，面临的最大问题，便是为什么“史”并没有成为最初专指用字，而却抽象化了？即便是指同类之事，甚或包括祭祀之事，也面临同一问题。相比而言，不论具体指天文之官，或驻守武官，又或持旌节的使者，都与人类认知的一般规律相合。结合“史”的甲骨字形，相比而言，武官或使节就更符合本义了。刘桓在《殷代史官及其相关问题》一文中，依据“史”在早于殷代甲骨文的殷代金文中，字形从㫃这一点，结合吴大澂的早期辨认，支持黎虎对“史”的解释，认为史字构形是“象手持旌旐为信”①，从而否定了王国维对“史”的释读结论。

解读“史”字自须从汉字构形入手，但仅凭字形的推论未必直达本义。就目前所见，殷商甲骨文字书写随意，文字尚处于发展时期。前辈学人虽有认为“史、事同字”，“古文字史、事、使三字不分”②，“殷周以前，史字原为事字”③，或得出“‘史’之本义当为‘使’”，“其余均为假借引申之义”的结论，并区分了“史”、“事”、“使”同形互用的情况，但有关说明仍有不足。从“史”、“事”、“使”三字，甲文中同形互用，尚未明显以字形区分用途来看，文字还处于初义使用阶段。这与多义字不同，原因是三字后来都分别发展了字形。从三字的特性来分析，“史”和“使”都有具象对应，唯独“事”则是对具象的抽象和概括。从人类认知由具象概括到抽象发展的一般规律推断，“事”当在具象的“史”、“使”之后出现，王贵民“事”在“史”前为本义的结论恐非正解。“事”的出现尚须一定概括需求，这更符合文书用语的特征，可能出现于书面语发展的一定时期。

卜辞中另外还存在用“吏”为“事”、为“使”的情况，而“吏”与“史”在构形上只在所执“中”字头上的分叉有差异，似可判断“吏”为“史”字加笔后的衍生字，或许用为区分职事，体现了职官化

---

① 刘桓：《殷代史官及其相关问题》，《殷都学刊》1993 年第 3 期。

② 于省吾主编：《甲骨文字诂林》第 4 册，第 2947—2961 页。

③ 王贵民：《说御史》，胡厚宣等：《甲骨探史录》，第 338 页。

走向。殷商之时受日常对文书需要和书写工具的限制，书面用语中体现高级思维的抽象用语并不常见，表概括的“事”字或使用场景不多，或表义主要与“史”的活动相关而自然使用“史”字，可见，此时的人类实践活动尚无独创一字表义的需要。若“事”在此时只是对“史”活动的概括，那么“史”很可能是一个拥有广泛职责的办事群体。要确定这一点，尚需明确殷商时期的书面语水平和政治活动的基本状态。

《尚书》中虽有“惟殷先人，有册有典”① 的记载，但不能据此便认为商朝人已经利用简牍书写。董作宾认为甲文“册”字，“最初所象之形非简非札实为龟板”②。这一点也得到于省吾的支持：“据出土战国秦汉简册，皆有长有短。但成编之册皆等长。长短不一之册，无法编列。商代册制目前仅见龟骨，尚未发现简牍。”③ 另外，商代用“册”主要在仪式方面，无论“册祝”、“符命”还是“称册”，均与国家大事相关联，或册告天下或祈禳等仪礼，与普通文书活动不同，不会产生大量书写的需要。即便大量存在的甲骨卜辞，从书写角度多为指称性单字的使用，罕有概括性、抽象性字词的出现和需求，而且大量甲骨龟板的保存很可能只是占卜仪式的一个环节，并非有意识的保存文献活动，事后重新翻阅的可能性不大。如果尚未利用简牍作为书写工具，由于受书写条件与文书需求的局限，殷商时书面语发展在抽象、概括方面的水平可能很有限。“史”、“事”、“使”三字在殷商时仍处于同形互用，或正说明了语言发展的这一局面。

从“史”、“事”、“使”及“吏”同源这一点来看，“事”显然是对“史”、“使”及“吏”活动的概括和抽象。“史”在甲文中的用义并不明确，这也是前辈学人解读出现歧义的原因所在。究其原因在于前人解读甲文“史”字，均从创字对应具体活动的思路出发。甲文“史”字所对应的恐非某人从事某项活动，而是某个与王事相关人群的随时听命状态。从“史”字在多种活动中出现的情况判断，居于这种地位人群的职责并不固定且与王的关系紧密，也许只有“侍从”才会具有这

① 《尚书正义》卷16《多士》，《十三经注疏》本，中华书局1980年版。

② 于省吾主编：《甲骨文字诂林》第4册，第2962页。

③ 同上书，第2963页。

种特征。中国文字创制时期也是国家制度形成时代，即便殷商时代王事还不复杂，随王伴驾，可能主要由大量随时待命的“侍从”承担，而非职司专责的职官。在后来发展起来的职官制度中，事务类官员或主要由“侍从”群体发展而来。这也便是王国维据古文献而得出“然大小官名及职事之名多由史出”判断的主要缘由。

从“侍从”到“职官”经历了一个较长的制度发展过程，而“史”字创制于这一过程还未展开的初期，而“吏”应该后出，故甲文象形无论是“人手执旗形”、“为田猎之网而网上出干者”、“簿书，或以为简册，或以为盛算之器，或以为笔”、“手持旌旄为信”、“手持武器做事”或从事祭祀活动，均与“侍从”的身份相关。在中国历史传承中，“巫”的职业角色特殊，并与王权渐行渐远，“史”由巫出的可能性不大。至于“史”在卜辞中出现在祭祀活动中，或正体现了其“侍从”角色的特点，即职责多样。“使”也是“侍从”受命职事中的一种，或因其在政治活动中的重要性，而逐渐发展出专用字形，反映了部族间交往活动的加强。而“事”则是对具象活动的概括，这符合书面语发展的特性，主要与书写活动对具象事物概括和抽象的要求有关。随着政治领域文书需求的扩展，以及教育等文化活动中书写行为更加普遍，加之竹简等书写工具的发明和普及，书面语水平得到提高，体现思维更高水平的概括和抽象类字词逐渐增加。“史”、“事”、“使”，甚至“吏”，到西周创出各自独立写法，表现了语言文字及社会政治的进步。

（2）“御史”由“侍从”到职官的演变

到目前为止，御史一词单独各字的本义，并不能最终确定。但两字的相互关系，还是较为明显。御史一词，“史”为名词，而“御”表修饰。作为官名，“御史”应由“史”官分化而来。据王国维《释史》一文认为：“史为掌书之官，自古为要职。殷商以前，其官之尊卑虽不可知，然大小官名及职事之名多由史出，则史之位尊地要可知矣。”[①] 王国维关于“古之官名皆由史出”的结论，基于对“史”本义的解释，这很难让后来学者认同。王贵民就认为：“这些结论明显地是错误的，

① 王国维：《观堂集林》卷6《艺林六》，第269页。

其源在于他以史字为本原，以事字为后起，颠倒了文字发展的历史。”王贵民对此的更正是：“殷周以前，史字原为事字，故大小官名及职事之名，本从事出，殷墟卜辞史即事之初文，是本已有事字……前古官名实不由史出，乃由事出。”① 至于后世官名如何由事而史的转变，王贵民的分析是：“可以觇古时官职出乎事，官阶初非如后世之森严，分职初非如后世之明确，故常统以事名之，犹是官事可摄之状。逮乎季世，奴隶制度发展，压榨机器日繁，人事益纷，名位益殊，分职需明，政事、庶事、文事、武事有别，故官名尚别，于是有事、史、吏、司之分，语言有别，文字自随之孳乳而寖多也。”② 刘桓也表达了与王国维结论不同的观点：“史字构形并非‘象手执简，立于旗下’，而是象手持旌旄为信。史字从口，应属后加的成分，表示用口说话，盖古宣王命之意。”刘桓认为“史”的本义是古代承宣王命的使节。至于卜辞中出现的史官，他则认为：“卜辞亦多用史指史官，则已非用字之本义而为借用之意了。”至于卜辞中史官的来历，刘桓观点如下：“史是最早出现的与文字结缘的人，换言之是最早的知识分子”；“当成于众手的文字制作，达到一定数量时，为了便于应用，便需要有专门人对它进行整理，这样就造就了极少数的知识分子，被称为‘史’的人”。这一推论，刘桓是依据古书关于史官创制文字的传说做出的。当然古史渺茫，刘桓也承认，“这些记述也明显地带有传说性质”。不过，对上古存在创制文字的史，他还是持比较肯定意见的。他说：“上古即有善于收集整理乃至制作文字的史，他们在文字发明中卓著劳绩，似乎可以肯定。”除掌管与文字相关的事务外，刘桓推断：“最初史官所参与的事情一定很多，且无所谓专门分工，故其职掌也一定比后来《周礼》所述的范围更为广泛。只是后来的国家进一步分官设职，才减少了史官的沉重负担；史官事务繁多，应接不暇，又导致了史官不同的分工。”这一推断与王贵民关于史官掌管庶事的结论，基本一致。就殷墟卜辞所见，刘桓依职掌不同，将殷代史官大致分为三类，一为作册，“西周沿袭下来或称作册内史或作命内史”；一为大史，“此职西周相因而不变”；一为四

① 王贵民：《说御史》，《甲骨探史录》，338—339 页。

② 同上书，第 339 页。

方之史亦即御史，“乃殷王委派之地方官，职掌与《周礼》的御史有同有异”。[①] 殷墟卜辞中，御史一词，有两种使用情况。一种是用为动词，“就是命令某人入王室‘御事’，即迎接事务”；另一种是用为名词，即“‘御事’的官名”。王贵民认为：“此时的‘钾史’是‘御事’，是对为王室政事服务的官职一种概括性的称谓，不是《周礼》中‘掌治令’的‘御史’。”[②]《周礼·春官·御史》对御史职掌的描述为：“御史掌邦国都鄙及万民之治令，以赞冢宰，凡治者受法令焉。凡数从政者。”其中“凡数”应作“数凡”[③]。对此，刘桓则认为，《周礼》对御史职掌的记录太过简略，“疑记述有疏漏”。同时刘桓认为，御史是殷王设于边地之官，是派往周围臣服方国部族行使监管职能的官员，担负军事防御职能。他认为：“从这个意义上说，它与《周礼》‘御史’职掌多有相合。”[④]

刘桓认为：“殷代史官的建置远较他官完备。”虽是如此，刘桓并不认为殷代史官，可以等同于《周礼》所称的史，即后世所谓掌文史一职的史官。在刘桓的描述中，殷代的史官是一个官系，并将其分为三类。田标在《由“史”字论殷代的“史官”并非史官》一文中，则将殷代史官分为事、史、使、吏四类。在刘桓的分类中，御史单独成为一类，为四方之史。而在田标的分类中，御史则符合两个分类的标准。一个是“事系”，一个是“史系”。田标一文，对史官的传统含义及职掌进行了回顾：“‘史官’之名，自司马迁、班固开始使用，经刘知几对其从理论上进行规范，而后历代相沿。《周礼》中序官篇、宰夫篇、小史篇中‘史’引郑司农注，皆谓史官掌书起草，修史记事，这代表了秦后至今的传统看法。”田标认为：“甲骨文字的本来意义与商代刻辞中的实际意义以及用法相同步的看法是不实际的。依照殷代的使用情况或者后代（殷周以后）对史官的看法，来考证甲骨文的本义的方法也

① 刘桓：《殷代史官及其相关问题》。

② 王贵民：《说御史》，《甲骨探史录》，第 334—335 页。

③ 见孙诒让撰《周礼正义》，王文锦、陈玉霞点校，中华书局 1987 年版，第 2140—2141 页。

④ 刘桓：《殷代史官及其相关问题》。

是值得怀疑的。”① 如果史在殷代没有析分，那么我们可以推定在殷人的思维观念里面，并没有史、事、使、吏四个字的区别特征。在语用上，他们把甲骨文中使用史某、某史之类职官统称为“史官”确实存在一定问题。

否定殷商“史官”即后世史官有两条途径，其一，从字形考证其本义，说明史的初义并非会意执册之史，进而否定史为传统意义上的史官；其二，否定字形本义与史官词义之间的直接联系。史官之史只是字形的借用，并无字义之间的相通。前一种途径，众说纷纭，很难定实史字本义。这样既不能完全否定前说，也不能明确后说。而后一种途径，既反对字义间关系，却又故意忽略对字义的探究，终究不能说明后世史官之史与殷商史官之史的联系。最主要还在于不能说明为什么古人用了“史”而未用其他，是什么因素成就了史官系统，而不是其他。解决这一问题，单从字义考释着手，未免手段太过单一。史官系统作为政治制度的一个构成部分，终究要从王权系统中派生而出。无论执册抑或其他职责，史官都是与王权最接近的一群人。虽无爵秩，但因直接奉行王命，而备受信任。在古代政治制度上尚处于萌芽、筹建阶段时，史官的职能具有多样性，不限定于某一特定职责。由其地位论，大约便同于《毛公鼎》、《小子师敦》、《番生敦》的卿士，殷墟卜辞作卿史。随着古代政治制度逐渐走向职业化、分职化，某些名称下的史官职责便逐渐固定下来。诸如，御史因在古代史官系统中，倾向外事甚至军事方面的职能，那么在春秋战国时则随侍君王，参与外交并加记录。因御史常备君王顾问，类同耳目，才会在秦朝制度中被高举为御史大夫，专掌监察职能。由此而论，王国维在《观堂集林·释史》中认为古之官名多由史出便是有一定道理的说法了。至于认为御史作为官名，在“战国齐、赵、魏三国设置，为国君的秘书”②，大约只是归纳古文献中类似记载的结果，或并未就此做更深入探究。俞鹿年编《中国官制大辞典》，“御史”词条下的举例，便直接取自《战国策》“韩策一”、“赵策二”，《史记·滑稽列传》中淳于髡语，以及《史记·蔺相如列传》中秦赵渑

① 田标：《由“史”字论殷代的“史官”并非史官》，《现代语文》（语言研究版）2007年第8期。

② 俞鹿年：《中国官制大辞典》，黑龙江人民出版社1992年版，第283页。

池之会的相关内容。将这几种文献中有关御史活动的记载加以归纳，其职能如下："别国使臣来献国书时，常由御史接受"；"国君宴会群臣时，常是'执法在前，御史在后'"；"两国国君会见，也常有御史在旁记录"。[①] 这些记述只能证明御史作为国君随侍官员在战国时期的状态，却并不能肯定或否定他们在战国之前的情况，只是自战国后，御史的官制形态已经非常明确了。这在众多古籍中均有记载，杜佑在《通典》中有关御史的记述为："御史之名，周官有之，盖掌赞书而授法令，非今任也。战国时亦有御史，秦赵渑池之会，各命书其事，又淳于髡谓齐王曰'御史在后'，则皆记事之职也。至秦汉，为纠察之任。"[②]

可见，作为职责并未细分的办事群体，"史"在殷商随时被委以职事，或因职事不同而被称为"某史"、"某吏"，诸如卜辞中出现的"北史"、"卿史"、"御史"、"朕御史"、"我御史"、"美御史"、"北御史"及"东吏"、"西吏"、"大吏"、"上吏"、"我吏"，等等。[③] 同时也存在"入御史"、"入御吏"及"令众御史"的用法，此时的"史"与"吏"区别不大，"吏"或为初步职能化的"史"。

西周政治活动相比前朝向专业化迈进一步，一个方面便体现在职官队伍的扩展和职能的划分。这在语言文字里得到反映，便是"史"、"事"、"使"和"吏"发展出独立字形。周代承续殷商政治因素，王室的事务类职官，或多由殷商的"侍从"群体发展而来，因各有职司，名称或已不见"史"字。周代延续"史"称的职官或仍保持了近臣角色，但殷代"史"官所具有的随时待命及临事派遣的特征或已削弱，反映在称谓上即是在"史"前增加了职能性的限定用字，诸如，"太史"、"中史"、"内史"、"外史"、"御史"、"瞽史"、卜史、筮史、祝史、祭史、刑史、青史、作册、尹氏、左史、右史、闾史、州史等。[④]

既然殷商时代，王政依赖一个称为"史"的"侍从"群体处理，王事便是"史"的职事，人们在意识及语用中将"史"与"事"等同

---

① 俞鹿年：《中国官制大辞典》，第 283 页。

② （唐）杜佑撰：《通典》（第 1 册）卷 24《职官六·御史台》，王文锦等点校，中华书局 1988 年版，第 658 页。

③ 陈梦家：《殷墟卜辞综述》，中华书局 1988 年版，第 519—520 页。

④ 许兆昌：《周代史官职官功能的结构分析》，《吉林大学社会科学学报》1992 年第 2 期。

使用，“御史”的经常表意便是“迎接事务”。但王政事务毕竟各有不同，“御”因其祭祀本意而有抵御、主持、操控等引申义，在王政事务中被经常使用而与“史”结成多种意义，“迎接事务”是其中一种，负责抵御某种危险性事务也可称“御史”。当从事抵御成为经常性事务，“御史”便因习惯而成为专门从事此类事务的固定称谓。西周而后，“御史”无论随王出征、秉笔还是监察政事，职掌仍不明晰，似保持了侍从角色。但因长期侍从君王并充当帝王耳目，“御史”的监察职能得到发展并渐为固化，到秦朝建立制度时，“御史”由侍从而荣登三公之一的监察御史便顺理成章了。

综上所述，“史”作为官名，自始便显示其作为君王侍从的角色特征。无论从字义探源结果，抑或制度形成过程，“史”官均显示与王权紧密结合的关系。制度化的御史，由侍从君王到专责监视帝国政治体系的运行，君王耳目的制度功能逐渐固化。御史制度为防护君权服务，即便在清代制度中御史的职责范围已大为收缩，但其制度功能却并未改变。

3. 历史保守主义与学术保守主义

在本书的写作过程中，必然涉及御史的思想倾向问题，其中一个比较有分歧的概念是“保守主义”。在这一概念的使用上，东西方思想界存在很大不同。中国有关保守主义话题之纷繁复杂，一如它在西方学术定义的不能明确。保守主义不论作为词语还是概念，都不是中国语言中原有之物。据学者[①]从语言学角度分析，保守主义一词是纯粹外来语，专指西方近现代主要思潮之一。中国近代以来学者，借用西方学术概念，企图区分中国社会思潮，而保守主义便是其中最具模糊性和争议的一个概念。

关于中国保守主义源起时间上的不同主张，正反映了学界对这一概念把握上的差异。这些主张虽然基本选取清代晚期和民国初期[②]，但其对保守主义含义的把握却千差万别。中国学者虽然借用了西方思想文化

① 参见朱德米《自由与秩序：西方保守主义政治思想研究》，天津人民出版社 2004 年版，第 21 页。

② 参见黄伟《中国文化保守主义思潮的考察》，《中国矿业大学学报》（社会科学版）2009 年第 2 期。

的这一概念，却未接受这一概念在西方思想中所表达的含义和全部理念。从中国学者对这一概念的使用情况来看，他们更愿意将保守主义理解为具有某种倾向的思想类型和固定特征，或者某些人在某一时间的具体主张和表述。[①] 这些恰是西方自由保守主义所反对的方面，因为在西方同一保守主义者即使就同一问题，也可能随时间变化表达出完全相反的思想。

发端于英国的西方自由保守主义，立足英国自由主义传统，自由和秩序构成其全部思想基础。自由是最根本方面，秩序是对自由的保障。但当自由妨害了必要的秩序，保守主义者也会对自由做出适当限制。为了必要的秩序，王权可以维护，民权也能追求；为自由的信念，可以主张革命，也可以反对革命。与西方自由保守主义相比，中国保守主义有许多不同之处，最主要是缺少一个自由主义内核，而更接近第二次世界大战前德国保守主义的民族主义和威权主义特征。近代以来中国文化保守主义，本质上是一个民族主义内核，是对西方全面侵略的一种文化回应。它在政治上反对政治革命，在文化上反对全盘西化。它为守护传统文化精髓，提升民族自信和自尊，不惜向专制主义妥协。中国文化保守主义，同时具备一个文化传统主义内核，倡导整理国故而复兴儒学。

西方保守主义虽然有一系列成体系的思想和主张，以此与其他思想体系相区别，但它并不提供最终社会解决方案，因此西方自由保守主义者反对把保守主义当作某种意识形态的思想体系。他们只有对自由坚持不懈的捍卫，而对类似乌托邦的社会理想表示反对。与此相反，中国保守主义至少存在一个传统主义的方案，这个方案可以概括为“为天地立心，为生民立命，为往圣继绝学，为万世开太平”的理想，或者“内圣外王”之道，而在康有为那里则可以具化为一个《大同书》构想。

① 何晓明在其《近代中国文化保守主义述论》（《近代史研究》1996年第5期，第40—66页）一文中认为：“文化保守主义，以认同、回归、捍卫本民族文化传统为首要职志和根本特征。”此一表述，实际上更加贴近第二次世界大战前欧洲大陆上德国保守主义的特征。而由张晓红等人撰写的《警惕文化保守主义儒化派的影响》（《学习论坛》2010年第4期，第61—64页）一文认为：“文化保守主义原本是指一种肯定和推崇古典文化、主张保存自身文化或民族传统的思想。”此一关于文化保守主义的表述，既非当今西方的新保守主义，更非英美自由传统的保守主义。

西方自由保守主义者反对一个意识形态的体系构造，除了区别于激进主义的思想表达方式及价值追求外，其任何思想主张都是为自由和必要的秩序服务，而这又会随着时代要求和社会环境变迁做及时调整，充分体现了其追求自由的精神本质。自由保守主义在不同时代的主张，差异可能很大，甚至完全相悖。如此特点的思想，显然难以套用专门服务激进主义的语言结构。可中国保守主义思想在表述方面，却与激进主义完全相通，只在内容上呈现南北分向的差异。它始终坚持一个复兴传统文化的主张，一如激进主义在旧文化上执意取破碎态度那样。中国的保守主义思想，拥有完整且系统的社会价值体系，以及通往太平盛世的社会管理体系，此外还存在一个儒学的学术外衣。

《同治中兴：中国保守主义的最后抵抗（1862—1874）》（*The Last Stand of Chinese Conservatism*: *The Tung - chin Restoration*, *1862—1874*）一书的作者芮玛丽（Mary Clabaugh Wright），在界定“保守主义”（Conservatism）时，特意强调了“中国”（Chinese）特性。她说：“虽然‘中国保守主义’不仅对研究近代中国，而且对比较政治研究都是很重要的课题，但是这个标签很容易被误解。如果‘保守’是指‘妥善地保存，防止伤害、腐烂或损失’，那么19和20世纪中华帝国的官吏和士人为维护儒家秩序所采取的一系列立场肯定是保守主义的，但是，其意义有别于西方近代的保守主义。”① 而东西方保守主义的共同点，芮玛丽认为：“因此，欧洲保守主义与中国保守主义的共同点仅仅在于二者都有保守的意愿。这两种体系都尊崇固有的社会行为方式，都反对彻底的变革，都主张在充分考虑风俗习惯的前提下进行循序渐进的改良。”②

中国并不存在自由主义传统，也不存在一个西方式的自由保守主义思想流派。中国的文化保守主义甚至具有激进主义那样的政治冲动。中国文化保守主义对话语权和政治威权的渴望，远远超过西方自由保守主义能够容忍的程度。适度的威权是西方保守主义保障自由的条件，而在中国，政治威权的最大化，意味着社会理想的实现和利益再分配的可

① Mary Clabaugh Wright, *The Last Stand of Chinese Conservatism*: *The Tung - chin Restoration*, *1862—1874*, Stanford, Calfonia: Stanford University Press, 1957, pp. 1.

② Ibid., pp. 2.

能。本书在使用“保守”一词时，只取其思想的某种倾向或文化精神。这种倾向或精神，约可概括为如下含义：坚持传统文化中的政治理想及价值原则，以积极的态度，选择重建的方式，达到复兴国家的目的。

三 学术谱系及资料说明

1. 关于御史制度的研究

关于御史的专门研究，以制度研究为多，间有关乎人物或政局的研究，以及资料汇编或整理类著作。其中著作有：高一涵著《中国御史制度的沿革》；芮和燕著《西汉御史制度》；高阳著《柏台故事》；郭怨舟等著《巡察台湾御史杨二酉》；胡沧泽著《唐代御史制度研究》；刁忠民著《两宋御史中丞考》；陈继达主编《监察御史徐定超》；虞云国著《宋代台谏制度研究》。

博士、硕士学位论文有：胡沧泽著《唐代御史制度研究》；任长义著《唐代御史台研究》；王倩著《监察御史与晚清政局——以奕劻被劾案为线索的考察》；马艳丽著《明清御史制度比较研究》；靳丽著《明代御史制度探微》；彭红梅著《北魏御史台试析》。

期刊论文有：韩敏著《清代爱国御史韩锦云》；吴万善著《甲午战争期间的“铁汉”御史安维峻》；方裕谨著《康熙前期有关赋税征收御史奏章》；方裕谨著《康熙初年有关驿递御史奏章》；方裕谨著《康熙初年有关捐纳御史奏章》；宫玉振著《赵炳麟何时奏请制定预算决算表以资考核》；方裕谨著《平定三藩时期的御史章奏》；林克光著《清末第一御史江春霖》；芮和林著《勤政清廉的长芦巡盐御史——莽鹄立》；李祖基著《清代巡台御史制度研究》；叶玉琴著《论晚清预备立宪期间御史谏议的作用》；高新伟著《中国古御史系统独立性失效的经济学分析》；马蓉、马婧著《我国古代御史制度》；刘丽君著《论清代康熙朝御史弹劾噶礼案》。

《柏台故事》是台湾作家高阳作品。书虽冠名历史小说，但却显示了作者深厚的史实考据功夫。此书在传达历史人物精神意旨方面，自有其贴切之处。高阳本名许晏骈，以创作历史小说著名。其创作视野开阔，见识高卓。他追近古人本意的创作取向，近于历史考据，对还原历史真相不无补益之处。《柏台故事》一书，“以谈科道的轶事为主，兼及讲官，并附记有关人物”。“柏台之名起于汉朝。御史府中多植柏树，而朝廷禁省，统称台阁，所以御史府别称柏台。”① 此书采用大量官书及私家笔记资料，选择清代科道人物中最显著者，以人物专题方式，探究其中原委，叙述经过结果，并加著者评断，于研史者有很高借鉴价值。

2. 相关政治群体的研究

在古代制度中，言官即谏官与察官，原本分立。谏官司言，御史司察。唐代制度中，谏官与御史各司其职，并无职能交叉之处。宋代制度，开始出现谏官兼权察官职能，他官亦可兼领谏官职务。台官与谏官在职能上渐趋模糊，反映到称谓上便是“台谏”合流。自元代以下，舍弃专职谏官，或由给事中兼任谏职，或以御史兼领言责。科道合院之后，台谏在制度上完成了合同过程。监察功能得到保留和完善，而言谏功能几近于无。从这一角度研究古代制度演变的著作有：陈葆仁编著《明清两代滇籍谏官录》；赵映诚著《谏官与谏官制度》；刁忠民著《宋代台谏制度研究》；虞云国著《宋代台谏制度研究》。博士、硕士学位论文有：李宝柱《北宋的两制与台谏》；陈秋云著《中国古代言谏文化与制度研究》；梁娟娟著《清代谏议制度研究》；唐剑著《明清言谏制度研究》。期刊论文有：梁娟娟著《论清代皇权的加强与科道官谏诤职能的萎缩》。也有借此角度研究文学的，如傅绍良著《唐代谏官与文学》。

在制度特征之外，处在政治旋涡里的御史，还是多种政治现象的构成因素。御史在古代政治制度中的基本形态，乃耳目之官，监察之官。明清时代，御史身兼言职，其政治职能，除主要的监察活动外，尚有谏诤职责。科道风闻言事，纠弹官邪，合称言官，亦称言路。从言路和言官角度，考察古代御史制度的著作有：蔡明伦著《明代言官群体研究》。博士、硕士学位论文有：蔡明伦著《明代言官群体研究》；蔡明伦著《明代言官研究》；张敬著《清末言官的变法观考察》；杨雄威著《日暮穷途：清末预备立宪时期的言路》；刘芳著《言官与戊戌变法》。期刊论文有：朱金甫著《鸦片战争前道光朝言官的禁烟论》；宫玉振著《从联盟到分裂——论清末言官与亲贵关系的变化》；董蔡时、王建华

① 高阳：《柏台故事》“楔子”，华夏出版社2008年版，第1—2页。

著《论甲午战争时期帝党和言官的“倒李”斗争》；朱从兵著《一个言官的尴尬——赵炳麟的铁路筹建思想与实践》。

晚清政坛，在辛酉政变后，一批青壮翰林院官员，敢言直谏，成为政治运作中重要舆论势力，一时号为清流，其持议被称为清议。御史官居言职，但又无权参与枢机密勿，常处于政治猜疑和捕风捉影状态，与清流往往交相附议，界限不清，构成清议的重要部分。这就为考察御史增加了纯粹制度之外，基于政治运作、政论及政潮的角度。此类著作有：王维江著《“清流”研究》。硕士、博士学位论文有：陈勇勤著《晚清清流派清议思想研究》；肖海燕著《晚清清流派研究》；赵晋波著《陈宝琛清流风格研究》；尤育号著《黄体芳研究》。期刊论文有：张文翰著《陶文毅公在清代清流人士心目中的历史地位》；陈勇勤关于清流研究的多篇文章：《辜鸿铭论清流党问题浅析》、《论甲申易枢后清流党人任海疆三会办问题》、《略论李鸿章与清流派》、《清流党成员问题》、《吴大澂东调帮办吉林边防小考》、《晚清清流派的恤民思想》、《论晚清清流派的文化思想》、《晚清清流派伦理思想刍议》、《“道”不变，“器”各有所择——晚清清流派文化观概论》、《晚清清流派思想研究》；《论晚清清流派的对外思想》、《晚清清流派教育思想探论》；《张佩纶辛丑议约中离京回宁原因辨误》、《论陈宝琛在中法战争中的军事和外交策略》、《论清流派学习西方的思想意识》、《光绪间“清流”三群体与在朝清议》、《试论陈宝琛的儒学思想》、《李端棻的一件奏折与清议呼吁廉政自强》，等等；王维江关于清流研究的多篇文章：《谁是“清流”——晚清“清流”称谓考》、《从“清流”到“清流党”》、《邓承修：另类“清流”》、《“清流”与〈申报〉》、《从慈禧到“清流”：同光中兴中的“声”与“色”》、《“清流”张之洞》；《张佩纶：悲情“清流”》，等等；王小华著《晚清前清流探略》；唐国军著《清流与教化——屠仁守行年事迹考论》；谢海涛、杨宝杰著《书生报国：甲午战争中“后清流”的活动》、《甲午战争中“后清流”提出的御敌方略初探》。

王维江著《“清流”研究》一书，较之以往有关晚清“清流”的研究著述，给出了比较清晰的概念划界。使“清流”、“清流党”、“清谈”，这些过去一直模糊不清的概念，得到细致梳理，获得一个比较清晰的轮廓。本书结合晚清政治局势，对清流人物个性、嗜好、社会生活、日常交往等多个方面，进行了追根溯源式的探索，令人耳目为之通豁。诸如，清流喜好金石学，喜结优伶，且与报馆交往密切，这些表象之下都有深刻政治背景为依托。在以往关于清流的研究中，这些往往被忽视了的重要细节，在本书中都有很好的探讨。从而对晚清清流人物，诸如吴可读、张佩纶、邓承修、张之洞、宝廷等人，有相较以往更加细致深刻的解析。能于旧选题中创出新境界，除去作者的勤奋而外，与研究者的历史认识境界不无关系。正如作者自我总结的那样："半个世纪的'清流'研究史表明，在基本史料相差不多的情况下，方法和视角决定着研究的广度和深度。跳出进步和保守的两元对立，摆脱非此即彼的老套路，历史人物才能变得鲜活起来，历史过程才能变得可以亲近和理解，历史叙述才可能接近历史的本相。"①

3. 相关传统监察制度的研究

在 20 世纪二三十年代以及八九十年代至今的两个时期里，针对中国监察制度的专项考察，也呈现一时繁荣景象。除去单纯学科建设和发展的因素外，这与当时的政治形势不无关系。因应政治形势，人们有表达一定制度理想的急切心理。这从 20 世纪二三十年代分别出版的两部著作，可略窥一斑。

高一涵著《中国御史制度的沿革》，专论中国古代御史制度。再版序言中，回顾当年写作动机，他有这样的话："这本小书是我在民国十四年夏天养病的时候写成的。这时正是段祺瑞的执政府中，一两个无聊的政客，高唱恢复科道制的时代，恐怕他们把这个制度白白的糟蹋了，所以我那时不得不表示反对。"② 由此可见，高一涵对御史制度的关注，最初是有感于政治上的某些异动。之所以用"异动"，乃在于当时是倡行代议民主的时代，忽而又要恢复科道制，可谓与时尚异趣。再翻阅其 1926 年最初版本的自序，更进一步了解到，恢复科道制不仅仅是几个"无聊政客"的单纯倡议活动。其背景中既掺杂着人们对民国建立以来政治混乱局面的不满，反映着人们对西方民治制度某些程度的怀疑，也

① 王维江：《"清流"研究》，上海书店出版社 2009 年版，第 11 页。

② 高一涵：《中国御史制度的沿革》"再版自序"，商务印书馆 1930 年版，第 1 页。

有革命领袖在制度创想方面的某些根由，更有当时学界大师级人物为其张旗鼓力。于是激起作者就御史制度，作一探究的兴趣。高一涵说："我从前看到孙中山先生的五权宪法的讲演稿，说：监察院大半是根据中国历史上御史制度而来的；最近又看见《甲寅周刊》上载有章太炎先生论废代议制复科道制的一封信，故对于御史制度似乎觉得有研究的必要。"① 据高一涵观察，同为监察制度，代议制与科道制根本不同，便在于是否符合民治精神。他说："我总觉得由上而下的监察机关，或单由个人的学问当选，一点都和他邻里乡党无关的考选御史制太违反民治政体的原理。如果真正要像这样的恢复科道制，科道制的本身利害且不论，就是本身有利无害，恐怕再行一百年，也不能唤起人民监督政府的兴趣。"②

基于上述政治背景，高一涵著《中国御史制度的沿革》，主要基于清代科道制度，从历史的相沿递嬗，对其执掌的演变情况加以梳理。在书中，他说："考唐宋以前的制度，言官与察官本是分立的。谏官司言，御史司察；谏官掌规谏讽谕，献可替否，御史掌纠察官邪，肃正纪纲；谏官监督政府，御史监督官吏。"③ 其结论之一，便认为清代的科道制，乃是古代制度中掌封驳纠弹的言谏制度，逐渐弱化直至取消的结果。他说："科道既然合并，实际上的职权亦因而变异。从法律上说，给事中虽然还有封驳诏令的大权，但是从事实上说，诏令多由军机处密行，不从给事中手中经过，故给事中事实上变成御史了。"④ 给事中所掌的封驳纠弹之权，乃是对政府决策行为的监督和约束，也是对皇帝权威的束缚。其走向削弱的过程，与专制权力日渐强化的过程适相契合。对此高一涵在其结论中这样说明："大概只要是专制政治，万权总是自上而下的，绝不许有自下而上的监督权发生。"⑤ 高一涵的政治取向，无疑是赞成民治政治而反对专制政治。他试图对科道制在专制制度内部，监督能力削弱的过程，作一追根溯源的描述，以说明科道制是与专制制度相

---

① 高一涵：《中国御史制度的沿革》"自序"，商务印书馆1926年版，第1—2页。
② 同上书，第2—3页。
③ 同上书，第1页。
④ 同上书，第3页。
⑤ 同上书，第72页。

适应的制度，对专制体系的监察作用，只服从于专制权力的加强，而与民治的民主精神毫不相关，甚至相互对立。他认为要建立民治的国家制度，只有代议制才是唯一选择，实现由人民监督政府的制度。高一涵的结论，并非严密的逻辑推论，而是在强调两种制度设置精神上的对立。他的本意在于劝阻那些因痛恨中国政治紊乱，而"痛心疾首地咒骂代议制"，并企图以科道制取代代议制的人们。因为他认为那些人混淆了代议制与科道制的性质，不明白"中国代议制的失败，只是没有真正实行代议制的结果，并不是真正实行代议制的结果"①。他认为："中国的政治紊乱，并不是因为各种监察权没有机关行使，只因为各机关法律上有监察权，事实上不能行使监察权。"② 最后高一涵给出的建议是："故为目前的中国计，关于这一点，只需抬高或改善行使监察权机关的地位和组织，似不必另起炉灶的重新创造新机关。"③

曾纪蔚著《清代之监察制度论》一书，成书于高一涵著《中国御史制度的沿革》再刊的同一年，发行是在成书的次年，即 1931 年 6 月。与高一涵著《中国御史制度的沿革》的立意相比，《清代之监察制度论》采政治保守主义态度，这由其自序中表露而出："中原鼎革，百度更新……典章文物，多所变异……惟改革云者，亦非尽抹视昔日之典制。其中之足为今世法者，亟宜视如拱璧，悉为珍存。"④ 他认同制度变革与传统间存在递嬗关系，并以此解释五院制中央政府的独特构建形式。他说："观于今日中央政府五院之设……五院之名，舍立法、行政、司法之习见于今日国家政制外，他若考试院除于一二先进国家采置于一部之内，鲜有视为中枢政府之一者。犹以监察院为奇伟，论其设制，外无例喻，舍渊夫古籍，殆无以征之，然先总理于三民主义中，一再赞誉监察制者，不无深远广博之义存焉。"⑤

曾纪蔚在陈述著作《清代之监察制度论》一书的立意时，认同孙中山关于五院制中的监察制设置源起古代御史制度的说法。他对古代相传

① 高一涵：《中国御史制度的沿革》，商务印书馆 1930 年版，第 75 页。
② 同上书，第 76 页。
③ 同上书，第 77 页。
④ 同上。
⑤ 同上。

的监都察制度，称赞之辞溢于言表。他说："夫监察二字，古称都察。始于三代，行于历朝。至亡清而大备。都察为制，维严维密。御史之行，若冰若霜。前此政治之澄清，官方之端正者，御史之设，不无宏伟之功。"他对清代都察制度的考察，不外"借鉴"、"思源"的意旨。他说："乃探讨历代都察制之沿革，而归治清代都察制之组织、地位、职权、工作、人选、俸给及其当时之吏治，而殿以拙见，以为结论。明其致用，考其得失。不独可阐我国固有之政制，抑可以为今日之借鉴"，"余作是书，多半此旨"①。曾纪蔚在《清代之监察制度论》一书的结论中，对其政治保守主义倾向有明确的表达。他说："吾人对于过去朝代之腐败制度，固宜一铲而尽，盖非如此无以言改进，更无以言革命也。然宇宙间事，决不能不顾过去之历史，及目前之环境而遽加改革者。此英人之所以独重沿习 Tradition 而见治也。"②

曾纪蔚著《清代之监察制度论》的政治背景，与高一涵著《中国御史制度的沿革》有共同部分，但两人对政治问题的着眼点，却呈现南北分驰景象，颇耐寻味。同是面对民国以还政治紊乱的局面，高一涵从民治思想出发，认为问题的关键，并非制度是否完善和机构怎样设置的问题，乃在于对一项制度的认知水平和认真执行的态度。在同一问题上，曾纪蔚则从分析现实政治乱象入手，以谋求政治稳定立意，而对民国以来惟欧美制度、思想是尚的风气，颇不以为然。他说："十数年来，革命以还，国人思想每每崇慕欧美。宪法也，议会也，内阁也，靡不力效外人。然不论日本式之宪法也，不论奥国式之宪法也，不论美利坚式之宪法也，其贸然见用于我国者，则所谓日本式，奥国式，美国式，俱尽失其原有意味，而成四不相之物。袁氏之胁迫国会，议员之自甘卖身者，欧美总统议会，何尝有此怪状？可见南橘北植，其不变质者几希。"③ 对此结果，曾纪蔚的解释为："而我国国人，自与外人通往来后，即觉彼辈为可畏，于其昔日视彼辈为蛮夷者，一变而敬服之若天圣。先倨后恭，既非至道。而一恭至事事效颦，似非欧美制度思想而不

① 曾纪蔚：《清代之监察制度论》"自序"，兴宁书店 1931 年版。
② 同上书，第 104 页。
③ 同上。

用者，则其反常之心理，宜其百试而百败也！"① 因此曾纪蔚认为，中国的制度变革，"切勿忘自己过去之历史，目前之环境。采用他人之制度，尤当先审其是否适于吾国之国情，然后采其所长，补己之短"，而同时"吾人对于过去之政制，其有特殊之成效者，试其是否适吻目前之环境，采其成效之点，而仿用之"②。在曾纪蔚那里，古代的都察制，便是那种具有"特殊之成效者"。他说："细查我国过去朝代之制度，虽泰半不甚可取，然有一二之特殊效验者，则未容一笔之抹杀。都察制度，斯其一耳，历世相沿成例。无世无之。而成效之可观，实为吾人意料所不及。"③

民国创建以来，政治局面日非一日，针对此，人们从不同视角、不同思想基础出发，给出多样解释，也提供各种解决方剂。回顾中国社会自身，从传统制度中摭取一二认为可资为用者，加以论说，成为其时政治反思的一个方面。曾纪蔚的父亲，当时出任广东南区巡察，一位实际监察制度的亲身体历者。他以亲身体验为曾纪蔚在《清代之监察制度论》一书中所持的政治保守主义观念，作了最好的注解。他说："盖吾国旧有良制焉，曰御史持宪，曰刺史察州，曰督邮监县……第余职为今之巡察，适当古之督邮，行部八月，虽未顺天气以成严霜之诛，然使车所至，官吏咸有戒心，豪滑不敢犯法。此制之利于民，余验之矣。"④

20 世纪八九十年代至今，有关监察制度的研究状况，呈现了学术研究的进度和规模。专著十几部，并且涌现出大量的博硕学位论文和期刊论文。通论制度始终是人们注力的方向，此类著述大多形成专著。诸如，林代昭著《中国监察制度》，中华书局 1988 年版；彭勃、龚飞著《中国监察制度史》，中国政法大学出版社 1989 年版；皮纯协著《中外监察制度简史》，中州古籍出版社 1990 年版；邵伯岐著《中国监察史》，中国审计出版社 1991 年版；邱永明著《中国监察制度史》，华东师范大学出版社 1992 年版；方兢著《中国古代监察制度论》，民主与建设出版社 1995 年版；孙宝镛著《御用工具：监察机构与监察活动》，

① 曾纪蔚：《清代之监察制度论》，第 104 页。

② 同上书，第 105 页。

③ 同上书，第 106 页。

④ 同上书，"庭训"。

辽海出版社 1997 年版；邱永明著《中国监察制度运作研究》，上海社会科学院出版社 1998 年版；关文发、于波主编《中国监察制度研究》，中国社会科学出版社 1998 年版；左连璧主编《中国监察制度研究》，人民出版社 2004 年版；胡沧泽著《中国监察制度史纲》，方志出版社 2004 年版；贾玉英著《中国古代监察制度发展史》，人民出版社 2004 年版；胡宝华著《唐代监察制度研究》，商务印书馆 2005 年版；邱永明著《中国古代监察制度史》，上海人民出版社 2006 年版；周天著《中国历代廉政监察制度史》，百家出版社 2007 年版；张晋藩主编《中国古代监察法制史》，江苏人民出版社 2007 年版；张晋藩著《中国监察法制史稿》，商务印书馆 2007 年版；赵沛著《中国古代行政制度》，南开大学出版社 2008 年版；赵贵龙著《中国历代监察制度》，法律出版社 2010 年版。

以监察制度为题的博硕学位论文，一般以断代为限，探索更趋细致、严密。其中博士论文如：刘双舟著《明代监察法制研究》；党宝海著《中国古代监察制度与绩效研究》；胡震著《晚清京控案件研究》；黄河著《北魏监察制度研究》。硕士论文有：余洪波著《论中国古代监察机关的职权及其特点》；李巧著《试论清代监察制度的建置及其监察机能萎缩的原因》；刘卓著《袁世凯统治时期监察制度研究》；胡海滨著《清末监察制度改革述论》；郝玉朋著《清代监察制度研究：以清代密折制度为个案》；胡斌著《明清监察制度初探》；华晓皓著《清代监察效能初探》；代小丽著《民国初年行政监察制度研究》；王海平著《论我国行政监察制度的完善》；张锦国著《试论明代的司法监察制度》；郑庆寰著《五代十国监察制度初探》。

以监察制度为题的期刊论文，仅限于那些论述制度特征的文章，此类文章有：邢早忠：《清代监察制度的特点》；吴观文：《试论清初的监察制度与吏治》；武晓华：《略论清代监察制度》；倪军民：《试论清代廉政与监察制度的局限性》，载《民主与科学》1990 年第 3 期；葛生华：《试论明清时期的监察制度》，载《兰州学刊》1991 年第 1 期；刘秀丽：《从中国古代言谏制度演变透视封建监察制度》，载《大庆社会科学》1993 年第 11 期；陈彬、阜元：《论清代监察制度的两个问题》，载《四川师范学院学报》（哲学社会科学版）1997 年第 3 期；刘战、谢茉莉：《试论清代的监察制度》，载《辽宁大学学报》2001 年第 3 期；杨曙光：《管窥清朝的监察制度》，载《四川行政学院学报》2005 年第 5 期；徐艳玲著《明代司法权的行使及其效用》，载《西安文理学院学报》（社会科学版）2007 年第 2 期；王吉文著《浅析明清监察制度的机构设置与运作》，载《法制与社会》2008 年第 11 期。

除此而外，尚有从都察院角度考察古代监察制度者。专著有：吴宗国著《中国古代官僚政治制度研究》，北京大学出版社 2004 年版。博士、硕士学位论文有：陆振兴著《明代都察院研究》；刘涛著《从都察院到检察厅：以清代法制变革为视角》；谢海燕著《晚清资政院研究》；占丽媛著《清代都察院体制探析》。

4. 相关传统政治制度的研究

御史制度因在古代政治体系中的监察功能，成为以中国古代政治制度或监察制度为题，开展制度研究的考察要件。然而单独以御史制度或御史为题，进行制度或政治特性考察的研究，在传统政治制度或政治制度史的考察中，却难得一见。中国传统政治思想和理论并不发达，基本处于制度描述和汇总阶段，尚未达到高水平理论分析。政治制度被学者乃至政治家们广泛关注，是在鸦片战争失败之后。那些纠心国家命运的学者和政治家，逐渐将视野投向域外，形成政治制度上东西方对比的局面。通过东西方对比，借助自我反视，人们趋向从制度上解释强弱原因，试图寻出一条制度强国的道路。

自中英鸦片战争以来，先觉者便已探究中国致败之由，并开始探索可能制胜的办法。最先进入先觉者视野的是“坚船利炮”，对技术的感悟相继落实为仿造的自强运动。其间一二先觉者，业已开始注目中西制度对比。在最早一批先觉者的著述中，已经开始出现对西方政治制度和社会制度的描述。其中以魏源的《海国图志》、徐继畬的《瀛环志略》、冯桂芬的《校邠庐抗议》为代表。随着 19 世纪六七十年代对外政治游历和驻外使节的派遣，西方社会、制度在士大夫们的思想中，逐渐脱出夷夏观念的围囿，由盲目藐视变为认真审视，甚至赞叹。这可以郭嵩焘、王韬、薛福成、黄遵宪等人为例。

但就中国政治整体状况来说，甲午战败之前，有关政治制度方面的讨论，尚未成为广泛议题，更未进入最高决策层的关注视阈。而甲午战争的失败，对中国士大夫的打击，其强度远超以往。人们不得不做深切的思考，既表达了对洋务纯技术手段自强模式的失望，又为日本因制度变革所获得的超级国力所震撼。这让那些以振兴国家为己任的政治家们，不得不重新审视“师夷”的方向和内容。在当时这不仅促成了政治上的变革欲望，更在此后成为长期推动学界就政治制度为题研究和讨论的内因。

做政治制度彼优此劣的对比，并因此倡言革命或者改革，成为自甲午战后人们普遍的思想武器或斗争工具。从提出君民共主政体的王韬、黄遵宪，到提倡君主立宪政体的康有为、梁启超，再到提出民主共和政体的孙中山等革命思想家、政治家们，无不从中西方制度对比的角度，说明自己政治主张的合理性。为此做学术的探索和理论证明，成为当时学术自然的趋向。大批有关中外政治制度的论述，得以刊登和出版。其中关涉中国古代政治制度的论著，据《中国政治制度史》一书所作学术回顾，认为：“本世纪（引者注：指20世纪）一二十年代，国内一些报刊相继发表了研究中国政治制度史的学术论文。据不完全的统计，约五十篇。”① 这一阶段，梁启超、章太炎、王国维等学术前辈，率先采用西方学术视角及方法，对中国古代政治制度做初步梳理。他们工作的学术开拓性，远高于其纯粹学科成就。其对政治实践的指导，更难以量化方式评判。随着中国现代教育的发展，中国政治制度史成为政治学必修课程。从教学科研出发，一大批论文及教科书刊载发行。辛亥革命后，尤其“五四”运动的爆发，中国政治状态更加复杂，政治思想更趋活跃。对政治现象做理论分析的需要，成为大量研究性著述产生的另一个原因。仍据《中国政治制度史》一书，“据粗略地统计，从‘五四’至40年代末，散见于各种报刊杂志上的关于中国政治制度史方面的专题论文，约在六百篇以上”②，专著则有40部上下。

能够将御史制度作为其叙述构成内容或构件的专著列举如下：高一涵著《中国御史制度的沿革》；常乃德著《中国政治制度小史》，爱文书局1928年版；吕思勉著《中国政治制度小史》，中山书店

① 白钢主编：《中国政治制度史》，天津人民出版社2002年版，第12页。

② 同上书，第13页。

1929 年版；曾纪蔚著《清代之监察制度论》；陈安仁撰述《中国近代政治史》，商务印书馆 1933 年版；陶希圣、沈巨尘著《秦汉政治制度》，商务印书馆 1936 年版；徐式圭著《中国监察史略》，中华书局 1937 年版；曾资生著《中国政治制度史》，南方印书馆 1943 年版；许崇灏著《中国政制概要》，商务印书馆 1943 年版；杨熙时著《中国政治制度史》，商务印书馆 1946 年版；喻亮著《中国政治制度概论》，经世学社 1947 年版。

新中国成立并未将这一学术势头延续下去，从 50 年代初到 70 年代末，内地关于中国政治制度史的研究，基本处于断续状态，并无一部以此命题的专著。相关学术论文，据《中国政治制度史》统计："这一时期报刊所发表的属于中国政治制度史方面论文，较之三四十年代大为减少，总计不过一百八十篇的样子。"① 同此领域，比较而言，与内地学术研究异途分进的港台地区，却有较大成就可道，"相继出版了七十余部专著"②。以论及御史制度为限，其中以政治制度命题的著作列举如下：陶希圣著《中国政治制度史》，启业书局 1974 年版；曾繁康著《中国政治制度史》，华岗出版公司 1979 年版；汤承业著《中国政治制度史》，黎明文化出版公司 1980 年版；沈任远著《隋唐政治制度》，商务印书馆 1967 年版；陶希圣、沈任远著《明清政治制度》，商务印书馆 1967 年版；傅崇懋著《清制论文集》，商务印书馆 1977 年版；杨树藩著《清代中央政治制度》，商务印书馆 1978 年版。以监察制度命名的有：陶百川著《比较监察制度》，三民书局 1978 年版。以御史为题做专项研究的是：芮和燕著《西汉御史制度》，政治大学政治研究所 1964 年版。

20 世纪 80 年代至今，内地学术研究回归比较正常的轨道，中国政治制度史方面的研究，从成果来看，呈现繁荣景象。"据统计，1981—2003 年，中国政治制度史学界共出版学术专著百余部，发表论文近万篇。"③ 从研究成果出版或发表的时间来看，则呈加速势头。自 2003 年至今，又已经八年岁月，这一数据无虑几度改写。单以政治制度命题的

① 白钢主编：《中国政治制度史》，天津人民出版社 2002 年版，第 15 页。
② 同上书，第 16 页。
③ 韦庆远等：《中国政治制度史》，中国人民大学出版社 2005 年版，第 24 页。

著作就在几十部。现仅就近年出版者略举一二，仍以能论及御史制度为限。

白钢主编《中国政治制度通史》是一部十卷本大型政治制度通史著作。此部著作是中国社会科学院政治学研究所承担的国家社会科学基金重点项目，集多人之力而成。此部著作写作意旨在“突出对历代元首制度、中央决策体制和政体运行机制的探索”①。政治制度和政治行为是其考察的主要方面。每一卷由在此领域注力专精的学者负责撰写，不乏精卓之论。对古代监察制度则分卷，按朝代，作独立、完整论述。通读全书，可获中国古代监察制度之概貌。

张鸣著《中国政治制度史导论》作为21世纪政治学系列教材之一，结构紧凑，论述精要。作为一部通史著作，在篇幅有限的情况下，并未流于简述模样，而是通篇渗透作者关于中国传统政治的独到见解。这是作者苦心孤诣的精义所在：“历时三年多的煎熬，总算是把这本《中国政治制度史导论》磨出来了。如鱼饮水，冷暖自知，说起来真是一言难尽。虽然做学人的时候不算长，但好歹也写过七八本所谓的专著，但恰是这本教材让我花了最多的功夫。书到半途，几次动心要想放弃，无奈……只好硬着头皮写下去。杀青时，回首过来的日子，心中五味。”②韦庆远、柏桦著《中国政治制度史》（第2版）作为高等学校文科教材，是对以往两部同名著作的“订正和较大幅度的充实”。这部著作，“以竖切为主”，主要叙述了中国自古至1949年，“诸种重要典章制度发展变化的体裁”③。监察制度构成古代政治制度的重要环节，在著作中以单列一章加以考察。

经过以上多个层面的学术史梳理，使我们对晚清有关御史的研究，有了一个大概的了解。到目前为止，还没有看到一部专以清代御史为研究对象的学术专著问世。笔者有意为此尽力一试，但限于后进薄学，转为暂摄承乏而慌悚。但念尽力之事，能备抛砖引玉之资，足矣。毕竟精力、学识、积累有限，故本书仅以清朝政权结束前，近二十年时间为一单元，对御史群体做一侧重政治史的分析。

---

① 白钢主编：《中国政治制度通史》“前言”，人民出版社1996年版，第1页。

② 张鸣：《中国政治制度史导论》，中国人民大学出版社2004年版，第269页。

③ 韦庆远等：《中国政治制度史》前言，第1页。

5. 资料说明及征引

研究历史要满足求真的意旨，充分占有材料是必备条件，就如冯尔康所说，“历史资料是人类历史实践的记录，人们要了解历史，说明人类的历史实践，必须向历史资料作调查，调查得越充分，掌握的资料越多，就越能恢复历史的原貌。”① 就清史资料的数量而言，冯尔康认为：“清史资料之多，说汗牛充栋、浩如烟海，是毫不夸张的。”② 冯尔康在《清史史料学》一书中说：“本书将按清史史料的体裁，适当考虑史料的内容性质，加以分类……这些类别是：编年体、纪传体清代通史，政书，档案，方志，文集，谱牒，传记，笔记，纪事本末体，丛书和类书，资料汇编，外国人的载籍，其他体裁史料。”③ 戴逸在为《中国近代史料学稿》所作序言中，也认为近代史料种类繁多。他对近代史料的分类，与冯尔康所作分类，异同互见：“中国近代史料浩如烟海，档案、官书、文集、方志、报刊、笔记、日记、传记、诗词、谱牒、契据、实物、口碑等种类繁多……任何历史学家穷毕生精力，也只能在浩瀚的史料海洋中窥其若干浪花。”④ 可见，研究者在如此丰富的史料中，筛求为我所用者，并非易事。

就晚清御史的写作而言，档案、官书、典制类材料，就是很重要的方面。诸如，第一历史档案馆藏军机处汉文录副奏折、军机处汉文档册；由中华书局影印出版的道、咸、同、光、宣五朝《实录》；由朱寿朋编，中华书局出版的《光绪朝东华录》；由中国第一历史档案馆编，广西师范大学出版社出版的《光绪宣统两朝上谕档》；由中国第一历史档案馆编，中华书局出版的《光绪朝朱批奏折》；台北故宫博物院整理出版的《宫中档光绪朝奏折》；延煦等编《钦定台规》；清三通、清会典，等等。大量汇编史料也是极为珍贵的史料来源，例如，由故宫博物院明清档案部编，中华书局出版的《清代档案史料丛编》、《清末筹备立宪档案史料》；国家档案局明清档案馆编《戊戌变法档案史料》；中国史学会主编《中国近代史资料丛刊》；戚其章编，中国近代史资料丛

① 冯尔康：《清史史料学》，沈阳出版社 2004 年版，第 4 页。

② 同上书，第 14 页。

③ 同上书，第 26 页。

④ 张革非等：《中国近代史料学稿》“序言”，中国人民大学出版社 1990 年版，第 1 页。

刊续编《中日战争》；故宫博物院编《清光绪朝中日交涉史料》；沈云龙编《近代中国史料丛编》，一、二、三编中大量相关资料等。除此之外，大量存在的笔记、日记、文集、年谱、传记、函札、报刊、小说等，为揭示那些隐藏在御史政治行为背后，促使御史产生行为动机的深层社会因素或个人考量，提供了必要的信息来源。此类资料不胜枚举，例如：陈夔龙的《梦蕉亭杂记》；张佩纶《涧于集》；梁章钜《枢垣纪略》；陈义杰整理《翁同龢日记》；赵烈文《能静居日记》；《郑孝胥日记》；孙宝瑄《忘山庐日记》；朱尚文编著《翁同龢先生年谱》；张謇《啬翁自订年谱》；顾廷龙著《吴愙斋（大澄）先生年谱》；赵炳麟《赵柏岩集》；朱维乾等编纂《江春霖集》；赵启霖《赵瀞园集》；陈继达主编《监察御史徐定超》等。大量文集、日记的存在，对勾勒晚清御史群体或人物的政治特性、社会特征，起着至关重要的作用。总之，充分占有材料，加以细致辨析，对形成历史真实，是必不可少的准备步骤。

四　完整构史、求真写作的意旨

1. 完整构史的写作诉求

御史制度是中国传统政治制度中重要的职司监察的部分。在以往考察传统政治制度史、传统监察制度史的著述中，御史制度作为必需构件，得到相应的考察和论述。借助这些著述，御史的制度特征和基本制度功能，得以完整展现。对于后进者，“御史”研究并无更多制度梳理、论述工作可做。因此，本书写作立意，不在为有关御史制度研究多添只椽片瓦之功，而是借助御史所凭借的制度基础，从中央政府一级官员的立场，再次审视晚清最后十几年间，政治运作具体而微的状况。从而给晚清政治史研究增加一个审视角度，增多一点历史感悟。于此，或可算作本书些许创新之处。

在晚清政治中，御史经常充当事件激发者的角色而受到关注。但政治运作毕竟是一个动态过程，将御史作为其中一个确定因素来考察，其局限性至为明显。御史作为监察官员，对政治的监察职能，是通过向皇帝露章或密折奏事来完成。至于被御史纠参各事，从处置程序的启动，到程序的运作，并最终得出结果，主要不由御史负责。这便造成一种现象，在一个完整的政治纠弹过程中，御史往往仅是这一过程的触发者，除非御史被要求取证，或御史再次就事件进行纠弹，否则将不再与这一事件有直接联系。所以，将御史作为政治运作因素来考察，其难点就在于考察御史的目的，很容易淹没在对具体事件的剖解和叙述中，而这又是研究者要极力避免的。另一个困难来自材料搜集。御史的政治参与方式，除例行公事以外，便是其奏议行为。因此在清代档案中，御史折片的存量并不少，对研究御史政治活动弥足珍贵。但另一方面，御史虽然权责重要，秩位却不高，所谓位卑权重。正因为位卑，且在位时间又较短，便难以留下涉及御史个体信息的材料，尤其是日记、函牍等。这些最直接反映御史思想、活动证据的缺失，对构建完整历史场景的尝试无疑极为不利，这也正是御史课题研究的困难所在。

在清代权力结构中，御史为皇帝“耳目”之官，虽负纠弹之责，却无处置权力。在具体事件中，御史参与深度不够，很难成为一个研究的结点。虽是如此，作为政治运作过程的有机部分，御史的政治行为仍是不容忽视的因素，具有特定研究价值。在晚清政治运作中，御史依凭其制度特性所展现的行为、目的，自然是本书考察的重点所在。御史作为京官一分子，在政治势力分化组合过程中的顺逆、取舍，构成一个对晚清政治考察的很好角度。清朝命运的最后十几年，政局呈现动荡趋势，政治变革的相关步骤，涉及政权安危，御史们自不能等闲视之，联章相上一时成为朝政景象，这便为考察御史活动提供了较佳的场景和条件。因此，在清末政治变革中，御史的活动及总体政治取向，也便成为本书重点考察内容。最后，作为群体研究，御史在晚清政局发生巨大转换中的思想轨迹，也是了解这一群体必须考察的方面。

把御史作为晚清政治史研究的一个主题，梳理其制度源流是一个必需的工作。御史制度作为中国传统监察制度的核心内容，其演进过程，既与传统监察制度的发展相关，又是传统政治制度发展的有机构成。在本书的写作计划中，虽不以制度作为写作目的，但御史作为一级政府官员，其一切政治行为的合法与否，均与其依据的制度基础相关联。在政治行为的取舍方面，御史们脱出制度范围的非常行为更值得关注。所以，对御史制度做一定梳理，有助于达成揭示御史政治行为动机的考察目的。这并非可有可无的一个论述环节，而是本书叙事的逻辑起点。只有通过对比，剔除那些制度正常范围之内的政治行为，才好探究那些非制度、非常规行为背后，政治动机迁转的情况。基于此，在结构的设计方面，确定将御史制度作为第一章内容，是希望为本书确立一种政治行为分析的制度标准，一种贯穿全书的思考方式，以及一种论述的规范。在这样一种要求下，即便是制度梳理，亦不能流于一般形式，或随意组合，而必须在内部逻辑一致、叙述一致的情况下，对内容有所取舍。这一部分内容，自当内部形成体系，足当全书论述的理论参照。

御史一词的起源，未必与御史制度的产生有直接联系，但却与远古政治运作的形式和内容紧密相连。透过“御”和“史”的文字构形分析，以及最终相连成词的推测过程，我们至少可以感获，有关传统政治在运作方式、制度创设、已经相延成传统的那些精神层面的东西。当然，有关御史制度的梳理是不可或缺的，但又不能以面面俱到为目的。只有关乎专制权力消长的制度演进，才是对本书论述最有价值的方面。对清代御史制度的论述，是本章重要部分。这涉及对清代御史的职责范围、政治行为合理性的判断。清代御史制度演进的轨迹，是对清代政治运作方式最好的展现。这无疑是了解晚清政治运作方式，揭示御史政治活动真实动机所必需的制度基础。

如前所述，御史在清代的制度特征，决定了以事件史切入研究的局限性。另外，因御史任职时间普遍较短的特点，对御史做个体考察也显困难，而较适合做群体分析。故此本书将坚持从御史的制度特性入手，梳理御史政治行为的动态特征。从御史的政治活动视角，观察晚清最后十几年政治运作，事件发生、发展的状况。御史作为晚清政治运作中的确定因素，其个体到群体政治行为轨迹，映射着晚清政治运作中的某些细节问题。清理历史细节的过程，便是历史研究无限接近事实真相的过程。而这却依赖一个相对明晰、便于对御史政治行为展开讨论的适当范围，且需交代清楚与之必然发生联系的政局背景。因此在本书第一章第一节里，将主要限定要讨论的御史政治行为的范围，以及展开讨论所要依托的政局情况。在第一章第二节里，则包含了一个由御史制度特性引申而达于思想特征的思考。这一思考限定在晚清时限内，为甲午时期御史主战提供一个制度性说理。为达到上述说理目的，便需要对鸦片战争以来御史中存在的主战思想进行梳理，以历史回溯方式给出一个思想形成的脉络。

甲午战时的主战论，即便在当时，就已经成为有争议的话题。御史一向主战，是主战论的坚定倡言者，在甲午战争期间，积极参与了上书言战活动。而隐藏在主战论底层的思维方式和精神追求，不仅构成御史主战论的基础，也构成此后御史政治行为其他选择方向的思维基础。故此，将御史在甲午战中的主战论放在第二章来论述，以期为揭示御史行为动机提供普通心理和思维习惯方面的支撑。更何况，甲午战败开启了清朝政局，直至瓦解的连续动荡阶段。从官僚到士人，无不抱持急迫心态，无论要求变政，还是干脆走向革命，其心理根源便直接来自甲午战败。这种变政和革命的急迫心态，很大程度上是甲午主战论在战败后的情感延续甚至激化的结果。对甲午主战论的清理，于本书继续写作无疑有溯本清源的功效。

晚清最后十几年的政局特性，深受双头政治（帝、后两个权力中心）影响，即便政治力量并没有因此而作党派间的泾渭之分，但帝党与后党的政治标尺，又的确存在。相互之间的猜忌、对立，乃至争斗，在所难免。御史作为其间一级政府官员，并非全然能够安于骑墙之术。从主战论的激烈，便能窥破深藏于青壮御史们内心深处，那奔涌不息的政治热情，更遑论安维峻直指太后心结的犀利抗语。同时，帝党与后党间的界限模糊，关键在势力划分并不能完全取代新与旧的政见分歧。最早始于甲午战败，晚清政局进入剧烈转换时期。在新与旧的选择过程中，御史群体发生了明显分化。其推动或阻碍政局转换的方面，无不应和主要政治力量的迁转状态。于政变或者变政之间，成就着御史个体的祸福转移。在趋新与守旧之间选择，构成第三章的主体内容。御史群体在政治变革面前，从内部展现了截然相反的态度表示，这是一个令人深思的政治现象，也是探究晚清政治一个很好的切入点。将新旧党争关系下的御史，作为第三章标题，立意便是展示御史政治动机背后的环境因素。抛却某些私利成分，御史政治动机背后，那些动于情感、应和环境的方面，倒最有考察价值。

御史就其制度特征，非常适合充当政治较力下的破局角色。纵观晚清以来政局演变，往往由御史的奏弹而起。无论御史有意所为，抑或有人授意而为，其政治行为的破局作用，往往引来政局变动。帝党势力的瓦解固然与后党的反击有关，而御史首陷其事，不能不对事态的发展负上推助责任。本书第四章着力论述御史在晚清最后十几年的奏弹活动，以给出晚清政治面貌的另一面解读。这原本是御史监察职能的具体展现，但却多了一面权力较量的背景。丁未政潮中，御史的纠弹活动，既展现了作为制度维护者勇于任事的一面，又表现了作为政治旋涡中一棋子难免被利用的悲剧。

在结语中，有必要对御史群体做概括性的解析。而这种分析，比较适合从政治思想方面展开。御史作为言官，诸多政治活动，均须通过向上呈递折片的方式来完成，其中往往渗透着递折人的诸多思想和政治主张。做梳理工作，分门别类是必须具备的意识。御史身居言路，具有言官和察官双重责任。具体到晚清最后十几年的政局状况，至少可以从吏治、恤民、教育、变政等诸方面，对御史思想加以梳理。如此在对御史这一群体的把握上，便又增多了一个层次的认识。

学术一路，贵在出新。至于细节，总有更深极微所在。限于学力水平，总难尽窥事中藏秘，何况后进少学者，更添几多惶悚。但念挂一漏万，人谁难免，只在尽力而已。

2. 务在求真的写作意旨

虽然作为结论的历史，其真实性受材料和研究者观念及方法等因素影响而存在一定局限，但对历史真实的无限接近，绝非历史学家私人志趣，而是历史研究的根本归所，也是历史学科纪律性唯一来源。那种怀疑或否认历史学具有科学性，而将历史研究及最终文本表述文学化甚至诗化的主张和实践，显已背离人们需要了解历史真相的愿望，也阻断了人们根据历史真相进行价值判断的途径和可能。这样的研究更近于历史题材类文学创作，便不用归入历史研究范畴或另外划分学术门类以容纳，还归其文学本来面目或更为恰当。而历史研究是还原历史真相的学术实践，以史料的搜集、发掘和辨析为主要手段和途径，以呈现无限接近真实的历史解释为指归。这便使历史研究获得一条终极衡量准则，让任何宣称的历史研究，都不能距离历史传统研究路径太远，或者不能脱离追寻历史真实这一使命。借助科技发展创设的新研究手段，只是对传统研究方法的补充，而不是取代；研究结果只会因此更接近历史真相，而不是因此否定传统研究路径的可能性。

就历史事件而言，只是人类时间射线上的一个点，具有确定性、唯一性。而对这个时间点的解读，却呈现多样性特征。首先，历史事件存在客观复杂性。历史事件是多种条件和因素的复合体，不宜从单一角度，用简单方法去解释。其次，研究者受主观因素影响，不同研究过程存在观念、理论、研究角度的差异性，事件解释自然呈现多样性结果。除此而外，因技术条件及手段限制，研究结果还存在研究层次上的差异，这也构成历史解释多样性的一个来源。较多情况下，历史研究者会将个人主观因素带入研究，而外部环境因素也可能介入历史解释过程。这些因素，既包括社会普遍价值和个别价值内化而成的个人观念，也包括某一成体系理论或特定社会意识形态围囿下的固定结论。在内外因素作用下的历史解释，其指向虽宣称在于揭示历史真相，而实质却可能在验证所涉及观念、理论及意识形态影响历史解释的可能性。这便造成一时代必有一时代的历史解释，因此即便同一历史事件也会因时代不同，而出现大相径庭的结论，这是历史多样性的真实反映。不过，任何历史解释，不论其中卷入怎样的因素，在体现多样性的同时，都不能离开历史真实这一基本点。

虽然研究者在尽力划清学术与政治的界限，但如何解释历史，本就不是一个历史问题，而是一个现实问题。克罗齐在说明“一切真历史都是当代史”（every true history is contemporary history）这一命题时，认为：“当代史固然是直接从现实生活中涌现出来的，被称为非当代史的历史也是从生活中涌现出来的，因为显而易见，只有现在生活中的兴趣方能使人去研究过去的事实。因此，这种过去的事实只要和现在生活中的一种兴趣打成一片，它就不是针对一种过去的兴趣而是针对一种现在的兴趣的。”① 既然解释历史是一个现实问题，就不可避免存在一个意识形态的特性。身处不同历史时期的研究者，即便在同一问题上，其看法也会因观念和选择角度的不同，出现明显差异，甚至迥然异趣。作为事实的历史不具有任何意识形态特性，而作为解释的历史，却深受一个时代意识的影响，而成为当时社会意识形态的有机构成。作为意识形态

① Benedetto Croce Authorized, Translation by Douglas Ainisilie, *History Its Theory and Practice*, New York: New York Harcourt, Brace and Cmpany, 1923, p. 12.

的历史，或者说历史的意识形态部分，不仅反映特定历史时期社会意识形态的结构，更记录一个民族长期看问题的角度和价值标准。否定这一价值标准，意味着对观念系统的重构，这将带来持续的社会失范。标准的价值评价系统是一个民族存在的重要构件，价值系统的形成和更新是一个长期而缓慢的过程，只有剧烈的社会运动才会改变其正常轨迹。所以那种企图通过改变历史解释以转变社会价值观念的做法，紧随其后或将是一个极为严重的社会后果，而始作俑者亦未必乐见。

解释历史不仅要观照历史真实，不能离开历史解释的本体，同时还要考虑历史解释者的自身因素和发生作用的社会因素。何兆武在谈到历史真相问题时，列举他与同学一起经历卢沟桥事变，却在宋哲元是否抗日的问题上，得出迥然相反的结论。① 这种现象正反映了历史解释的多样性特征。但我们并不能据此便否定何兆武或者其同学任何一方，因为他们各自都有观察的角度和立论的依据。接受一种多样解释，恐怕远比接受单一倾向的结论，更能贴近历史事件的真相。历史事件呈现的复杂性，远非单一角度和唯一结论可以涵盖其全部真实存在。甚至做证言、证词的当事者，考虑到可能会受群体或个体观念、观察和接触事件的角度、获得信息的渠道等因素制约，在事件还原过程中，其证言证词也只能作为材料或证据的部分而非全部。事实上，当事者自己，就值得研究，是很好的研究对象和素材。至于来源相异、结论相反的材料，对还原历史真相并不构成障碍，只是对后人研究和认识那段历史，增加了可供选择的条件。

历史解释始终处于一个不断发展的过程中，寻求方法和理论的突破是其必然。自20世纪八九十年代，内地历史研究进入从宏观认识系统转换到微观分析方法引入的蜕变过程。以革命话语体系为特征的历史解释模式，转向以近代化或现代化为话语特征的历史解释。这一转换拉撑了人们对历史认识的幅面，丰富了人们对历史真实的认知。这是一种历史认知多样性转换的学术走向，有其内部突破的要求，更有外部环境放松和推动的因素。人们引入“研究范式”的概念，来表达研究视角的

① 何兆武口述，文靖撰写：《上学记》“序”，生活·读书·新知三联书店2008年版，第4页。

转换，即所谓“革命范式”和“近代化范式”或“现代化范式”。研究范式的调整，是历史研究视角的调整，也是历史解释系统的调整，符合历史解释多样性的要求。这一调整始于观念转变，本于新材料的发现和对旧材料的新解读，还有就是分析材料新方法的应用。这一调整过程，依然遵循历史研究追求真实的纪律性。

相对“革命范式”下的历史结论，新的研究活动是历史真相多样性认识的反映，是历史研究接近历史真实的更进一步。研究范式的改变，不能成为改变历史结论的理由，由革命范式到近代化范式，只是研究角度和解释系统的转换，绝非寻求研究结论的单纯取代。因此，对同一历史事物的认识，只有角度的不同而不会有结论之间的有意抵触。新研究范式无疑为我们多样性了解历史真相开辟了途径，除非发现先前结论在论证和材料运用方面存在错误，或者新发现材料完全否定了旧存材料的真实性，否则单凭转变研究角度和解释系统，不足以达成否定一种既成结论的理由。然而正是在历史研究做范式调整和反思过程中，一种基于假设、带有某种意图的历史解释，出现在人们的视野中。历史解释虽然具有多样性特征，但并不能包含对历史的任何假设前提。对历史的假设，必然导致对历史真实的虚无。

第一章

晚清安全视野下御史的制度溯源及思想梳理

甲午战败，统御国家二百多年的政治制度遭遇怀疑，此后的两次改革尝试均以安全顾虑，或因政变而夭折，或以偏离宪政理念而遭唾弃。清朝灭亡伏机虽远而骤然发作，十数年间政局便无法收拾，教训颇多。无论清朝遗老抑或后来研究者，大都将甲午战败视为开启清朝灭亡过程的关键点。甲午战中言路主战，夹杂了抗战之外的政治诉求。作为言路主体的科道人员，基于制度特性，表达了从安全角度施行整顿的政治愿望，与甲午战争后期兴起的维新思想形成一定呼应效果。在随后的维新变法中，御史中的开明者颇多参与其间，而保守者则从传统安全角度多所阻挠，乃至破坏。御史由制度特性决定，表现出强烈的维护君权，监察政治安全的责任感。御史基于安全意识的奏参活动，在清朝走向灭亡的十几年间至为活跃。这在清末宪政改革的筹议及措置中，表现同样鲜明，政治作用也非常突出。而御史在清末有如此政治施为，除因应局势的思想情态之外，本根在于御史制度的规定性及长期沉淀而形成科道职官的独特政治气质。因此，即便只以甲午战后十几年为考察阶段，要想准确把握御史的思想及行为理性，就有必要剖开叠加于历史事物之外被符号化的历史表象，厘清御史制度在历史演化中，真实留存的政治筹思及潜移于职官层面的制度特性。

第一节　科道合一：御史监察与谏诤职能的融合

御史的职能在历史长河中几经变化，到秦汉时，御史最终发展为职负专责的监察官员。御史制度的职能范围，虽在此后历有调整，如后来增加了谏言的功能，但其主要的监察功能始终保持不变。御史很可能由称谓而授官设职，就如给事，在汉代是担任职役的称谓，“后亦渐入官衔”[①]，到北魏便以之设官了。给事中，虽在秦代便已设官，但在魏晋以前只有加官，并无正职，应当也属于依称谓设官一类。

基于对甲骨卜辞中“史”、“御”的释读，御史作为官名，自始便显示其作为君王侍从的特征。无论从字义探源结果，抑或制度形成过程，御史均显示与君权紧密结合的关系。制度化的御史，由侍从君王，到专责监视帝国政治体系的运行，其君王耳目的制度功能至为明晰。在清代制度中，御史的职责虽大为收缩，但其防护君权的制度功能却并未改变。

“科道者，谓六科给事中及诸道监察御史也。”[②] 科道制在中国古代历史上有一个漫长的制度演化轨迹，“科道制之得名，自明以给事中分科御史分道为始，然渊源甚远”[③]。据《晋书·职官志》载：“给事中，秦官也”。秦汉时代“虽然都有给事中的官名，可是只是加官，并无正员。给事中设为专官，大概是起于晋代”。[④] 至隋唐时代，封驳诏令章疏，成为给事中的主要职能。延至清代，给事中并入都察院，与御史同一隶属。其封驳权名存实亡，职掌亦与御史并无区别。御史作为官名，起始更早，在甲骨卜辞中已有记载。而御史专掌弹劾纠察之权，则始于秦代。此后，虽其组织机构不断演变，但职掌则始终未变。

御史制度的创建是古代政治生活制度化的重要成果，在后世王朝的制度完善进程中历有变化。“秦以御史监郡并执法。汉御史因职务不同，有侍御史、符玺御史、治书御史、监军御史等。东汉有侍御史，掌纠察；治书侍御史，察疑狱。魏晋南北朝有督军粮御史、禁防御史、监察御史等，随事立名。唐代有侍御史、殿中侍御史和监察御史三种。明清

---

① 吕宗力主编：《中国历代官制大辞典》“给事”条，北京出版社1994年版，第656页。

② 杨定襄：《科道平议》，《甲寅》第1卷第9号，章士钊编：《甲寅周刊·甲寅杂志》第4册，《民国期刊资料分类汇编》，北京图书馆出版社2009年版，第222页。

③ 文天倪：《科道制与代议制之利害得失如何立法与弹劾二权之分合利弊安在此项条文应如何现定其分别论之》，《甲寅》第1卷第13号，章士钊编：《甲寅周刊·甲寅杂志》第4册，第300页。

④ 高一涵：《中国御史制度的沿革》，商务印书馆1930年版，第47—48页。

仅存监察御史，分道纠察，明并有分任出巡者，如巡按御史、巡漕御史等。”[①] 到清代，御史职能大受限制，除短期存在的巡台御史外，只能坐道办理公务而不再有出巡地方的权力。在御史制度演变过程中，明代的台谏合称与清代的科道合一，体现了制度功能的调整。

所谓台，即御史台，御史“所居之署，汉谓之御史府，亦谓之御史大夫寺，亦谓之宪台”[②]。历史上御史台还有柏台、乌台、霜台、乌府等别称，典出自《汉书·朱博传》。汉成帝时，从何武之请，赐大司马印绶，置官署，并改御史大夫为大司空，“封列侯，皆增俸如丞相，以备三公官焉”。据《汉书》记载：“是时，御史府吏舍百余区，井水皆竭；又其府中列柏树，常有野乌数千栖宿其上，晨去暮来，号曰‘朝夕乌’，乌去不来者数月，长老异之。”[③]《通典》接续其记曰：“后果废御史大夫为大司空，是其征也。”[④] 另据《通志》记载：“后汉以来谓之御史台亦谓之兰台寺，梁及后魏、北齐或谓之南台……后周曰司宪，属秋官府。隋及唐皆曰御史台。”[⑤] 这是一种大概说法，真实情况为，在不同时期，御史台的名称多有调整。诸如，唐高宗龙朔二年，便改御史台为宪台，而睿宗文明元年，则改御史台为肃政台。[⑥] 宋代，置御史台，“其制与唐略同”，辽、金、元均置御史台。明初亦置御史台，“寻罢御史台更置都察院”。[⑦] 从此，便不再有御史台名目，然习俗相沿，都察院常被称为台院，而御史亦常被称为台官、侍御等。

台，也指台官，即御史。秦代御史中的御史大夫，位列三公之一，为副丞相，“凡丞相有缺，则御史大夫以次序迁”[⑧]，其职掌为监察包括

① 《辞海》，上海辞书出版社1999年版彩图本，第2167。

② （唐）杜佑撰：《通典》（第1册）卷24《职官六·御史台》，第658页。

③ （汉）班固撰：《汉书》（第10册）卷83《薛宣朱博传第五十三》，中华书局1962年版，第3405页。

④ （唐）杜佑撰：《通典》（第1册）卷24《职官六·御史台》，第659页。另，《中国历代职官别名大辞典》，《全唐诗典故辞典》，均以此说为据。

⑤ （宋）郑樵：《通志》（第1册）卷54《职官略第四·御史台第六》，《万有文库》第2集，商务印书馆1935年版，第667页。

⑥ 据陈茂同《中国历代职官沿革史》，百花文艺出版社2005年版，第242页。

⑦ （清）嵇璜、刘墉等奉敕撰，纪昀等校订：《续通典》卷28《职官六·御史台》，《万有文库》第2集，商务印书馆1935年版，第1293页。

⑧ （清）永瑢、纪昀奉敕撰：《钦定历代职官表》卷18《都察院上》，光绪《广雅丛书》本，第11页a。

丞相在内的百官。除御史大夫外，秦代还有御史中丞、侍御史或柱下御史、监察史等官名。“秦以御史监郡”①，担负其责的便是监察史。汉因秦制，御史大夫仍位列三公，据《薛宣传》，御史大夫“内承本朝之风化，外佐丞相统理天下”②。《朱博传》中则说，御史大夫“典正法度，以职相参，总领百官，上下相监临”。可见，御史大夫仍以监察、执法为其职掌。汉成帝绥和元年，采何武建言，置“三公官”③，御史大夫“更名大司空，金印紫绶，禄比丞相”④。御史大夫分行丞相职务，御史中丞的地位得到提升，成为新任御史台长官。西汉御史，除御史大夫及御史中丞外，还有侍御史、治书御史、符玺御史、御史中丞从事、监军御史、御史大夫掾、西曹掾、主簿、少史、御史属、柱下令等官。⑤东汉“省御史大夫而以中丞为台率，始专纠察之任。其后历代或复置大夫，或但设中丞，规制各殊，要皆中丞之互名，盖即今之都察院堂官之职事矣”⑥。可见，东汉时御史中丞完全居于御史长官之任，“与司隶校尉、尚书令会同并专席而坐，故京师号曰‘三独坐’”⑦，权位尊崇。《中国御史制度的沿革》一书，归纳秦汉时期御史的职能，有：“（一）察举非法；（二）受公卿奏事，举劾违失；（三）典法度、掌律令；（四）理大狱、治疑案；（五）掌图书秘籍；（六）监理诸郡；（七）督察部刺史；（八）监察三辅郡；（九）监督军旅；（十）督运军粮；（十一）讨捕盗贼；（十二）禁察逾侈；（十三）纠察朝仪祭礼；（十四）安抚属国州县；（十五）护从巡幸；（十六）监护东宫。”⑧

三国以后，隋唐之前，御史制度基本沿袭秦汉，而略有调整。其中在魏晋制度中，持书侍御史地位抬高，掌律令。《通典》说：“魏晋以来，持书侍御史分掌侍御史所掌诸曹，若尚书二丞，宋代掌举劾，齐、梁并同，皆统侍御史。自宋、齐以来，此官不重，自郎官转持书者，谓

---

① （唐）杜佑撰：《通典》（第1册）卷24《职官六·御史台》，第658页。

② （汉）班固撰：《汉书》（第10册）卷83《薛宣朱博传第五十三》，第3391页。

③ 同上书，第3405页。

④ （汉）班固撰：《汉书》（第3册）卷19上《百官公卿表第七上》，第725页。

⑤ 据徐天麟撰《西汉会要》，上海人民出版社1977年版，第333—334页。

⑥ （清）永瑢、纪昀奉敕撰：《钦定历代职官表》卷18《都察院上》，第11页a。

⑦ （南朝宋）范晔撰：《后汉书》（第4册）卷27《宣张二王杜郭吴承郑赵列传第十七·宣秉列传》，中华书局1965年版，第927页。

⑧ 高一涵：《中国御史制度的沿革》，商务印书馆1930年版，第13—14页。

之‘南奔’。梁天监初，始重其选，车前依尚书二丞给三驺，执盛印青囊，旧事纠弹官印绶在前故也。后魏掌纠禁内朝会失时，服章违错，飨宴会见，悉所监之。北齐亦有焉。后周有司宪上士二人，亦其任也。隋又为持书侍御史，台中簿领，悉以主之。大唐永徽初，高宗即位，以国讳故，改持书侍御史为御史中丞。龙朔二年，改为司宪大夫，咸亨元年复为中丞。”① 隋代御史制度有三点变化：（一）废中丞，其职务被治书御史所取代；（二）隋炀帝时废除御史值宿禁中旧制，御史从此转为外朝官；（三）侍御史不再由台官选，改由吏部选任。《隋书·百官志》的记载为：“御史台，大夫一人，治书侍御史二人，侍御史八人，殿内侍御史、监察御史，各十二人，录事二人。后魏延昌中，王显有宠于宣武，为御史中尉，请革选御史。此后踵其事，每一中尉，则更置御史。自开皇后，始自吏部选用，仍依旧入直禁中。”② 隋炀帝即位，“多所改革”③，“御史台增治书侍御史为正五品。省殿内御史员，增监察御史员十六人，加阶为从七品。开皇中，御史直宿禁中，至是罢其制。又置主簿、录事员各二人。五年，又降大夫阶为正四品，减治书侍御史为从五品；增侍御史为正七品，唯掌侍从纠察，其台中簿领，皆治书侍御史主之。后又增置御史，从九品，寻又省”④。

“大唐自贞观初以法理天下，尤重宪官，故御史复位雄要。”⑤ 唐代御史制度的加强，主要表现为十道分巡、六部分察两项制度的设立。光宅元年九月五日，武则天“改御史台为肃政台，凡置左、右肃政二台，别置大夫、中丞各一人，侍御史、殿中、监察各二十人，左以察朝廷，右以澄郡县”⑥。其中左肃政台为原御史台，“专管在京百司，及监军旅”。右肃政台为“更置”，“其职员一准左台，令按察京城外文武官僚”⑦。六部分察文献记载很少，不得详情，而关于十道分巡，《文献通

① （唐）杜佑撰：《通典》（第1册）卷24《职官六·御史台》，第667页。

② （唐）魏徵等撰：《隋书》（第3册）卷28《百官下》，中华书局1973年版，第775页。

③ 同上书，第793页。

④ 同上书，第796页。

⑤ （唐）杜佑撰：《通典》（第1册）卷24《职官六·御史台》，第670页。

⑥ 同上书，第660页。

⑦ （宋）王溥撰：《唐会要》卷60《御史台上·御史台》，中华书局1955年版，第1041页。

考》有一段记载："天授二年发十道存抚使，以右肃政御史中丞知大夫事，李嗣真等为之（时分巡天下者，皆左右台官）者。神龙二年，敕左右台内外五品以上官，识理通明无屈挠者二十人，分为十道巡察使，二周年一替，以廉按州郡。景龙二年，置十道按察使，分察天下。"①唐代御史台设三院，其中的察院也执掌一定类型的分察、巡按职能。据《新唐书·百官志》载："监察御史十五人，正八品下。掌分察百僚，巡按州县，狱讼、军戎、祭祀、营作、太府出纳皆莅焉。"② 唐代御史的分察、巡按制度，对后世王朝影响很大。明代的巡按御史，清代的巡察御史、十五道监察御史，均源于唐代制度。

能与御史台相对称的自然是谏院，而与台官相对的则是谏官。谏院与谏官，在古代政治机构或组织中属言谏系统。甚至在远古制度萌芽时期，言谏活动已在政治中出现，只是既无专门制度，也无专职官员。直到秦朝设谏议大夫、给事中始，言谏制度才逐渐形成而建立起来。据《文献通考》记载，"秦署谏议大夫掌论议，无常员，多至数十人，属郎中令。至汉武帝元狩五年，始更置之"，即改谏议大夫为谏大夫，均为加官，由大夫、议郎、三公兼其职。进入东汉后，再改谏大夫为谏议大夫，"亦无常员"③。两汉时期，谏议大夫在组织上属光禄勋。东汉置侍中寺，晋改门下省。这是中国古代制度史上，出现最早的专门言谏机构。南朝齐、梁时，又从门下省分出集书省，均是专门从事言谏的机构。隋唐两朝均沿设门下省，谏议大夫隶门下省。唐代吸取隋朝教训，言谏制度得到强化，除门下省外，中书省也担负言谏职责。言官除谏议大夫和给事中外，又增设散骑常侍、拾遗、补缺等官，分属于中书、门下两省。宋代言谏制度在组织方面进一步变化，在门下省下分设了谏院和门下后省两个机构，分掌言谏、审驳两权。谏院设于宋真宗年间，《宋会要》记载设于天禧元年（1017）。但据《燕翼诒谋录》载，此时的谏院仍附于门下省，并无独立办公场所，直到"明道元年七月辛卯，

① （元）马端临撰：《文献通考》卷61《职官十五·巡察按察巡抚等使》，中华书局1986年版，第555页。

② （宋）欧阳修、宋祁撰：《新唐书》卷48《百官志三·御史台》，中华书局1975年版，第1239页。

③ （元）马端临撰：《文献通考》卷50《职官四·谏议大夫》，第459页。

又以谏官无治所，乃以门下省充谏院，而别创门下省于右掖门之西”[①]。辽金两代沿设谏院，但作用下降，至元代被取消。明代言谏制度再度复兴，主要设立两大机构：通政使司和六科给事中。

给事中，“加官也。秦置，汉因之，所加或大夫、博士、议郎。掌顾问应对。位次中常侍、侍中、黄门，无员。诸给事中，日上朝谒，平尚书奏事，分为左右曹，以有事殿中，故曰给事中”[②]。给事中无加官置正员，当在东汉以后。东汉章帝后，废掉了给事中。《通典》说“汉东京省”，便指此而言。曹魏时“复置”给事中，但在“加官”还是“正员”问题上，《通典》未能确定，仅给出“或为加官，或为正员”的两可答案。《中国御史制度的沿革》一书考证，认为：“晋代的给事中已经无加官，而且品位已经定为第五，一定是设下定员了。”[③] 给事中从加官而到正员的发展，表明其在制度中的地位得到提升。从给事中的职掌来看，隋唐以前，并无确定。诸如，在六朝的梁时，给事中具有封驳权。而到了后周，给事中改称给事中士，“掌理六经，及诸文志，给事于帝左右”[④]。隋朝给事中改称给事或给事郎，隶门下省，而职掌逐渐确定，专掌“省读奏案”。“大唐武德三年，改给事郎为给事中，后定为四员。龙朔二年，改为东台舍人，咸亨元年复旧。”[⑤] 唐代给事中“掌侍奉左右，分判省事。凡百司奏抄，侍中审定，则先读而署之，以驳正违失。凡制敕宣行，大事则称扬德泽，褒美功业，覆奏而请施行；小事则署而颁之。凡国之大狱，三司详决，若刑名不当，轻重或失，则援法例退而裁之。凡发驿遣使，则审其事宜，与黄门侍郎给之，其缓者给传，即不应给，罢之。凡文武六品以下授职，所司奏拟，则校其仕历深浅，功状殿最，访其德行，量其材艺；若官非其人，理失其事，则白侍中而退量焉。其弘文馆图书缮写、雠校，亦课而察之。凡天下冤滞未申及官吏刻害者，必听其讼，与御史及中书舍人同计其事宜，

---

① （宋）王林撰：《燕翼诒谋录》卷4“增置台谏条”，中华书局1981年版，第34页。

② （唐）杜佑撰：《通典》（第1册）卷21《职官三·门下省》，第551页。

③ 高一涵：《中国御史制度的沿革》，商务印书馆1930年版，第49页。

④ （唐）李隆基撰，（唐）李林甫注：《大唐六典》卷8，三秦出版社1991年版，第179页。

⑤ （唐）杜佑撰：《通典》（第1册）卷21《职官三·门下省》，第551页。

而申理之"[①]。高一涵参阅《旧唐书·职官志》、白居易《长庆集》、《新唐书·百官志》及锡田《论军国机要朝廷大体疏》等文献，得结论为："由此看来，唐代的给事中职权扩张很大，可以封驳诏敕，可以驳正刑狱，可以纠理冤滞无告，可以裁退选补不当。门下省事可以由他分判；若侍中、侍郎并缺，可以由他监封题给驿卷。故从职权上说，给事中一职，到唐代真可算是权力大到极点了。"[②] 唐代给事中职掌显与隋唐之前不同，《通典》认为："前代虽有给事中之名，非今任也。今之给事中，盖因秦之名，用隋之职。"[③] 高一涵认为这种职掌上的差异，"六朝以前的给事中，天天追随左右，掌顾问应对，故常常能在诏书未曾起草之前，就可以献纳得失，驳正违误；到了隋唐时代……只能涂窜于诏书已下之后，不能陈说于诏书未制之前。这可算是给事中一官，由宫内移到宫外及由事先谏止变成事后谏止的一大变革"[④]。宋初沿用五代制度，给事中多为他官兼任。据《文献通考》载："宋淳化四年，诏给事中凡制敕有所不便，准故事封驳。九年，诏停给事中，始以封驳司隶银台。元丰官制行，给事中始正其职而封驳司归门下。又诏给事中许书画黄，不书草，着为令。"[⑤] 可见，元丰后，给事中才设有专任官员。元祐元年（1086），在门下省下增设后省，建炎间以给事中任后省长官。

在古代制度中，御史制度与言谏制度分属不同系统。"御史制度是上对下的监察纠禁，谏官制度是下对上的匡正建议，二者相辅相成共同起着巩固封建统治的作用。"[⑥] 在宋代以前，御史与谏官在组织机构方面，处于相互独立状态。在职掌方面，"谏官、御史其职略异，谏官、御史虽俱为言责之臣，然其职各异。谏官掌献替，以正人主；御史掌纠察，以绳百僚。故君有过举则谏官奏牍，臣有违法则御史封章。今使谏官同纠察则为侵官，御史与献替则为犯分。惟别谏官之职，正御史之

---

① （唐）李隆基撰，（唐）李林甫注：《大唐六典》卷8，第179—180页。

② 高一涵：《中国御史制度的沿革》，商务印书馆1930年版，第53—54页。

③ （唐）杜佑撰：《通典》（第1册）卷21《职官三·门下省》，第551页。

④ 高一涵：《中国御史制度的沿革》，商务印书馆1930年版，第54页。

⑤ （元）马端临撰：《文献通考》卷50《职官四·谏议大夫》，第458页。

⑥ 宿志丕：《中国古代御史、谏官制度的特点及作用》，《清华大学学报》（哲学社会科学版）1994年第2期。

任，献替之事则付之谏官，纠察之事则付之御史”①。御史与谏官之间也负有相互监督之责，因此双方例不相往来。《容斋续笔》中有这样一则记载：“国朝故实，台、谏官元不相见。故赵清献公为御史，论陈恭公，而范蜀公以谏官与之争。元丰中，又不许两省官相往来。鲜于子俊乞罢此禁。元祐中，谏官刘器之、梁祝之等论蔡新州，而御史中丞以下，皆以无章疏罢黜。靖康时，谏议大夫冯澥论时政失当，为侍御史李光所驳。今两者合为一府，居同门，出同幕，与故事异。”② 可见，到洪迈（1123—1202）写作《容斋续笔》之时，台、谏官不相见的惯例已经被打破。这种结果，直接与台谏官的职能互侵有关。据《群书考索续集》记载，宋初谏官“领外任而不任风宪，兴国中任风宪而不领言事。至于天禧而后，言事御史之官置矣。至于庆历而后，言事御史之职举矣”③。若章如愚记述无错，那么御史职侵谏官当始于宋真宗天禧年间。天禧元年二月七日，宋真宗就谏官、御史的建置问题，专门颁发了一道诏书。刁忠民《论北宋天禧至元丰间之台谏制度》一文认为，当今论者虽频繁引用这道诏令，但“似乎未能认识到它的划时代意义”④。刁忠民认为，宋代台谏制度在天禧元年以后的发展，“大多遵循这道诏书的精神，仅随时势的变化而有所波动”。现将《宋会要辑稿》中的这份诏书截录于下：“朕大庇蒸民，隆兴至治。弥纶缺政，交属于庶僚；寝寐思规，屡班于明诏。虽增虚伫，未协翘思。夫谏诤之臣，本期述嘉谋而矫枉；风宪之任，亦当遵直指而绳愆。既列清班，宜倾亮节。倘缄默而自肆，谅考绩而曷观。况朕躬览万机，亲批封奏，详延百执，素靡漏言。举职殉公，有何所避。保身钳口，拒至于斯。将戒慢官，先伸诞告。仍旌优异，以劝倾输。自今两省置谏官六员，御史台除中丞、知杂、推直官外，置侍御史以下六员，并不兼领职务。每月添支钱五十千，三年内不得差出。其或诏令不允、官曹涉私、措置失宜、刑赏逾制、诛求无节、冤滥未伸，并仰谏官奏论，宪臣弹举。每月须一员奏

① （宋）章俊卿编：《群书考索续集》卷36《官制门·台谏》，台湾商务印书馆影印《四库全书》文渊阁写本，子部，第442—443页。

② （宋）洪迈：《容斋续笔》卷3《台谏不相见》，中华书局2005年版，第252页。

③ （宋）章俊卿编：《群书考索续集》卷36《官制门·台谏》，第452页。

④ 刁忠民：《论北宋天禧至元丰间之台谏制度》，《四川大学学报》（哲学社会科学版）1999年第3期。

事，或更有切务，即许不依次入对。虽言有失当，必示曲全；若事难显行，即令留内。但不得潜为朋附，故作中伤。其谏官仍于谏院或两省内选择厅事、量置什器祇应。候及三年，或屡有章疏，实能裨益，特越常例，别与升迁；或职业无闻，公言罔睹，移授散秩，仍遣监临。”① 诏书虽从职任上对谏官与台官分别提出要求，但二者的“清班”性质，存在诸多相近元素。所以，才能在一道诏书中，用同一语言模式安排两个机构的工作。尤其诏书中有关增置“侍御史以下六员”的内容，便是章如愚在《群书考索》中所谓“言事御史之官置矣”了。对此新置，章如愚曾有一番感慨，曰：“昔日孝宗尝命监察御史言事，则曰：今既分隶六察，可许随事详奏。至论谏臣行御史之事，则欲其补遗，不任纠劾。呜呼！谏臣使之谏诤而不使之纠劾，台臣使之纠劾而又使之谏诤，帝王之心，何其重于责己，以德于待人如此哉。”② 由章如愚的感叹可见，在谏官与台官的职能互侵过程中，主要是台官增加了谏诤的职能，而谏官并未取得御史的弹劾权力。

在政治实践中，台官与谏官的职能界分并非如规定中那么清楚，御史行谏诤至少在唐代便存在。《唐会要》卷六十二，在《御史台下》专列“谏诤”事例。其中一条摘录如下：“开元二年十二月，岭南市舶司右威卫中郎将周庆立，波斯僧及烈等，广造奇器异巧以进。监选司殿中侍御史柳泽上书谏曰：‘臣闻不见可欲，使心不乱，是知见欲而心乱必矣。臣窃见庆立等，雕镌诡物，置造奇器，用浮巧为真玩，以诡怪为异宝，乃理国之所巨蠹，明王之所严罚。紊乱圣谋，汨斁彝典。昔露台无费，明君尚或不忍，象箸非多，忠臣犹且愤叹。王制曰：作异服奇器，以疑众者杀。月令曰：无作淫巧，以荡上心。巧谓奇伎怪好也，荡谓惑乱情欲也。今庆立等皆欲求媚圣意，摇荡上心。若陛下信而使之，是宣奢淫于天下。必若庆立矫而为之，是禁典之无赦也。陛下即位日近，万邦作孚，固宜昭宣菲薄，广教节俭，则万方幸甚。’”③《唐会要》中所举事例，尚有御史中丞、监察御史的谏诤活动。另外，谏官在谏诤过程

① （清）徐松辑：《宋会要辑稿》第60册《职官三·谏院》，中华书局1957年版，第2423页。

② （宋）章俊卿编：《群书考索续集》卷36《官制门·台谏》，第452页。

③ （宋）王溥撰：《唐会要》卷62《御史台下·谏诤》，第1078页。

中，也很难将弹劾、谏诤两种行为截然分开。例如，《续资治通鉴长编》在宋仁宗庆历三年四月壬戌（1043 年 6 月 5 日）有一条记载："吕夷简虽罢相，犹以司徒豫议军国大事，上宠遇之不衰。于是谏官蔡襄疏言：'夷简被病以来，两府大臣，累至夷简家谘事。又闻夷简病时，陛下于禁中为之祈禳，锡与致多，眷注无比。臣窃谓两府大臣，辅陛下以治天下者，今乃并笏受事于夷简之门，里巷之人，指点窃笑。案夷简谋身忘公，养成天下今日之患。'"[①] 这是谏官在谏诤过程中，弹劾大臣的典型事例。由于宋代谏官、御史相互兼任谏诤及纠弹职能，故在统治者眼中已无太多区别，台谏合称已成为一种标准政治语言，也已经成为政府的行文习惯。

由上述可见，制度功能的相近，形成的政治习惯，在台谏合一趋势中，显然起着重要甚至主要作用。历来学者在分析台谏合一原因时，往往忽略政治中的习惯性因素，过多强调了制度发展的规律性，难免在认识上会因偏执而忽略事实。影响台谏合一的因素中，规律性的因素，或许只存在于一个较小的时空范围内。诸如有学者观察到，宋初的文官制度，在很大程度上影响了谏议监察系统的完备。这是由于政治优先选择的结果，在中央文官不足的情况下，兼任、兼差便成为必然。宋初"台谏皆以他官兼领，谏官至神宗元丰三年始有实职。惟台官，自太宗太平兴国三年张巽为监察御史正名，举职已见于此时"[②]。这样便造成一种政治习惯，即在宋代不以侵越言职为忤。于是，"宋百官皆得言事，天禧之前，群臣百执事，皆得言事，不责于台谏之官也"[③]。而且台谏官也存在兼任他职的现象[④]，宋代官员甚至产生了"古者无越职言事之禁"[⑤] 的认识。由台谏合称而发展为制度合一趋势，政治习惯显系主要因素。而制度特性，乃是产生政治习惯的本原。在适宜的政治环境中，政治观念映射制度特性，一种制度演

① （宋）李焘撰：《续资治通鉴长编》（第 11 册）卷 140，中华书局 1985 年版，第 3367 页。

② （宋）章俊卿编：《群书考索续集》卷 36《官制门·台谏》，第 441 页。

③ 同上书，第 21 页，总第 451 页。

④ 据虞云国著《宋代台谏制度研究》（增订本），上海书店出版社 2009 年版，第 29—31 页。

⑤ （宋）章俊卿编：《群书考索续集》卷 36《官制门·台谏》，第 451 页。

化上的趋势由此出现。台谏合一趋势由宋代产生，偶然性强过规律性，显为事实。元代延续了这一趋势，甚至不设谏官而由御史兼任，实现了短期内台谏制度的彻底合一。

明代官制，“沿汉、唐之旧而损益之。自洪武十三年罢丞相不设，析中书省之政归六部，以尚书任天下事，侍郎贰之。而殿阁大学士只备顾问，帝方自操威柄，学士鲜所参决。其纠劾则责之都察院，章奏则达之通政司，平反则参之大理寺，是亦汉九卿之遗意也。分大都督府为五，而征调隶于兵部。外设都、布、按三司，分隶兵刑钱谷，其考核则听于府部。是时吏、户、兵三部之权为重”①。明代官制有很大变化，废中书省，罢丞相不设，六部直属皇帝。在台谏制度方面，“吴元年十月壬子，置御史台”，沿设台、殿、察三院，置御史大夫、御史中丞、侍御史、治书侍御史、殿中侍御史、察院监察御史等官。“洪武十三年五月，罢御史台。十五年更置都察院。”② 据《明史·职官志》载，都察院设左右都御史、左右副都御史、左右佥都御史，属管院官员。在都察院属员中，监察御史人数最多，共有110人。其中，都御史，“职专纠劾百司，辨明冤枉，提督各道，为天子耳目风纪之司。凡大臣奸邪、小人构党、作威福乱政者，劾。凡百官猥茸贪冒坏官纪者，劾。凡学术不正、上书陈言变乱成宪、希进用者，劾。遇朝觐、考察，同吏部司贤否陟黜。大狱重囚会鞫于外朝，偕刑部、大理谳平之。其奉敕内地，拊循外地，各专其敕行事”。十三道监察御史，“主察纠内外百司之官邪，或露章面劾，或封章奏劾。在内两京刷卷，巡视京营，监临乡、会试及武举，巡视光禄，巡视仓场，巡视内库、皇城、五城，轮值登闻鼓。在外巡按，清军，提督学校，巡盐，茶马，巡漕，巡关，攒运，印马，屯田，师行则监军纪功，各以其事专监察。而巡按则代天子巡狩，所按藩服大臣、府州县官诸考察，举劾尤专，大事奏裁，小事立断。按临所至，必先审录罪囚，吊刷案卷，有故出入者，理辩之。诸祭祀坛场，省其墙宇祭器。存恤孤老，巡视仓库，查算钱粮，勉励学校，表扬善类，剪除豪蠹，以正风

① （清）张廷玉等撰：《明史》（第6册）卷72《志第四十八·职官一》，中华书局1974年版，第1729页。

② （清）龙文彬：《明会要》卷33《职官五·都察院》，中华书局1956年版，第556页。

俗，振纲纪。凡朝会纠仪，祭祀监礼。凡政事得失，军民利病，皆得直言无避。有大政，集阙廷预议焉”①。

上述摘引显示，明代御史的监察权能几乎涵盖政治领域各方面。正如《明史·职官志》所谓：“盖六部至重，然有专司，而都察院总宪纲，惟所见闻得纠察。”② 除驻院御史之外，明代还存在外任官员加“都御史或副、佥都御史衔”的现象。这样的外任官员，“有总督，有提督，有巡抚，有总督兼巡抚，提督兼巡抚，及经略、总理、赞理、巡视、抚治等员”③。明代御史权能的扩展，体现了君主直接控权的意图。作为耳目之官，御史纠举、上奏向来不受台官节制，具有很高独立性。但从权力运作的方式来看，御史的弹劾、谏诤行为能否实现，除去可行的因素外，最终还要看与君主意志是否一致。再从制度设置角度观察御史权力的扩展，也会发现其背景中延伸着强烈的皇权意志。明代御史在纠举百官、整顿吏治的同时，仍担负谏诤职责。从《明会要》的记载来看，御史的谏诤活动涉及面很广，从君主日常生活，到经筵、圣学，再到施政，无所不及。洪武年间，御史中不乏敢言直谏之人。其中，“以敢言著者，自韩宜可外，则称周观政”。周观政，“尝监奉天门”，因阻“中使将女乐入”，而得皇帝亲出宫门认错，以致“左右无不惊异者”。④ 欧阳韶为监察御史，侍值，遇朱元璋杀人，而谏止之。景泰四年，御史左鼎就军政、吏治屡有诤言，时获皇帝嘉纳。⑤ 当时“御史练纲以敢言名，而鼎尤善于章奏。京师语曰：‘左鼎手，练纲口。’自公卿以下咸惮之。”⑥ 当然，御史的谏诤活动终究须依赖君主的纳谏雅量。嘉靖初，“延访忠谋，虚怀纳谏。一时臣工言过激切，获罪多有。自此以来，臣下震于天威，怀危虑祸，未闻复有犯颜直谏以为沃心助者”⑦。

---

① （清）张廷玉等撰：《明史》（第6册）卷73《志第四十九·职官二》，第1768—1769页。

② 同上。

③ 同上书，第1767页。

④ （清）龙文彬：《明会要》卷33《职官五·谏诤》，第567页。

⑤ 同上书，第568页。

⑥ 同上书，第569页。

⑦ 同上书，第571页。

明代御史制度，在对御史台整合的基础上，另辟新制，其监察权能及范围进一步扩大。与之相对，明代的谏诤、封驳体系也发生了很大变化。明代不设门下省，“吴元年，置给事中”。洪武六年三月己巳，“始分为吏、户、礼、兵、刑、工六科，各设给事中二人。铸给事印一，推年长者掌之”①。洪武九年，“定给事中十人。十年隶承敕监。十二年改隶通政司。十三年置谏院，左右司谏各一人，左、右正言各二人，十五年又置谏议大夫。寻皆罢”②。六科与六部相对而设，洪武二十四年五月，改定科员，每科都给事中一人，左、右给事中各一人；给事中共四十人，吏科四人，户科八人，礼科六人，兵科十人，刑科八人，工科四人。六科职掌，据《明史·职官志》载：“六科，掌侍从、规谏、补缺、拾遗、稽查六部百司之事。凡制敕宣行，大事覆奏，小事署而颁之；有失，封还执奏。凡内外所上章疏下，分类抄出，参署付部，驳正其违误。”③ 如此，前代谏诤、封驳之权，便集于六科。

明代给事中和御史均为言官，其组织机构为六科和都察院。六科职掌多属原门下省，且给事中原曾隶属门下省，习俗相沿，人多简称六科为省。都察院职掌原属前代御史台而又扩展，人多简称其为台。在日常公务交流中，二者往往被合称台省。给事中职司谏诤，故又称谏官；御史，因曾隶御史台而称台官。因此，明代言官被称为台谏官、台省官，或据明代六科给事中与十三道监察御史的制度特征，而合称科道官。明代以前，给事中主掌谏诤之职，被称为言官或谏官；御史主纠察之任，被称为察官。明代，御史与给事中，在具体职责上，虽各有所掌，分不同领域，但在谏诤及纠劾方面，交叉重叠之处很多，均以“言”为职责。在前代台谏合一的基础上，明代科道制度在性质上的同质化更为明显。在现实政治生活中，便表现为对二者称谓上的相提并论。作为言官，“御史为朝廷耳目，而给事中典章奏，得争是非于廷陛间，皆号称言路”④。

① （清）龙文彬：《明会要》卷37《职官九·六科》，第644页。

② （清）张廷玉等撰：《明史》（第6册）卷74《志第五十·职官三》，第1806—1807页。

③ 同上书，第1805页。

④ （清）张廷玉等撰：《明史》（第16册）卷180《列传第六十八·赞》，第4803页。

清代科道制发展的一个重要表现，便是科道合一进程的完成。清朝“初沿明制，设都察院”①，天聪十年（1636），皇太极设都察院，谕曰：“凡有政事悖谬，及贝勒大臣有骄肆慢上、贪酷不法、无理妄行者，许都察院直言无隐。即所奏涉虚亦不坐罪，傥知情蒙蔽以误国论，如尽心职业，秉公矢行，三年考满定加升赏。”② 同年，皇太极改年号崇德，为都察院置承政、参政各官。顺治元年，“改左都御史掌院事，满汉各一人。左副都御史协理院事，各二人。汉左佥都御史一人。外省督、抚，并以右系衔。司务，满、汉各一人。都事，满洲二人，汉军一人。设十五道，河南道参治院事。置监察御史，满洲六人，汉军八人”③，汉员，除京畿道无专员外，其他各道共计69名。以上官职及人员数目，在清朝不同时期，均有调整。如承政、参政，顺治元年改左都御史、左副都御史名，而汉左佥都御史及督抚坐衔中的右佥都御史，则于乾隆十三年停罢。除以上所举职官外，都察院还曾置启心郎、蒙古章京等官职。另外，还有笔帖式，五城指挥、副指挥等。顺治元年，规定左都御史、左副都御史、监察御史“许风闻言事”。二年“省京畿道”，三年“定左副都御史满、汉各一人”。九年复设京畿道，“专司照刷各署卷宗。并置五城汉军理事官，是为巡城之始。十年，定满洲、汉军、汉五城御史各一人”。康熙年间，都察院制度的变化，主要有两项：一为左都御史列议政大臣；一为增置蒙古监察御史。雍正年间，都察院有三项职官变化：一是雍正二年设置内务府御史；五年增置宗室御史；七年置五城铺司巡检。乾隆年间，都察院的重要变化有两项：其一，乾隆十四年，“诏按道定额”，十五道均设掌道，并给印信，“规制始称”；其一，二十年，“复命京畿道列河南道前，互易所掌，京畿道遂为要职”。清末官制改革期间，都察院迎来最后一次调整。光绪三十二年，“改定都御史一人、副都御史二人，按省分道。增设辽沈道，仿京畿道例，置掌道、协道各二人；析江南为江苏、安徽二道，湖广为湖北、湖南二道；

① 《清史稿校注》（第4册）卷122《志九十七·职官二》，台湾商务印书馆1999年版，第3285页。

② 故宫博物院编：《钦定台规二种》（第1册）卷2《训典二·圣谕》，《故宫珍本丛刊》，海南出版社2000年版，第11页。

③ 《清史稿校注》（第4册）卷122《志九十七·职官二》，第3285—3286页。

并增甘肃、新疆二道，置满、汉御史各一人。是为二十道”①。在清朝历史上，也存在过巡按御史，顺治初设，十七年省；巡盐、巡漕御史，几设几停；巡视京、通各仓御史，在光绪二十八年最终停废；巡视江南上下两江御史、巡视屯田御史，设置时间均不长。尚有其他名目御史的设置，但时间均不长而停废。

十五道监察御史，掌“弹举官邪，敷陈治道，各覆本省刑名”②，而“掌言职，传达纶音，勘鞫官府公事，以注销文卷，有封驳即闻”，便是六科给事中的职任。清“初沿明制，六科自为一署”③，给事中员额初始“增减不一，设有汉军副理事官”。顺治十八年，“定吏科、户科、礼科、兵科、刑科、工科，设满汉都给事中各一人，满汉左右给事中各一人，汉给事中二人，都给事中由左给事中转，左给事中由右给事中转”④。康熙三年，六科止留满、汉各一人。康熙“五年，改都给事中为掌印”。给事中撤署，“内升外转”，隶都察院，始于雍正元年，成于二年，“自是台省合而为一”⑤。

关于科道合一问题，学者惯于社会形态审视，乐于勾勒一个纵向的制度演进线索。基于传统思维，解释科道合一演进的原理，极易得出与专制主义强化相关的结论。这种解释问题的方式，普遍存在于以古代政治制度、监察制度或御史制度为题的著作、文章中。在《雍正传》一书中，冯尔康便持此种见解。他说：“台省合一，削弱六科谏议权，加强都察院对臣工的监察，两者相辅相成，是强化皇权的两个侧面。雍正这一改制，使皇帝更加集权了。”⑥ 兹再举近期一例，以说明问题。2008 年《求索》杂志，刊载《论清代皇权的加强与科道官谏诤职能的萎缩》一文。此文立意便将台谏合一、科道谏诤职能的削弱，归咎于皇权的加强。加强皇权，是古代制度不争的主题。任何一项制度的罢废或削弱，追根溯源均能与皇权加强相关联。但事情还存

① 《清史稿校注》（第 4 册）卷 122《志九十七·职官二》，第 3286—3287 页。

② 同上书，第 3285 页。

③ 同上书，第 3288 页。

④ （清）昆冈、李鸿章修：《钦定大清会典事例》（光绪二十五年重修本）卷 20《六科》，光绪二十五年八月石印本。

⑤ 《清史稿校注》（第 4 册）卷 122《志九十七·职官二》，第 3288 页。

⑥ 冯尔康：《雍正传》，三联书店 1999 年版，第 294 页。

在另一面，即决定古代制度变、废的因素中，制度效能才是其存废更重要的方面。科道合一的目的，固然可降低给事中的独立性，并限制其谏诤能力。但之所以会与“道”合，而不是其他部门，在于二者在制度性质上的高度一致，且执掌也多有重叠。诸如，弹劾不法，直言规谏，“祭祀、监礼、侍班纠仪，科道同之”①。当给事中的谏诤权被限制后，同监察御史的区别，便只存在具体分工方面了。所以，从制度设置角度审视科道合一这一制度现象，其存废更多体现为制度功能上可用、无用的取舍，而不在于是否贯彻了所谓某种规律。恰是制度变化时的政治背景，可能才是最终决定性的因素。故前引《萎缩》一文，为阐述原因而以“清帝有意压制科道官”为论时，却不顾所举例证均指向的一个事实：科道的过度谏诤，已经影响到帝国政治稳定。限制科道的谏诤能力，已经成为打击满汉党争、南北党争的必要步骤。而该文作者却武断地认为，这是“漫无标准的刁难言官，致使其多方瞻顾，难尽其职，就未免矫枉过正”②。与《萎缩》一文相反，台湾研究者在同一问题上，展现的严谨及思维深度则令人敬佩。台北大学吴优政撰写的硕士论文《清雍正朝台谏合一之研究》，用一节内容论述“台谏合一的改制原因”。关于台谏合一问题，吴优政认为：“具有多方面之原因，权力因素只为其一”③。吴优政从“外源因素”和“内源因素”两个方面，阐述台谏合一的原因。其“外源因素”包括：“职官（官僚）角色”，“明末党争与六科独立”，“清初党争”，“言官失职”，“政府成长”。“职官角色”，便是指科道官执掌的同一性；“政府成长”，指政府机能完善中，对监察功能强化的需求。其“内源因素”包括：“涤清政治”，“改革部署”，“加强绩效”，“胤禛性格与思想”。④“内源因素”，主要从雍正帝决策角度考察问题，具有很强主观色彩。但毋庸置疑，雍正合并科道，必然落脚于制度调整效能，完成一定政治意图，其中“改革部署”最能说明这一

① 《清史稿校注》（第4册）卷122《志九十七·职官二》，第3285页。

② 梁娟娟：《论清代皇权的加强与科道官谏诤职能的萎缩》，《求索》2008年第10期。

③ 吴优政：《清雍正朝台谏合一之研究》，硕士学位论文，台北大学，2003年，第74页。

④ 同上文，第74—92页。

点。雍正在位不长，但其政治多所举措。科道合一，只是其中一项。其他重要者，如创立军机处、奏折制度的确立、改定律令、升府州、更定地方官缺、改革旗务、调处满汉矛盾、西南改土归流、西北两路用兵、推行重农抑末政策、改革赋役、整顿吏治，等等。[①] 胸怀如此政治设想，严密政治布局，显得非常必要。雍正首先针对科道采取措施，“怀有增强改革推动助力的寓意，并将可能的阻力、言官的滥权阻挠甚至因改革带来的党争，先行化解，而台谏合一，也可以视为确保诸多改革具有成效，为其余措施奠基的一项作为”。[②] 相较于此，前述论文中强化皇权的判断，未免太过笼统、简略，但吴优政将决策者个性引入问题分析，则有过度解读历史之嫌。至少在科道合一问题上，制度功能才是影响决策者取舍的主要因素。其目的在完善制度功能上的制衡或平衡，剔除某些认识到或认为的隐性制度缺陷，以实现政治意图的贯彻。而决策者个性，只会影响实现意图的方式，而不在制度内容的调整方面。

清朝人有一段关于明代言路的评价，说：“天顺以后居其职者，振风裁而耻缄默。自天子、大臣、左右近习，无不指斥极言。南北交章，联名列署。或遭谴谪，则大臣抗疏论救，以为美谈。顾其时门户未开，名节自励，未尝有承意指于政府，効搏噬于权珰，如末季所为者。故其言有当有不当，而其心则公。上者爱国，次亦爱名。然论国事而至于爱名，则将惟其名之可取，而事之得失有所不顾，于匡弼之道或者其未善呼。”[③] 这也许代表了清代统治阶层有关言路的普遍看法。在集权制政治中，保留一个相对活跃的言谏群体，虽体现了上通下达的政治理念，满足了人们对“圣德”的要求，但于政治稳定却未必能如一些论者所说的尽如补益之功。由于言者怀揣不同目的，难免为政治势力所利用，成为政治倾轧的工具。即便言者自身奉公廉正，但限于政治修养及眼界，其言行也可能与政治利弊相违背。这或许能以晚清言路多保守的事例加以印证，而科道合一时的政治考量又恰能

① 据冯尔康《雍正传》，三联书店 1999 年版，第 294 页。

② 吴优政：《清雍正朝台谏合一之研究》，硕士学位论文，台北大学，2003 年，第 84 页。

③ （清）张廷玉等撰：《明史》（第 16 册）卷 180《赞》，第 4803 页。

成为晚清政治的镜鉴。

第二节 甲午战前御史由监察而主战的思想脉络

科道合一，体现了制度设计者在谏诤活动上的规范意图。康熙三十九年（1700）“御制台省箴，并书，以赐都察院，勒碑于厅事之西”①。在这份箴言中，康熙明确了科道制度的性质，并针对科道人员提出要求。“台省箴”起首便说：“台省之设，言责斯专。寄以耳目，宁取具员。通明无滞，公正无偏。党援宜化，畛域宜捐。洞达政体，斯曰能贤。”清代的科道制虽经调整，但在制度性质上并无别于以往的变化。“台省箴”是针对科道人员制定的一份行为规条，从职责、操行方面提出告诫。在职责方面，“台省箴”规定：“居是官者，表里方直。精白乃心，充广其识。国计民生，臧否黜陟。凡所敷陈，敬将悃愊。风霜之任，以惩奸慝。搏击之威，以儆贪墨。”而在职业操行方面，“台省箴”告诫科道人员：“毋摭细务，苟塞言职。毋纷成宪，妄逞胸臆。书思入告，当宁对扬。沽名匪直，营私孔伤。或藏嫌怨，谬为雌黄。受人指嘱，尤为不臧。形诸奏牍，有玷皂囊，职思献替，亟宜审详。敬尔在公，风纪严廊。词箴用勖，诞告联常。”② 由上述箴言可见，当政者对科道人员的政治见识、职责操行，均有极高期望。这也决定了清代在科道人员的选任、考核方面更为严格，非正途人员不得考选科道。而道德品行，在科道人员的选任、考核中，也是重要的考量标准。

康熙以刻勒箴言方式，警告台谏人员，杜绝逾越和非分，一方面要借科道制度达到政治通达的目的，另一方面则要防治科道制度固有的弊病。这正是清初调整科道制度的义旨所在，也是清代自乾隆之后屡修《钦定台规》的原因所在。在《钦定台规》训典中，记录着清代历朝君主，劝诫科道官员的官箴、御旨，且以御史典型参案、判例载入其中，显示统治者在科道制度上的审慎态度。进入 19 世纪后，清朝统治者面

① 故宫博物院编：《钦定台规二种》（第二册）卷 1《训典一・台省箴》，第 12 页。

② 同上。

临诸多挑战。首先，清朝社会经历全盛的康乾时期之后，逐渐进入衰朽状态，中国社会进入另一个物极必反的历史下沉期。而此时，以工业为基础，以探索、冒险为精神的西方炮舰文明正在逼近中国。它们以极其卑劣和冲击性的鸦片加炮舰手段，冲击中国本已渐衰的社会，构成中国社会、国家从破裂到重组重要的外部刺激因素。在这一沉沦崛起过程的晚清时期，御史作为社会、政治的监控者，积极筹措办法，力图阻止社会及政治的颓势。这些努力，从御史职能角度，可划分为监察和谏诤两类；而结合时代特征性，则可划为常规安全类和因应变局类。据道咸以来五朝实录显示，常规安全类奏议，在御史参政中仍占主要方面。常规安全类，无外“绳愆纠缪，上佐君德……规切用人行政，指陈吏治民生”[①] 等职责内容。纠弹百官、揭发民隐、赈灾、查仓、巡城等，显示御史职能的常态。在同一时期，外来侵略加剧，而内部政局亦几次更替。无论大规模的入侵，还是激烈的政局变动，御史均参与其中，为因应变局，或谏诤或纠弹，一再成为局势转折的激发者。

外部势力的侵入，始于鸦片输入，而御史较早就此发表意见，提醒当政者关注这一问题的严重性。道光元年，御史郭泰成奏请严禁晋省私贩鸦片，得到道光帝的回应，着令严查，“勿令渐染成风，有害民俗”[②]。道光十一年（1831），给事中邵正笏奏：“近年内地奸民种卖鸦片烟，大伙小贩到处分销，地方官并不实力查禁。”据此奏，道光帝饬令地方督抚“确切查明惩办，并将如何严禁之处，妥议章程具奏”[③]，继令地方官“认真查拿”烟贩，惩治失察官员。邵正笏的此次奏议，引起当政者的高度重视。三月，道光再申前议，责令阮元等认真查办。《清实录》显示，道光十一年，涉及鸦片问题的记录，三月后尚有13次，说明鸦片问题已经引起当政者的警觉，而御史无疑尽到了耳目之官的作用。道光十三年（1833），鸦片问题已经成为清朝政治活动的重要议题。

当鸦片流毒成为严重社会问题时，强硬禁烟成为人们理所当然的选择。之所以说理所当然，在于烟毒的危害和禁烟的正当性质，人们于此

① 故宫博物院编：《钦定台规二种》（第二册）卷3《训典三·圣谕》，第29页。

② 《清实录》第33册，中华书局1986年影印版，第265页。

③ 《清实录》第35册，第920页。

可以无任何困难地做对选择。对鸦片危害的认识及禁烟，在清朝有一个发展过程。道光十六年七月二十七日（1836 年 9 月 2 日）邓廷桢等在奏折中说："鸦片一物，来自外夷，流入中国，历有年所。雍正、乾隆年间，载在海关则例，列入药材项下，原无禁止贩卖吸食之例。"① 从邓廷桢等的复奏陈述看，嘉庆之前清朝并无禁烟命令，鸦片之禁实际上始于嘉庆四年。邓廷桢等在奏折中谈论此事，说："前督臣觉罗吉庆议以外夷之泥土，易中国之货银，殊为可惜。且恐内地人民辗转传食，废时失业，奏请不许贩卖，犯者拟罪。"② 而事实上，清朝官方对鸦片为害的认识，还要早于嘉庆朝，1729 年，雍正皇帝就颁布了第一道查禁鸦片烟的谕旨。只是到嘉庆朝，鸦片问题开始变得日渐严重，政府的惩治也越加严厉。

许乃济从鸦片禁止越严，问题越严重的经验出发，提出弛禁主张。他希望政府在鸦片问题上，从过分有为使问题更加复杂难治，莫如退而弛禁以消除严禁流弊。许乃济的弛禁主张，目的在以弛禁消除流弊，并非对鸦片放任自流，政府也并非无所作为。他说："至文武员弁、士子、兵丁等，或效职从公，或储材备用，不得任令沾染恶习，致蹈废时失业之愆。惟用法过严，转致互相容隐。如官员、士子、兵丁私食者，应请立予斥革，免其罪名，宽之正所以严之也。该管上司及保结统辖官有知而故纵者，仍分别查议。"③ 对此，邓廷桢的说明更加明白一些："况官员、士子、兵丁，仍限以制，不准吸食，犯者立予斥革。其民间贩卖吸食者，一概勿论，使知耽嗜者皆暴弃自甘之辈，不齿于衣冠文物之中。愧悔既生，湔除自立。盖变化之端，基于愧厉，诚如原奏，亦无伤于政体。"④ 这说明弛禁目的是希望借助社会道德力量，将鸦片毒害限制在有限范围之内。

弛禁主张希望通过政府有限措施，实现社会价值的引导，借助社会

---

① 《两广总督邓廷桢等奏复应准许乃济所奏弛鸦片之禁并拟章程九条折》，中国第一历史档案馆编：《鸦片战争档案史料》（一），天津古籍出版社 1992 年版，第 205 页。

② 同上书，第 205—206 页。

③ 《太常寺少卿许乃济奏为鸦片烟例禁愈严流弊愈大应急请变通办法折》，《鸦片战争档案史料》（一），第 202 页。

④ 《两广总督邓廷桢等奏复应准许乃济所奏弛鸦片之禁并拟章程九条折》，《鸦片战争档案史料》（一），第 206 页。

自我约束能力，使吸食鸦片成为被整个社会鄙视的行为，吸食者因愧悔心生，而自我改正。对此，江南道监察御史袁玉麟上《鸦片弛禁将有防国计民生折》，阐述与弛禁论完全相反的意见。他逐条反驳了弛禁论的观点，认为："弛禁之议，戾于是非者有三，暗于利害者有六。"他认为弛禁论，"乃欲变异旧章，是违祖制而背谕旨"[①]的论调，所谓"禁官弁士兵，不禁小民"，将使政令不一，会导致"坏政体而伤治化"的结果，而"借鸦片抽税，是见小利而伤大体"。他进一步认为，纹银出洋，"要视查办之认真与不认真耳"，而查办认真与否与是否弛禁鸦片无关，"并非鸦片弛禁而后查办易，严禁鸦片而即查办难也"。他认为"银之出洋"，与是否严禁鸦片无关，"禁鸦片亦出，不禁鸦片亦出也"[②]。同时，他通过推论认为，"以货易货之说，皆为饰词"，从而否定了以货易货的有效性。针对弛禁派内地栽种鸦片的建议，他认为："天下粮田，只有此数，然而伤谷之事，种蔗、栽烟、烧锅等项，已居十之二三，若更益以鸦片，生齿日滋，而谷产日耗，虽使频年丰稔，窃恐数分之亩粮，终不足养十分之户口，设遇偏灾，其何道以处之。"且弛禁种植必然会使"膏腴之区，且尽化为鸦片之壤，是夺农功而耗本计也"[③]。另外，他又从弛禁将妨碍社会教化，削弱天下兵力，有"济奸民而通洋匪"，恐贻后患且积重难返等诸多方面，极论弛禁之非是。通过正反对比，他对严禁会妨害政体的说法不以为然："夫奉法得人，即禁鸦片而贿自清。奉法非人，即不禁鸦片而贿自恣，议者何未之思也。"最后，他指出倡弛禁者的动机及危害："议开者非必怀不肖之意，而聊为苟且塞责，其弊遂至无穷。"[④]袁玉麟对弛禁论的剖析可谓透彻，成为道光帝加强禁烟措施的重要思想依据。而另一个关于禁烟的重要奏章，则是来自鸿胪寺卿黄爵滋的《奏请严塞漏卮以培国本折》。

由禁烟而主战，是一个极为顺滑的思维路向，御史始终是主战言论中一个重要群体。他们利用呈递奏折的条件，及时将筹战见解上达清

① 《江南道监察御史袁玉麟奏陈鸦片弛禁将有防国计民生折》，《鸦片战争档案史料》（一），第213页。

② 同上书，第214页。

③ 同上书，第215页。

④ 同上书，第216页。

廷，一定程度影响着决策走向。御史筹战，在鸦片战争以来历次对外战争中均表现踊跃。鸦片战争中，当英国舰队南驶之后，给事中万启心针对朝廷处理中英纷争提出建议："现在夷人驶回粤洋听令，一切开示约束，尤宜吻合机宜……欲弭衅端，务协情理。但当一秉至公，不可稍示以弱，在我固不惮于转移，在彼断不许其要挟。倘苟图速了，诸务曲从，既虞中国见轻外夷，尤虑奸民益欺良善。"[①] 万启心奏议的核心思想是"合机宜"，包括"协情理"、"秉至公"、"不可稍示以弱"、勿"苟图速了"等几点。他同时上四条"驭夷操纵之宜"：其一，"奖励战守与查办通商两不相妨"；其二，责令赔偿许给外夷烟价，并"罪坐中间簸弄之人"；其三，"许令该夷照旧互市，尤须严立章程，责成该商永远遵守"；第四，"至粤省官之贪侈，民之游惰，工商之奇邪淫巧，皆当设法劝导，使其革心。内奸既清，外患自绝"。总之，"盖中外互市日久弊滋，事机转移，备宜持重。许之难，则从前之弊尚可更张；许之易，则将来之患更无底止"[②]。在同一时期，为主战而奏言的御史，还有掌山西道监察御史曹履泰，监察御史蔡家玕，刑科掌印给事中袁玉麟，掌湖广道监察御史石景芬等人。

即便为京官，御史在核心信息方面也不能完全了然，猜测及误判在所难免。更何况有关中英之间交涉的情状，即便当事者也存在误判。所以有言职官员无论应诏陈言或者主动献策，不免有盲目自持、策非应事之弊。石景芬所上驱逐英兵一折，以天朝上国办理外夷"冤抑"为立论基础，对于英军舰队南驶之后，依然占踞定海，并在东南沿海肆行骚扰的行径，大为愤慨。他认为，造成这种局面的原因"实以半年以来，深入内地，久据定邑，各处冲突，进退自如，官兵仅在海岸堵截，并未出洋邀击，以致夷情滋骄，渐生窥伺。当此之时，其欲诚未易满也"。要使中英之间冲突得到最终解决，他给出建议："然必夷情震詟，操纵由我，彼无挟持，则互市易成，服我约束既成，亦无后患。"而就目前情状，他认为："现在盘踞巢穴，并未稍加惩创，是我不能制其死命，彼岂肯摇尾乞怜。无论互市之议未易成，即暂有成议，而野性滋骄，祸

① 《户科给事中万启心奏陈对英操纵之策折》，《鸦片战争档案史料》（二），第498页。
② 同上书，第497—499页。

心隐伏，其害尤有不可胜言者。”① 在分析了必以一战方能济事的理由后，他又剖析了主和言论的种种非是。这却进一步暴露了他对中英双方情势的无知，且对攻战并无切实主张的状况。

因防夷而带来潜在的政治和社会危机，逐渐被御史们意识到。袁玉麟便从经费方面着眼，而提出警示：“窃惟英夷滋扰，一经筹备，需费孔殷。经费所出，除作正开销外，惟有捐输一法。然捐输流弊孔多，有名为官捐而实令民捐者，有名为捐输而实系勒派者，有输项收齐而官吏从中渔猎者，种种弊端，不可枚举……倘经理不善，必致激成事端。窃恐欲弭外患，先贻内累，诚不可不虑其后。”他认为，捐输“既属难行，莫如准其一概开销”。② 他依据传闻对办理军需中可能存在弊端也表达了担忧：“闻向来办理军需，自支领以致报销各有花费，自官员以至胥吏无不分肥。大约弥于实用者十之二三，耗于浮费者十之六七。”鉴于此，他提出解决办法：“但须详行稽核，严定赏罚，以杜浮冒……应请严饬沿海督抚，各宜公忠自矢，诸从撙节。并慎简贤员妥办，务令实用实销，勿蹈军需恶习。”③ 时掌江南道监察御史而后膺封疆的骆秉章，在鸦片战争中也曾积极筹战。他于道光二十一年三月初四日（1841年3月26日），上陈管见十二策。骆秉章主要进献战守之策，同时也注意到社会存在不稳定因素。故以“匪徒宜严缉也”，为其最后一策。他提醒当政者，“宜饬令地方文武认真巡缉，加意防范，勿使在内地滋事，致生意外之虞”④。骆秉章以奏劾琦善而著于一时，且很早便注意到军事行动对社会的不良影响。他于道光二十一年四月初七日（1841年5月27日）的奏片中，将湖南士兵在广东境内沿途骚扰的情况报告给道光皇帝。他认为只有对士兵“严加约束”，才能使“兵民相安而敌忾愈奋矣”。⑤ 在九月二十一日（1841年11月4日）上呈的另一份筹策中，

① 《掌湖广道监察御史石景芬奏请出兵驱逐占踞定海之英军折》，《鸦片战争档案史料》（二），第673页。

② 同上书，第691—692页。

③ 同上书，第692页。

④ 《掌江南道监察御史骆秉章奏为就粤省军情条陈管见折》，《鸦片战争档案史料》（三），第276页。

⑤ 《监察御史骆秉章奏为风闻到粤湖南官兵骚扰情事片》，《鸦片战争档案史料》（三），第449—450页。

骆秉章则专以攘外安内为言。骆秉章此奏用意在提醒最高统治者，应对外来威胁之时不要忽略了对内部安全问题的关注。因此，他提出几点建议："宜防内寇"、"宜募土兵"、"宜饬京营"、"宜固民心"、"宜裕仓储"①。虽然仍然属于统而论道之列，但能于众议中别出新意，仍然显示出其识见有过人之处。

有感于战争以来社会安全问题的恶化，湖广道监察御史吕贤基专门为此上奏。其奏言为："窃惟民为邦本，民心巩固则众志成城，外寇断不足患。比年以来，地方官不能上体圣意，每于近海之区，借防堵以派费，于征兵之境，借征调以索财，以及道路所经，辄以护送兵差供给夫马为名，科敛无度。近闻湖北、湖南、安徽等处皆有加派勒捐之弊，又闻浙江、直隶、山东亦然。应请饬下各省督抚申严禁止。"② 御史们对社会安全形势的担忧，最终影响到当权者的决策。道光于二十二年二月廿八日（1842 年 4 月 8 日）颁布上谕称："朕维攘外必先安内，禁暴即以爱民。近因英夷犯顺，不得已而用兵，每逢征调，必谆谕各省督抚，严饬管带员弁，毋任沿途滋扰。"③

第二次鸦片战争及中法战争，台谏均以战为言，与鸦片战争时情形相若，然又不同于前。自辛酉政变后，言路渐开，言谏中纠劾倾向明显增强。中法战争前，更有所谓"清流"名目。无论后人如何为"清流"正名或辩误，但有一点便是光绪初年的政坛上，出现了"台谏词垣弹章迭上"④ 的景象。《孽海花》中有关"清流党"，"今日参督抚，明日参藩臬，这回劾六部，那回劾九卿"⑤ 的描述，基本在事实之内。此时的"清流"人物有"十数人"⑥，并有"松筠十君子"说⑦和"十朋"

① 《给事中骆秉章奏陈预筹攘外安内之策折》，《鸦片战争档案史料》（四），第 302—303 页。

② 《御史吕贤基奏请敕禁各省加派勒捐折》，《鸦片战争档案史料》（五），第 155 页。

③ 《着各省督抚严查吏胥借防堵加派勒捐事上谕》，《鸦片战争档案史料》（五），第 157 页。

④ 胡思敬：《国闻备乘》，《民国史料笔记丛刊》，上海书店出版社 1997 年版，第 40 页。

⑤ 曾朴：《孽海花》（增订本），上海古籍出版社 1979 年版，第 35 页。

⑥ 魏元旷：《坚冰志》卷 1，1931 年刻本，第 2 页。

⑦ 此说据湖南人民出版社校点《郭嵩焘日记》第 4 卷，光绪七年八月初七日，湖南人民出版社 1983 年版，第 207 页。

说[①]。在人员方面，前一说包括宝廷、张之洞、张佩纶、陈宝琛、黄体芳、李端棻、张楷、邓庆麟、邓承修、邵积诚等人；后一说包括张之洞、张佩纶、宝廷、陈宝琛、黄体芳，张观准、吴大澂、刘恩溥、吴可读、邓承修等人。此外尚有“清流六君子”、“翰林四谏”、“四大金刚”等说法。除前举诸人之外，在有些记述中，也提及陈启泰、吴观礼、夏同善等人。在这十几人中，邓承修、刘恩溥、吴可读、李端棻、张观准、邵积诚、陈启泰均为御史。

中法战争时，清流主战，亦因此遭受重大打击，此后言路长期处于低迷状态。甲申易枢后，新任中枢或阿附慈禧，或施政求稳而少有建树，且对言路刻意压制。光绪十五年（1889），慈禧撤帘归政，十七年（1891），醇亲王奕譞薨逝，光绪渐有图治之心。朝局风气的变化，微臣小吏均有感知，言路随之稍有气象。光绪十九年十一月二十八日（1894 年 1 月 4 日），御史郑思贺“奏各省州县不宜轻易更调”。邸抄此条内容，被久病初愈的孙宝瑄看到。他在十二月十八日（1894 年 1 月 24 日）的日记中表达了赞赏态度，说：“近数年久不闻此等言语，真高冈之鸣凤也。”[②] 光绪二十年一月二十三日（1894 年 2 月 23 日），孙宝瑄阅邸抄，对朝局又有议论。他说：“日来朝廷殊有振厉气象，屡读上谕，语皆严峻可畏……且言路亦颇开，吾知海内当有额手相庆者矣。”[③]

关于鸦片战争以来士大夫主战的问题，出使在外的郭嵩焘曾有这样的看法：“盖自南宋以来，士大夫以议论争胜，中外之势相持，辄穷于所以自处，无论曲直、强弱、胜负、存亡，但一不主战，则天下共罪之。七八百年，尽士大夫之心相率趋于愚妄，而莫知其所以然，则亦南宋诸儒议论繁多之过也。西洋之局，非复金、元之旧矣，而相与祖述南宋诸儒之议论以劫持朝廷，流极败坏，至于今日而犹不悟，（鄙心）实独憾之，不惜犯一时之大忌，侃侃焉谋举国计边防之大要正告之天下，外以服强邻之心，内以尊朝廷而安百姓，而举国无知者，乃至被京师一

---

① 此说据赵炳麟《光绪大事汇鉴》卷 2，第 7 页，《赵柏岩集》，《近代中国史料丛刊》第 31 辑，文海出版社 1969 年版。

② 孙宝瑄：《忘山庐日记》，上海古籍出版社 1983 年版，第 14 页。

③ 同上书，第 35 页。

时之诟毁，使此心无所控诉。"① 郭嵩焘"被京师一时之诟毁"，发生于《使西纪程》刊刻之后。时任驻英公使的郭嵩焘，将所编51天出使日记，上呈给总理衙门而同文馆将之印刷出版，这便是郭嵩焘《使西纪程》一书的来历，出版后在朝臣及士大夫中引起强烈反响。翰林院编修何金寿于光绪三年六月十一日（1877年7月21日）上书奏劾郭嵩焘，以致《使西纪程》一书毁版。何金寿攻击郭嵩焘，正为《使西纪程》中有关"和"的议论。遭此打击，郭嵩焘指斥士大夫主战论的"愚妄"。他批评士大夫一味固守成见，因"愚妄"而主张对外一战，全然不顾中外局势已行转变。他更对主战者动辄诋毁异见而愤懑。郭嵩焘对主战论的批评，因有切身经历而颇受感情因素左右，却并未深入揭示人群主战心理，也未指出蕴含其中的政治诉求。

因"愚妄"而盲目，固然是晚近以来主战论的构成因素，因威胁临近而唤起的自然防卫意识，则在构因中占据根本位置。在主战言论表象之下，纯粹的抵抗意识无法掩藏。它源于人们最原始的安全需求，凝聚着人群精神，即便面对了连续的失败，仍能产生出寓强于战的斗志，是士大夫主战意识在晚近以来持续强化的根源所在。当然，士大夫主战，既有本于安全而义愤的本能及情感因素，也有基于历史经验矫正的策略考量。但正如郭嵩焘所说，主战论所面对的现实条件已区别于往古，历史经验反而阻碍了人们对现实环境的把握。郭嵩焘在批评南宋以来主战论时，考虑的也许正是这一点。至于主战论中的感情因素，往往与引入其中的道德评判体系共同作用，使战略选择被道德化。人们将主战等同于爱国，主和则被贴上"投降"、"汉奸"标签大加挞伐。主和者背负极大的道德谴责并被现实所孤立，整个舆论却呈现主战的高亢而不可自已。这种近于偏执的价值认定方式，始终左右着甲午战争期间舆论的方向，而御史，则是这一价值认定方式坚定的执行力量。在御史群体的筹战议论中，主战，始终是其基调；谴责，则是其主战情绪的重要表达方式。这一点，在甲午筹战议论中，表现得尤其明显。

---

① 《郭嵩焘日记》第3卷，光绪三年十一月二十日，湖南人民出版社1982年版，第375—376页。

第二章

甲午主战论——一个基于御史谴责角度的考察

若从人群普遍心理着眼，主战源于人群面临危险时的应激反应，是人群自我防卫意识的自然反应，与基于理性思考且有严格界定的政治决策或理论相区别。主战存在于一切以族群或以政治集合体划分的人群中。当人们面临外部威胁时，基于防护的自卫意识，便会以主战言论的形式呈现出来。就此而言，主战论存在于中国历史演进的各个时期，并不限于特定的某个阶段。晚清主战论当始于鸦片危害被士大夫察觉之时，首先表现为强硬禁烟主张，中经历次对外战争，而流延至于庚子失败之后。本书所指“主战论”，仅限于士大夫论战而言，普通民众更为朴素的主战情感暂不列为考察范围。

第一节 御史“坚战”、阻和思想中的谴责倾向

自鸦片战争以来，在朝廷处理对外关系的问题上，人们一向持批评态度。中法战争时，恭亲王与军机大臣主和，言路交章论劾，慈禧太后借机罢斥奕䜣等人，另组中枢。甲申易枢后，“清流谏官俱为被动”①，言路一时受到抑制，批评朝政的声音趋于沉寂。光绪甲午四月，朝鲜发生事变，清军应援朝鲜，日本随后派兵，中日间形成军事对峙。事态日渐恶化，军事上准备不足的李鸿章，寄望于俄、英等国调停。在此期间，朝鲜情势危急，渐为言路察觉。士大夫因议战而论政之风再起，批评、谴责的倾向随之出现。甲午战争期间，御史作为言路中一重要群

---

① 黄濬：《花随人圣庵摭忆》（下）“恭亲王之进退关系朝局”条，《近代史料笔记丛刊》，中华书局2008年版，第794页。

体，自始便是主战论的中坚力量。中日终因朝鲜问题，由军事冲突而相互宣战，御史力持“主战”。主战者有一战而强的愿望①，幻想通过决战，一举挫败日本侵略图谋，并能借机遏制列强觊觎之心。

然而对日战争的形势却急转直下，御史筹战议论渐有激愤之辞。质疑、责难当事者的内容，在御史筹战议论中逐渐增加。这广泛存在于战争不同阶段御史上呈的奏折中。而李鸿章首当其冲，也很自然成为御史纷章奏劾的对象。鉴于战局状况以及战、和主张分歧，枢臣大吏也成为御史弹劾的对象。安维峻便斥责军机大臣：“或庸懦无能、泄沓成习，或日寻盘乐、流连忘返。”② 而枢臣的议和提议，更让御史难以接受，要求罢用孙毓汶、徐用仪等人。同时，他们谏议重新起用恭亲王奕䜣。

甲申易枢后，奕䜣被长期置于闲散。其间，虽间或有人为其吁请，而始终不得复用。如光绪十年九月三十日（11月17日）《翁同龢日记》中，有这样一条记载：“闻醇邸恳请准恭邸豫祝嘏班联，天语已允，次日乃传旨将醇邸申斥。”③ 甲午年慈禧六十大寿，三月，奕劻为恭亲王吁恳祝嘏，再次遭到拒绝。④ 中日相互宣战后，继七月初三日（8月3日）户部侍郎长麟奏呈《请特诏恭亲王主持军国大计折》后，七月十七日（8月17日）江西道监察御史王鹏运在请任亲贤的折奏中，要求起用恭亲王奕䜣。其奏曰：“窃为倭夷肆虐朝鲜，战局已成。制胜之道，固在命将得人，运筹决策，寄任尤重。臣窃思恭亲王为国懿亲，曾直军机二十余年，当军务倥偬时，入秉广谟，出参谋议，卒成勘（引者注：戡）定之勋。其谨重老成，为中外所共信……第恐朝廷优礼懿亲，以该亲王年高有疾，体气渐衰，未忍再加倚任。然当此时事方艰，上廑宵旰，该亲王绝无自耽安逸，不思报称之理。即以再入枢垣，朝夕承直，精力或有未逮。可否不时召对，询以御倭之策，抑或明降谕旨，所有海

① 安维峻在光绪二十年六月十七日（1894年7月19日）的《请明诏讨倭片》中说：“以臣愚见，自强之策，莫如决战！”（《谏垣存稿》卷2，甘肃人民出版社1991年版，第49页）

② 安维峻：《请速决大计疏》，光绪二十年七月十三日，《谏垣存稿》卷2，第53页。

③ 陈义杰整理：《翁同龢日记》第4册，中华书局1989年版，第1881页。

④ 参见吴相湘《晚清宫廷实纪》，中国大百科全书出版社2010年版，第114页。

疆军务悉归恭亲王调度，于时事似不无裨益。”① 据《翁同龢日记》此日记载：“卯初入，中途得军机知会，今日辰刻有应看折件……看折……其余各折皆驳，惟余、褚请神机兵勿扎通州折准行。”② 可见，王鹏运折件亦在被驳之列。战局不断恶化，奏请起用奕䜣的折件也增多起来。翁同龢在八月二十八日（9月27日）日记中，有两条记载：其一，“卯初诣苑门，入至仪鸾门内，上还时跪安讫到书房，以枢臣辞差折（昨日递，不准行），及李文田等连衔请饬恭亲王销假折命看”③；其二，“既而与李公合词吁请派恭亲王差使，上执意不回，虽不甚怒，而词气决绝，凡数十言，皆如水沃石”④。其中，李文田时为南书房师傅兼署工部右侍郎；李公指李鸿藻，时为礼部尚书，与翁同龢一起于六月奉诏入参机枢。翁同龢的记载反映出，即使在奕䜣即将复出之际，慈禧仍未在这一问题上有松动迹象。吴相湘据此认为，慈禧太后有此态度，“盖旧恨未消，虽值此紧要关头仍不愿借助其力也”。吴相湘接着说：“十月，前线败报频传，朝臣又纷请恭王复出，太后不得已，始召见恭王，并命其重主总理衙门并总理海军，会同办理军务，内廷行走，仍谕王疾未愈，免常川入值。”⑤ 这里的“十月”为阳历，恭亲王的复起与翁同龢等人的吁恳，只是前一日与后一日的差别，彼此相衔接。慈禧太后虽在前一日的表态中很决绝，而次日即八月二十九日（9月28日）却又谕令军机大臣传懿旨，曰：“恭亲王奕䜣，著于九月初一日，预备召见。”⑥ 慈禧太后在态度上的迅速转变，既有形势逼迫的因素，也是群情推动的结果。

在恭亲王复职的问题上，固然有派系因素作用其间，但更多则是人们对扭转局势的期待。这种期待的背景中，便包含了人们对现任枢臣的失望，以及更易的愿望。如前引安维峻有关批评枢臣的奏疏，对当时枢

---

① 李学通整理：《半塘言事》选录《请任亲贤奏》，中国社会科学院近代史研究所、近代史资料编辑室编：《近代史资料》总第65号，中国社会科学出版社1987年版，第39页。

② 陈义杰整理：《翁同龢日记》第5册，第2719—2720页。

③ 同上书，第2732页。

④ 同上书，第2733页。

⑤ 吴相湘：《晚清宫廷实纪》，第114页。

⑥ 中国第一历史档案馆编：《光绪朝上谕档》第20册（光绪二十年），广西师范大学出版社1996年版，第439页。

臣的不满尚有如下言论："军机之设，始自雍正，经理西事。时乾隆年间，平定西域及金川，大臣该班值宿，凡廷寄谕旨，随时拟进，虽昏夜无敢停留。我高宗纯皇帝，常披衣以待，此皆见于前人纪述者。今军机大臣散班后，即了不过问。近来虽派李鸿藻、翁同龢一同与议，而复奏时，二臣不获同觐天颜，其中有无欺蒙，亦恐难以预料。疆臣之贻误如彼，枢臣之尸素如此。敌氛日近，而备御未闻；战垒日多，而袖手仍昔，未审将来何以待之！"① 据《评介甘肃举人〈请废马关条约呈文〉及其他》一文，安维峻《请速决大计疏》实由其同乡李于锴代拟。李于锴（1863—1923），甘肃武威人，1894年春进京参加会试时，与安维峻"过从甚密，在这一年中，曾多次为安维峻代撰奏疏稿"②。据李于锴之子李鼎文说，在1914年安维峻刊印的《谏垣存稿》中，有六篇出自李于锴代拟。其中便包括《请速决大计疏》。由此可见，在战争失利面前，士大夫责难枢臣并不限于御史群体。

当上谕十月十九日（1894年11月16日）对军机处人员做出调整之后，士大夫额手相庆之余并未就此满足。王鹏运于次日即上奏章，说："臣恭读本月十九日谕旨：'大学士额勒和布，才欠开展，张之万年逾八旬，均着毋庸在军机大臣上行走。钦此。'仰见我皇上慎任枢衡，英明果断。天威一振，何难扫荡倭氛。然臣窃谓，阻挠战局依违和议，如军机大臣兵部尚书孙毓汶、吏部左侍郎徐用仪，其辜恩误国，罪更浮于额勒和布、张之万也。"③ 王鹏运不满孙毓汶、徐用仪，在于二人主张议和。

若以中日开始议和为界，中日战争前期，主战、议和的分歧，在御史责难枢臣的构因中占主要地位；而在后期，御史责难枢臣则转为纠弹其过往的施政。光绪二十一年正月二十一日（1895年2月15日），褚成博呈递《请申儆枢臣折》。褚成博所作按语称："此折乃张君瞻园所草，列衔者余联沅、张仲炘、管廷献、谢希铨、恩溥、刘心源、王鹏

① 安维峻：《请速决大计疏》，《谏垣存稿》卷2，第54页。

② 李鼎文：《评介甘肃举人〈请废马关条约呈文〉及其他》，《甘肃文史丛稿》，甘肃人民出版社1986年版，第306页。

③ 李学通整理：《半塘言事》选录，请罢奸邪以坚战局奏，《近代史资料》总第65号，第44页。

运、陈其璋”。其中“张君”不知何人，或非科道人士，其余均为科道中人。因此，奏折中的观点，在当时科道甚至士大夫中具有一定的代表性。褚成博等认为，中日战争的不利局面，全在枢臣因私心而瞻徇的结果。因此他们希望通过皇权申儆，达到振作风气的目的，尤其希望枢臣大吏因此而能有所作为。奏折中说：“惟政治之得失，视乎心术之公私。当东事甫萌……乃李鸿章误之于外，而枢臣等误之于内。遂使幺么小鬼豕突狼奔，祸逼畿疆……该枢臣等仰见圣心焦灼，迭闻警报频仍，度亦未必不相对唏嘘皇然，以颠危为惧。臣等平心论事，断不敢为苛刻之词。亦知诸臣处位极高，受恩极重，当不至有心误国。如李鸿章之丧尽天良，第自其办理军务以来，世故太深，依违成习。一事也，众人群焉以为是，一人虽明知其非，亦遂隐忍而不辨；一言也，一人毅然以为否，众人虽明知其可，卒皆瞻徇而不行。未举办，则每事迟疑，既施行，则不问究竟。督抚之章奏，有不当者，亦不肯明斥其非；臣工之条陈，恒忽视之，而以为卑不足道。至于赏罚功罪，则常存厚以待人之心；进退人才，则各有昵于所亲之念。凡此者，皆所谓私也……臣等位在下僚，忝当言路，偶相晤对，辄太息于时事之艰难。太息不已，继之痛哭，痛哭不已，则惟有仍冀枢臣等自改前非，力图补救，以雪薄海臣民之耻，以奠国家磐石之安，而绝不敢怀挟私心，意存攻讦。”①

此后，孙毓汶、徐用仪一力支持李鸿章达成和议，为此而与李鸿藻、翁同龢争执不下，甚至扰攘于殿庭之上。光绪二十一年四月十四日（1895 年 5 月 8 日），中日烟台换约之后，和议正式生效。士大夫因痛恨和议结局而厌恶主持其间者，矛头所向，集于李鸿章、孙毓汶、徐用仪等人。在士大夫奏劾三人的问题上，过往野史、笔记，以及后来的研究者，多有从派系倾轧角度着眼，未必尽能反映历史真相。历时近一年的中日战争，最终以赔款割地为结局。面对这样的结果，一时群情激愤。此时，必然要有人出面承担责任。士大夫一向为主战舆论所主导，清廷却放弃焦土抗战而以赔款割地为结局。士大夫不能接受未尽全力而自甘失败的战争结果，激愤不已而追究负责任者。李鸿章、孙毓汶、徐

① 褚成博：《请申儆枢臣折》光绪二十一年正月二十一日，《坚正堂折稿》卷 2，光绪三十一年（1905）刻本，第 1—2 页。

用仪等人，很自然成为纠弹对象，理所当然要承受谴责和舆论攻击。

光绪二十一年闰五月二十二日（1895 年 7 月 14 日），户科给事中洪良品、掌浙江道监察御史易俊、掌江西道监察御史王鹏运、掌福建道监察御史刘桂文、掌广西道监察御史高爕曾、掌云南道监察御史曹志清、山东道监察御史杨福臻，以“枢臣贪庸，奸慝误国营私”为由，纠参并请立即罢斥徐用仪。其奏疏曰：“窃以中倭此次和局，致累皇上宵旰忧劳，其一切败坏情形，人咸归咎于李鸿章、孙毓汶，而不知倚孙毓汶为狼狈，恃李鸿章为护符，私通洋人，割剥中国，罪魁祸首，贻误大局者，实侍郎徐用仪阴主之也。”奏疏中所列徐用仪罪状有以下方面：（一）“专以趋媚长官为事，逮擢总署堂官，而后又以其趋媚长官之伎俩转而媚洋人”。（二）对日问题上，“附合孙毓汶、李鸿章曲徇倭人和约，蒙蔽允许，反不及俄人之忠顺”；在“揭借俄款”问题上，出卖国家利权；西南中缅划界问题上，“又为国事生患”。（三）对日措置失当，一意主和。奏疏中说：“中倭开衅以来，种种措置乖方，李鸿章误于外，该侍郎及孙毓汶误于内。迨至丧师失地，张皇无措，一意主和。该侍郎倡议中国地方甚多，割弃无关紧要。李鸿章之在马关敢于如此定约者，皆该侍郎及孙毓汶阴使之也。草约一成，该侍郎喜形于色。十四日换约展期，倭外部已经允诺该侍郎及孙毓汶，惟恐中国悔议，于是挟制同官，恐吓朝廷，必欲即日换约而后已。”（四）欲与李鸿章、孙毓汶继续内外勾结，结党营私。疏中曰：“近因李鸿章尚未回任，孙毓汶因病乞身，自恐孤掌难鸣，不能弄权窃柄，乃百计设法，必欲使孙毓汶销假，李鸿章回任，以便内外勾结，庶能为所欲为。”列举以上诸条之后，奏疏要求罢斥徐用仪。疏中说：“总之，该侍郎奸险阴柔，工于欺饰。外间虽知其略，尚未尽得其详。即此所指数端，罪已无容稍逭……闻该侍郎故吏私人遍于海内，贿赂苞苴不能胜计。若令久居要地，则正人结舌，忠直灰心，国事益不可问。惟念国家优礼大臣不欲深加穷诘，应请旨立欲罢斥，以为人臣奸回不忠者戒。”① 此次七御史参劾徐用仪的活动，在《翁同龢日记》中亦有记载。翁同龢廿二日（1895 年 7 月

① 《户科给事中洪良品等奏陈枢臣徐用仪等误国营私请立即罢斥折》，戚其章主编：《中日战争》第 3 册，《中国近代史资料丛刊续编》，中华书局 1989 年版，第 469—470 页。

14日）的日记说："是日会侍郎及七御史连衔，皆劾猛乌分界事，专攻嘉兴，语极重，余于奏对时颇为之剖晰也。"[①]"嘉兴"，便指徐用仪。徐用仪浙江嘉兴人，故用指称。此事并未就此结束，据翁同龢闰五月二十六日记载，"上手奏命诸臣看，则弹徐公以俄款九三扣一事，谓故意将百数十万畀俄；并参同官何以不举发，当分赔云云。臣力辨，'徐用仪错误实有，不得诬为故意'。语极多，上意解"[②]。而这一点，在七御史奏折中同样存在。

在群议相攻的背景之下，孙毓汶自《马关条约》签订后，即称疾不出，并于闰五月初四日（1895年6月26日）递折请开缺，获赏假一月。六月初五日（1895年7月26日），孙毓汶再请开缺，光绪未请懿旨即准其开缺。但舆论并未就此结束对议和枢臣的谴责，六月十一日王鹏运上疏奏劾徐用仪。他说："近日孙毓汶病请开缺，皇上特允所请，莫不仰赞圣明，以为升平可冀。何也，害马未去，骐骥不前，污秽既除，则良苗自植，理之长也。今日政府之所谓害马与污秽者，孙毓汶外则为侍郎徐用仪。该侍郎贪庸奸慝，误国行私诸罪状，臣近与给事中洪良品等已联衔据实纠参，毋庸再渎宸聪……现在时事艰难，正赖政府得人，庶可徐图补救。若孙毓汶虽罢，而徐用仪仍居枢要，势必内为孙毓汶之传法沙门，外为李鸿章暗中线索。寅恭之雅不闻，掣肘之形时见，有妨时局，为患方长。相应请旨将侍郎徐用仪立予罢斥，以为为臣不忠之大戒。"[③]可见，此时舆情在于全部罢斥和议诸人，以为非如此不能图强，实则必须有人为战争结局负责，而在维新者，或尚有转变政治风气的设想。

据康有为《我史》记载，此次王鹏运弹劾徐用仪的奏折，乃出自康有为之手。这一点，也被孔祥吉所证实。[④]初入政坛的康有为，多以运动言官表达政治见解。茅海建为《我史鉴注》认为，王鹏运弹劾徐用仪另有政治背景。茅海建说："徐用仪与恭亲王、翁同龢不属同一派系，

---

① 陈义杰整理：《翁同龢日记》第5册，第2817页。

② 《翁文恭公日记》，中国史学会主编：《中日战争》（四），《中国近代史资料丛刊》，上海人民出版社1957年版，第565页。

③ 李学通整理：《半塘言事》选录《劾徐用仪奏》，《近代史资料》总第65号，第62—63页。

④ 孔祥吉编著：《康有为变法奏章辑考》，北京图书馆出版社2008年版，第91—95页。

由孙毓汶引入军机处。孙毓汶于六月初四日以病求退后，徐未能及时求退，恭亲王、翁等人有意清除之。”据茅海建查六月十一日军机处《随手档》与《早事档》，皆无王鹏运所递奏折的记录。茅海建对此的推断：“其一是该折未从正常渠道上奏，另由大臣面递给光绪帝；其二是光绪帝早朝收到该折后一直未交军机处，并未计入《早事档》，而由光绪帝当面交给慈禧太后。”① 据翁同龢、李鸿藻当天日记载，光绪帝召见枢臣时，独排除徐用仪，并就王鹏运奏折责问诸人。恭亲王、翁同龢及李鸿藻，均为之力争或申辩。而茅海建认为，众人的姿态，“恐皆为口是心非之论”②。此折经慈禧同意，六月十六日（1895 年 8 月 6 日），光绪帝颁上谕，命吏部左侍郎徐用仪退出军机处，并毋庸在总理各国事务衙门行走。茅海建认为，徐用仪退出军机处及总理衙门，“是一次完整的中枢机构调整，也是战后政治格局又一次大手术，恭亲王的班底完全取代了醇亲王的势力”③。

茅海建作此结论，偏于政治争斗角度，未必尽能符合实情。且不论醇亲王早已物故，原有政治班底的凝聚因素早已不在，就中日战争如此重大事件也必然导致政治格局的调整，另外帝后权力过渡潜在的政治影响也应当体现在这一过程中。

第二节　个案评析之一：《坚正堂折稿》中的议战及谴责内容

甲午中日战中，御史奏劾、谴责的主要对象，无疑非李鸿章莫属。随时间推移，御史责难李鸿章，主要集中在三个方面：战前媾和、军事筹备及部署、战争后期的议和活动。就追究战败责任论，身膺封疆，经营中国北疆防务几十年的李鸿章，自然难逃指责。进而至于几十年的洋务事务，也成了李鸿章被责问的方面。中日军事冲突全面爆发之前，面对业已形成的军事对峙，李鸿章无论军事部署，还是应对策略，多被时

① 茅海建：《从甲午到戊戌康有为〈我史〉鉴注》，生活·读书·新知三联书店 2009 年版，第 124 页。

② 同上书，第 125 页。

③ 同上书，第 126 页。

人诟病。光绪二十年五月十九日（1894 年 6 月 22 日），掌江西道监察御史褚成博上奏请求增兵朝鲜。他在奏言中明显流露出针对李鸿章的不满情绪。他在奏折中说："臣前闻朝鲜，因彼国内乱，商恳袁世凯，电请李鸿章代奏，乞兵前往保护。当经李鸿章派叶志超等，督带水军数百人，驰赴该国，而日本亦借口保护，遽发多兵。初犹与袁世凯约言，彼兵并不登岸。乃臣顷闻，日兵近已上岸，分据要隘。朝鲜人心惶惶，国主思遁。经汪凤藻、袁世凯各将此情电达李鸿章，请其添发援师。而李鸿章初则不以为然，继仅加添一二艘前往。数不足与日兵相敌，何能壮声威而折狡谋？伏思朝鲜接壤中国，为我东藩，我朝开国之初，先服朝鲜而后无肘腋之患。今若为日本所蚕食，不特藩篱尽撤，有唇亡齿寒之虞，且俄罗斯沈机观衅，久欲肆其东封，万一为彼所乘，后患更不堪设想。"①

褚成博（1854—1911），"字伯约，号孝通。杭州余杭人"②。褚成博是"光绪六年庚辰科"③ 二甲进士，散馆，授翰林院编修，"于己丑十一月由编修擢御史，癸卯二月由给事中除惠潮嘉道"④。褚成博在掌江西道监察御史任上，曾参奏浙江科场贿案，事涉鲁迅祖父周福清。光绪十九年（1893），浙江乡试主考官是殷如璋与周锡恩。周福清与殷如璋为同年，欲通关节，为其子亲族贿买中举。据许晏骈推测，周福清所要活动的对象为周锡恩。但由于仆人投递失误，信由殷如璋拆视，因此事发。浙江在处理此案时，为避牵累，仍从宽减，颇多隐饰。然而，周福清贿买一事已被御史获知，褚成博于光绪十九年九月初二日（1893 年 10 月 11 日）专折参劾浙江科场舞弊。他在奏折中认为："伏思科场舞弊例禁何等森严，乃竟敢明目张胆如此妄为，若不严加究治，恐以后奸徒玩法效尤，必更肆行无忌，世风士习关系非轻，相应请旨饬下浙江巡抚速提此案，认真讯究。是否实有主使，抑系冒名撞骗，务得确情，

① 褚成博：《请饬北洋增兵镇抚朝鲜折》，光绪二十年五月十九日，《坚正堂折稿》卷 1，第 14 页。

② 朱彭寿编：《清代人物大事纪年》，北京图书馆出版社 2005 年版，第 1415、1724 页。

③ 朱保炯等：《明清进士提名碑录索引》（全三册），上海古籍出版社 1989 年版，第 2839 页。

④ 褚成博：《坚正堂折稿》序。

按律定拟，奏明惩办。俾人心咸知儆惕，则积弊自可潜消。”[①] 许晏骈认为：“此案之初次上达天听，并非由于崧骏的奏报，而是由于江西道监察御史褚成博所发难。”因浙江奏报的时间在九月初四日，而褚成博奏事在初二日，故此许晏骈的说法有一定道理。但许晏骈继而认为依褚成博“与李慈铭同年”的关系，而“疑心”“褚成博上疏论此案，出于李慈铭的嗾使”[②]，却只能存于“疑心”。李、褚二人既同年，且又浙江同乡，更同任台职。李慈铭既然睚眦必报，自己又有递折权力，何须假手他人。何况二人关系未必亲睦，高伯雨在《听雨楼随笔》中说，褚成博“与李慈铭为进士同年，又同乡。李氏常丑诋他不学”[③]。

褚成博由御史升给事中，约在光绪二十年五六月间。他在《坚正堂折稿》自述中说：“其窃禄谏院者，前后几及十年。自惟质学暗陋，更事不广，虽深慨政教陵夷，风俗窳敝，而世务繁颐，未敢持一孔之见，妄有敷陈。故自庚寅迄癸巳，封事甚稀。”在国家危难之际，褚成博不能再守缄默，于是屡上奏议为战守筹策。他在自述中也提到这一点：“洎乎东邻构衅，边患日棘，天子临朝痛哭，下诏罪己。薄海内外怀蕴忠愤之士，莫不投袂枕戈，愿为国死。而柄臣悍帅，犹日以朋奸饧蔽为得计，熟视主忧国蹙，漠然不一动于中。成博乃愊亿太息，奋不顾身，详举中外臣工营私误国之实，上达九乾，无少回隐。一时权贵为所抨弹者，衔怨侧目，群欲得而甘心焉。”[④] 褚成博的自述，反映出一个问题：一方面主战者出于义愤，甘“为国死”，而另一方面，他们认为“柄臣悍帅”于抗日问题则“不一动于中”。这种思想及情感中相反相抗的状态，一旦形成互激之势，主战者便由悲愤而转向控诉，在政治上便表现为激烈的纠弹、谏诤行为。纵览《坚正堂折稿》，若从《请饬北洋增兵镇抚朝鲜》一折起，至《请严修战备折》止，褚成博作于甲午战争期间的折片共计36封。其中奏劾部分，主要针对李鸿章及北洋诸将领，并及枢臣、督抚。在《折稿》中，有11封直指李鸿章及北洋集团。

---

① 褚成博：《请饬究办投书贿嘱浙江考官之人折》光绪十九年九月初二日，《坚正堂折稿》卷1，第9页。

② 高阳：《柏台故事》，华夏出版社2004年版，第210页。

③ 高伯雨：《听雨楼随笔》，《书趣文丛》第5辑，辽宁教育出版社1998年版，第196页。

④ 褚成博：《坚正堂折稿》序。

光绪二十年六月初二日（1894 年 7 月 4 日），褚成博进呈一折两片。在《请撤销李经楚陆维祺保案片》中，褚成博奏劾李瀚章及刘坤一滥保一案。奏片内容如下：“再近年保举极滥，叠经奉旨严定章程以后，诸臣谅不敢再蹈故辙。惟察核近日保案中仍有深骇听闻者，若不撤销一二，恐终难杜人幸进之心。查有刘坤一所保江苏候补道李经楚，系李瀚章之子，年不满三十，生长膏粱，声色货利之外，一无所知。原保折中乃谓其志趣远大，平时于政治得失、民生休戚，莫不实力讲求。查该员从未临民，并无实在政绩，何所见而决为远大之器？似此信口欺饰，不顾腾笑四方，臣不解刘坤一老成持正之人，何亦染此恶习？且其同保之陆元鼎、阮祖棠等，皆久膺民社，实著循声，尤不应兰艾同登，漫无别择。又有李瀚章所保候选道陆维祺，向在前湖广总督李瀚章幕友高姓处学习刑钱，遂指捐湖北知县，补松滋县缺后，不知因何改省广东。迨李瀚章至粤，该员又入其幕，就近委署广州粮捕通判。虽补防城县实缺，未尝到任，捐升道员。自知选缺无期，竭力营求，竟得优保。查该员始则在游幕省分服官后，后又因襄办幕务获保，皆属违例取巧，任意妄行。”①

此奏片附于《韩事日迫疆臣受愚吁恳力防后患折》及《请严旨责成李鸿章妥为筹办片》后，而一折、一片均针对李鸿章。于是有人便将撤销保案的一片，归入台谏词臣奏劾李鸿章一意主和的同类活动中。《戊戌变法史述论稿》便以此为论：“此一时期朝臣对李鸿章的弹劾也牵及其兄李瀚章。”②《论稿》且举此片的上谕回应，以说明其事。但从褚成博的奏片来看，纠举保案是从监察角度出发，且有理有据，说明刘、李二督的保举确有可议之处。上谕支持了褚成博，对此事处理如下：“前据两江总督刘坤一奏保道员李经楚，两广总督李瀚章奏保道员陆维祺发往广东补用，并仍交军机处记名请旨简放。嗣于李经楚谢恩召见时，因其在江苏服官，询以洋务等事，奏对未能明晰，惟以大员之子，未加深究。兹据给事中褚成博奏，该员从未亲民，并无实在政绩，与原保讲求吏治得失各节，诸多未符等语。刘坤一向来办事认真，此次

① 褚成博：《请撤销李经楚陆维祺保案片》，光绪二十年六月初二日，《坚正堂折稿》卷1，第 20 页。

② 王宪民等：《戊戌变法史述论稿》，清华大学出版社 2004 年版，第 209 页。

保举未免瞻徇，所有李经楚前发往江苏补用及记名简放之处，即着撤销。又据奏，陆维祺前为李瀚章幕友，李瀚章辄行保奏，殊属不合。陆维祺所得发往广东补用及记名简放之处，亦着撤销。嗣后各督抚保举属员，务当懔遵迭次谕旨，秉公核实，勿得稍涉冒滥，用副朝廷延揽人才、慎重名器至意。”① 光绪二十一年三月十七日（1895年4月11日），翰林院编修冯煦上奏折，为图自强而献策。在讲到求人才时，他认为：“今之求材亦云亟矣。直省各督抚亦尝保人材矣，然其所明保、密保者，不出三途：一援引私人；一阿附权要；一开复废员。以近事证之，李瀚章之保陆维祺，则援引私人也；刘坤一之保李经楚，则阿附权要也；沈秉成之保萧允文，则开复废员也。此三臣者，并为御史所纠，或罢不用或寝不行矣，然其他之视此者，又不知凡几也。”② 冯煦以刘、李二督保举之案做反例，足以证明此事在朝臣评价中的独立性。在当时朝臣中，未必会将之与抨击李鸿章相关联。而从刘坤一保举李经楚一事，人们反能看出其中蕴含的势力妥协。作为湘系集团领袖的刘坤一，虽得复起，再任两江总督，但“原有的湘、淮意气，已大部分消磨净尽，改而采取与李鸿章及湖广总督张之洞密切合作的态度，失去了互相牵制的作用。刘坤一甚至于光绪二十年正月，专奏荐举李鸿章（引者注：李瀚章）之子江苏候补道李经楚”③。不论刘坤一还是李瀚章，在保举问题上显然是违例的，而给事中又职责所在，显然不当把褚成博的弹劾强以“牵及”为论。

上呈《请饬北洋增兵镇抚朝鲜折》后，六月初二日（1894年7月4日），已升任吏科给事中的褚成博，再次针对李鸿章的媾和活动发表看法：“窃日本觊觎朝鲜，意甚叵测。臣于五月十九日奏请谕饬李鸿章增兵镇抚在案。闻当袁世凯等电催北洋添兵之时，有俄国使臣暗中劝阻，故李鸿章坚不允添。嗣有英国某领事，面谒李鸿章，谓彼肯发兵助我。李鸿章深信不疑，竟欲倚以集事。臣初闻此语，恐系传述之讹，故前折

① 朱寿朋编：《光绪朝东华录》（三），中华书局1958年版，1984年第2次印刷，第119—120页。

② 冯煦：《蒿庵类稿》卷12，《近代中国史料丛刊》第33辑，文海出版社1969年版，第635—636页。

③ 李恩涵：《左宗棠与清季政局》，《台湾“中研院”近代史研究所集刊》1994年第23期，台湾“中研院”近代史研究所，第231—232页。

未敢冒昧直陈，但请饬李鸿章勿为彼族所愚弄。乃旬日以来，细加访察，众口佥同，不禁愤懑太息者累日。”在中日战争爆发之前，李鸿章为避免战争，确曾与各列强磋商。而褚成博对列强意图满怀疑虑，认为列强“阻我益师，实欲坐收渔人之利。至自请助我，无论真伪难知，即使出于至诚，而事后多方市惠婪索兵费，强增条款，甚且暗唆各国滋扰海疆，阳居排解之功，阴遂要求之计”①。基于此一认识，褚成博进而表达了对李鸿章热衷媾和活动，而疏于军事应对的不满。褚成博对议和活动充满疑虑的同时，则希望李鸿章能够以军事上的积极筹备，来应对日本的挑衅。所以在附片中，褚成博一方面要求严旨责成李鸿章，“速告日本以目前韩乱已定，令其刻日撤兵”，另一方面则表达了武力解决中日危机的主张。他说：“彼能尊约则已，若仍悖礼胡行，惟有决意主战，大加驱剿。兵威既振以后，办理交涉事务自能就我范围。”② 站在谏诤者的角度，褚成博上述奏议活动并无不妥。若有认为其缺少外交眼光，甚至认为其议论不切事体，毋乃强求古人。

在中日战争爆发前夕，士大夫面对一触即发的局面，普遍主张对日采取强硬措施。如六月十七日（1894 年 7 月 19 日），安维峻在附片中发表对日看法，便认为在处理日本的侵犯问题上，“若不及时将此小丑惩创，则英俄诸国，皆有轻量中国之心。而朝鲜一失，东三省将有不甫守之势，此国家肘腋之患也！”基于这一认识，安维峻对当事枢臣大吏，在对日问题上的推脱情态极为不满。他说：“近闻北洋大臣李鸿章屡询总理衙门，总理大臣巧辞推谢，仍委之北洋，并不一运筹策，朝廷将安用此无用之总理大臣为耶？”③ 基于主战思想，士大夫往往将李鸿章的媾和行为，与此前处理对日关系中的妥协举措一并予以批评，申言对日妥协的危害性。如六月十九日（1894 年 7 月 21 日），山东道监察御史庞鸿书在奏折中，便表达了这样的看法：“朝鲜之势旦夕可危，日本狡谋叵测，断非口舌所能争，西洋各国虽有调停之说，类皆恫疑虚喝，冀图摇惑战议，使我从此不敢用兵。臣闻内外大臣筹议战事，尚未能迅赴

① 褚成博：《韩事日迫疆臣受愚吁恳力防后患折》光绪二十年六月初二日，《坚正堂折稿》卷 1，第 16 页。

② 褚成博：《请严旨责成李鸿章妥为筹办片》，《坚正堂折稿》卷 1，第 18 页。

③ 安维峻：《请明诏讨倭片》，《谏垣存稿》卷 2，第 49 页。

事机，克期大举，深恐因循畏葸，仍如处置琉球一役。窃谓弃置琉球，损国威而启戎心，固已失策。而朝鲜之不可轻弃，则尤有关于大局。"[①]庞鸿书显然对清廷此前放弃琉球的决策深表不满，认为是内外大臣因循畏葸的结果。在他看来，朝鲜对中国的意义更重于琉球，而"日本之不可委曲议和，已可概见"。基于此，他认为："兵贵神速，若旷日持久，以求计出万全，则彼之布置益密，攻守异形，情见势绌，愈难为计。"[②]他针对内外大臣"尚未能迅赴事机"，表达了质疑，主张与日本速行决战。庞鸿书指责的范围扩大，将内外朝臣全部包罗在内。

李鸿章在处理对日关系时的隐忍态度，自始便遭言路不满。其战前的媾和活动及军事部署，往往为御史所抨击。在中日战争爆发前，有关李鸿章及淮系集团的猜测已呈纷然之势，甲午战事刚起，淮军便败退不止，进一步使李鸿章成为众矢之的。御史身当言职，于国家危难之际，进呈战守之策理所必然。七月初四日（1894 年 8 月 4 日），掌广西道监察御史高燮曾，以"保护朝鲜藩属关系重要，宜用全力而取远势"[③]为言上奏，强调朝鲜的重要性。他主张对日作战须主动出击，又强调选将及筹饷的重要性。他认为："偏隅而关全局，不得不以全力争之，取势既远，成功较易。"[④]同一日，吏科给事中余联沅以"夷情叵测，亟应预筹"为言，进呈"御敌设防方略六条折"。他在奏折中，以俄、日为防范对象，认为"若非痛剿，无以折凶焰而快人心"。他同时表达了对李鸿章媾和活动的不满："我皇上圣武远扬，既已明降谕旨，声罪致讨，李鸿章亦断不敢再主和议。惟闻其所统淮军，积渐至于骄惰，倘临阵不服调遣，则李鸿章不能辞其咎。合无仰恳严谕，责令该督臣认真督剿，毋得迁延贻误，以儆其泄玩之心，而作夫勇敢之气。"[⑤]七月初八日（1894 年 8 月 8 日），湖广道监察御史叶庆增上《请罢和议严防备战以

① 《御史庞鸿书奏为朝鲜不可弃应集兵直捣日军折》，戚其章主编：《中日战争》第 1 册，第 23 页。

② 同上书，第 24 页。

③ 《御史高燮曾奏保护朝鲜关系重要宜用全力折》，戚其章主编：《中日战争》第 1 册，第 48—49 页。

④ 同上书，第 50 页。

⑤ 《吏科给事中余联沅奏陈御敌设防方略六条折》，戚其章主编：《中日战争》第 1 册，第 50—51 页。

杜窥伺折》，明确主战，反对议和。他说：“岛夷猖獗已甚，邻封讲解难凭，请坚主战，严设守，慎防敌闲，毋轻议和，以振国威而伸天讨。”叶庆增对向来的议和活动均持否定态度，认为“讲解之误在津约未立前者”①。他举中法战争事例，说明议和活动会瓦解军心、斗志。他质疑在朝鲜问题上李鸿章的议和活动，甚至怀疑英俄与日本相互勾结。其奏折相关内容如下：“即如此次朝事，如果讲解可以成功，堂堂中朝重以英、俄两大国与同出而居间，渺兹东海一岛夷，兵端何难立解？乃辗转迁延，致令我兵继往，而朝鲜形胜之地率多先被日本占去，安知日本兵未动时不与英、俄两国已先预有交通？故英与俄初以出为理论者，使我不疑，旋以相率坐观者，窥我奚若，是其与我讲解之日，正其所以为缓兵计。俾日本得运粮、运械，从容布置其间，以备日后力与我兵迎敌，谓非阳为中国讲解，而阴为日本间谍而何？”叶庆增在李鸿章媾和问题上所持疑虑，直接与其主战倾向相关。他认为，“蛮夷寡信，戎敌无亲，其控制断不可偶或失也，庶和议寝而外邦乃难逞矫诬矣”②。

士大夫在筹战中的弹奏，主要指向李鸿章及淮系诸将，与李鸿章及淮系集团，在甲午战中所处位置有关。淮系北洋力量是当时中国北方防务的主要承担者，无论战和决策，抑或战场形势，均直接与李鸿章及淮系集团相关。而李鸿章在涉及朝鲜问题的处理上，举措多有不尽如人意处，遭受质疑本就无可避免。褚成博在批评李鸿章与英、俄等国的媾和活动后，继而质疑李鸿章多年来筹措海防的成效。他在七月初五日（1894 年 8 月 5 日）奏疏中认为：“惟查李鸿章经略海防二十余年，权专任久。平日借自强二字为开销巨帑之资，糜费愈多，积弊愈甚。将骄卒惰，实效毫无，一旦海警突生，束手无策。误国至此，无怪天下公论皆集矢于该大臣一人也。”他同时指责李鸿章措置失当，贻误战机，致朝鲜局势危殆。他说：“此次日人构衅，自五月中旬以来，闻屡经谕令妥速布置，苟能遵旨筹办，则时历月余，战守之具自可渐备，何至事事让人先着。乃该大臣当敌军日增之时，袁世凯、汪凤藻、叶志超先后催请添兵，皆置不理。昌言于众云，我若添兵，彼必疑阻。试问该大臣，

---

① 叶庆增：《请罢和议严防备战以杜窥伺折》，戚其章主编：《中日战争》第 1 册，第 65—66 页。

② 同上书，第 67 页。

事至今日，果已尽释其疑阻而修好弭兵乎？见在叶志超虽获胜仗而困守一隅，韩地险要悉为敌占，我师无路进援。设使敌人四面环攻，仍恐坐而待毙。当日该大臣，如早听臣言添兵保护，以伐其谋。日人隐慑兵威，安见不知难而退。不谓迁延至今，韩主被囚，韩地被据，敌又击我师舰。我军不战而靡，贻宵旰之忧，酿边陲之患，谁司兵柄，责有专归。且北洋见有战舰七八艘，而赴韩之兵另雇英国商轮载往，尤不解其是何意见。似此因循玩寇，失机损威，若不立加处分，何以服人心而申军律。况其部下将领，恃该大臣之庇护，久知有恩而不知有威，习染太深亦非空言所能激励。一旦见该大臣骤获严谴，则积玩之军心庶可悚然一振。”① 在附片中，褚成博要求追究李鸿章在“韩事”问题上措置失当的责任。他说：“日人此次渝盟，固由其贪狡性成、罔顾礼仪，而光绪十一年天津与日本所立条约，亦实有以启之。查此约第三条云：将来朝鲜国若有变乱，重大事件中日两国或一国要派兵，应先互行文知照，及其事定仍即撤回，不再留防。夫朝鲜为我藩属，自应专归中国保护，与日本绝不相干。乃一则曰中日两国，再则曰互行知照，竟若定为公共之地也者，彼有不借端生事者乎？”②

七月十三日（1894 年 8 月 13 日），福建道监察御史安维峻呈递奏折，内容涉及李鸿章及北洋水师。他说：“窃臣闻直隶总督叶志超，于本月初三日，在朝鲜牙山地方与倭人交战，全军覆没……查倭人启衅，已逾两月之久，督臣李鸿章一意延宕，坐失事机。海军提督丁汝昌奉委进剿，乃未至朝鲜即已退避，叶志超一军孤立无援，全军覆没。倭船长驱直犯，如入无人之境，山海关防军，能否得力，尚未可知，大沽游弋之船，该督亦任其横行，并不痛加剿灭。闻津沽将领，亦有分头迎击之请，而该督坚执不许。不开一炮，不发一兵，倭贼自来自去，我师熟视无睹。”③ 安维峻的奏参明显带有依传闻而猜测的特征，表明舆论针对李鸿章的评价正在发生转变。此前，人们抨击李鸿章的议和活动尚限制在见解层面，而安维峻奏折则显现一种道德质疑的倾向。

在战场局势日渐转危的情况下，李鸿章的行为令人不可理解。人们

---

① 褚成博：《李鸿章玩寇失机请量加处分折》，《坚正堂折稿》卷 1，第 22—24 页。

② 褚成博：《中日天津条约实启衅端片》，《坚正堂折稿》卷 1，第 26 页。

③ 安维峻：《请速决大计疏》，《谏垣存稿》卷 2，第 53 页。

已无法解释其行为的合理性，唯有以汉奸论。李鸿章在舆论中的汉奸化，直接源于人们既有印象里中日实力对比，与战场形势急转直下的鲜明反差。中日战争爆发前，甲午年四月，“北洋大臣李鸿章大阅北洋海军，周历大沽、旅顺、大连湾、威海卫、胶州诸隘，二十一日回天津，方以我海军之盛张皇入告”①，给人们造成军备强大的印象。且洋务自强三十年，中经法越事件，人们一般认为，清朝在军事上与西方列强比尚有差距，而与东夷小国日本比，则具有绝对优势。故而在日本问题上，人们普遍不能接受李鸿章的退避政策。面对甲午战争初期淮军迅速被击溃的局面，人们不禁对李鸿章产生诸多疑惑。由疑惑而推测，人们逐渐拼凑出李鸿章“卖国”、“汉奸”等样传闻。限于信息获得能力，人们在传言中加入太多情感及推测因素。尤其是某些推测之辞，本为求证于人，反而成为传言情节。于是，关于李鸿章的传言，便愈传愈奇。在相关传闻中，道德评判的因素，显然有恶魔化李鸿章的作用。这一恶化过程，随战场形势的转化而加剧。论其原因，除去体制及观念反差之外，李鸿章本身因素无疑要占绝大部分。无论对日长期策略的制定，还是整军备战的执行，无一不是李鸿章承负其责，而结果如此，谁辞其咎？若论士大夫虚骄无知，诚如士夫所言，谁能确知几十年縻费换来的竟是虚假表象？而制造这一表象的，便是李鸿章本人。

实际上在士大夫中间，并非人人都被蒙在鼓里，除去主和者可能知道一些内情外，主战者中亦有一些人了解梗概。面对迅速逼近的战争，御史中，钟德祥②因参与过军事活动，故其奏疏多从军事筹策角度立言。六月二十一日（1894 年 7 月 23 日），钟德祥在奏疏中指出清廷自筹办海防以来的多项弊端：首先，针对福州船政局的管理提出批评：“自同治初，沈葆桢总理船政，百事权舆，一切草创，本可乘方张之气势，实在讲求，而沈葆桢乃偏听一洋将日意格之邪说，凡船政具细事体

① 姚锡光撰：《东方兵事纪略》，中国史学会主编：《中日战争》（一），第 15 页。

② 钟德祥（1835—1905），“字西耘，自号园公、愚翁、塞上翁、蛰窠翁、耘翁，壮族”，广西宣化县刘圩斑峰团（今广西南宁市青秀区刘圩镇文翰街）人，光绪二年进士及第，“入翰林院庶常馆，散馆授编修”。光绪十年，入潘鼎新军参与中法战争。“光绪十一年，入国史馆。光绪二十年春，被任命为江南道监察御史。光绪二十一年秋，被罢官流放张家口沙陀军台（驿站）。”（雷达辑校：《钟德祥集》“前言”，广西人民出版社 2010 年版，第 1 页）钟德祥的奏疏，多涉及战备及筹策，而对过往军事及洋务举措多有批评之辞。

一惟日意格所指挥，沈葆桢拱手事之如师。其实日意格于轮战船务不过粗识大体，并无心得。光绪元年，臣从军台湾，尝面诘日意格以船政战船何以不堪海战。日意格为臣所穷，诉之沈葆桢，至以语侵臣，其无赖情状如此。”至于马尾海战，钟德祥认为：“轮船尽覆，固由会办者无能，弃师而逃，亦不得不追咎始谋者之疏谬矣。”① 其次，批评清廷筹办海防缺少统筹。他说：“方今中国全洋大势，辽阔散漫，非多备铁甲耐战大船则不足以言守，盖必能守而后可以言战。倘总船之责不专属以船政，如张之洞在广东纷扰添制小轮船至百数十号，适足以供官场迎送浪游之一快；又南北洋大臣岁年由出使诸臣购买铁甲各船，如往时李凤苞所购甫至大沽试炮，而船板即刻炸裂，盖由侵蚀中饱而然矣。许景澄近复与南洋议购甲船，臣已微有所闻，难保不为李凤苞之续。他日船来事过，一旦调派出洋，则又谓船军未足应敌，如今日北洋水师是也。”② 钟德祥对清朝筹办海防的批评可谓辛辣，一定程度上回答了时人对洋务“愈办理愈无成效”③ 的质疑。

吏科给事中余联沅在六月十七日（1894 年 7 月 19 日）《抵制日患方略片》中说：“闻日本僻处东瀛，常以限于疆域为憾，故近年不惜巨款，制舰练兵，力谋军实。即如此次兵犯朝鲜，已备陆军五万人，海军十余艘，载兵商船十号，定买煤十五万吨，并带电料及工匠数百人赴朝鲜，赶造电线，所费已逾百万，推狡焉思启之心，如此竭力经营，其势即难中止。而中国北洋各海口，海军只有铁舰八号，陆军合直、东、奉三省亦只二万数千人，战事方棘，水陆兵亟应预薄［筹］以资防御。”④ 明知敌我军备方面有差距仍然主战，反映着士大夫筹措战策时，有超出战争胜负的非理性追求。类似于安维峻奏章中出现的“决战”而强的政治诉求，士大夫们将太多源自本能或道德考量的因素加入了主战思想中。其中多种诉求或源自一种美好愿望，或某种不恰当的事件比附。诸如，士大夫们希望借战胜的余威震慑列强，以求暂时改善中国的国际处

① 钟德祥：《为船政废弛请饬实力整顿折》，雷达辑校：《钟德祥集》，第 5 页。

② 同上书，第 6 页。

③ 《编修曾广钧为统筹全局集中全力击败日本敬陈方略七条呈》，戚其章主编：《中日战争》第 1 册，第 14 页。

④ 《吏科给事中余联沅奏为条陈抵制日患方略片》，戚其章主编：《中日战争》第 1 册，第 13 页。

境。他们往往以中法战争后十年的局面来说明问题，而全然不顾战争存在的另一种可能性。

在中日战争全面爆发后仅两个月，清军丢城失地，败退不止，战线已经深入中国境内。光绪二十年十月初八日（1894年11月5日），褚成博与吏科掌印给事中余联沅，户科掌印给事中唐椿森，刑科给事中吴光奎，工科给事中翟伯恒，掌江南道监察御史张仲炘，江南道监察御史钟德祥、王绰、管廷献，掌山西道监察御史李慈铭，掌陕西道监察御史恩浦，掌江西道监察御史王鹏运，江西道监察御史陈其璋，福建道监察御史安维峻，掌广西道监察御史高燮曾，联衔进呈《请借款购船募将练兵折》，在检讨军事失利原因的同时，要求购舰练兵，以为补救之策。奏疏内容如下："此次军务之不振，皆误于苟且因循，胸无定见，以至大局败坏几至不可收拾。然亡羊补牢犹为未晚。臣等闻洋员汉纳根，有请购船练兵之议；又津海关道盛宣怀，近有上总署户部条陈，请用洋款订购船械招募洋将，训练海陆两军。其议皆切实可行，并非空言无补。论者或病其缓不济急。不知就今日时势而言，非另练新军，断难起积衰之习；非参用洋将，亦难收致果之功。若别有救急良策，可以刻日奏功，原不必借资外力。无如徒知其急，曾无补救之方，再将此议抑而不行，岂真欲束手待毙，置宗社生灵于不顾乎？臣等平日本深鄙盛宣怀之为人，而说有可采，亦何能以人废言？"① 此折同时附三片②，要求对将士分别奖惩，及筹措军事部署。随战场形势的进一步恶化，《坚正堂折稿》中，谴责李鸿章、要求严惩失职将领的折片明显增多。光绪二十年十一月初二日（1894年11月28日），褚成博上一折四片。四片分别为《请别简北洋大臣片》、《请严防奸细片》、《宋庆办事掣肘片》、《请诛丁汝昌片》，或指向李鸿章，或淮系将领。士大夫希望能严整军纪，更希望替换李鸿章，以早日扭转局势。但不久后传出的议和消息，则极大刺激了士大夫。光绪二十年十二月初二日（1894年12月28日），褚成博与列衔者三十二人，以"为邪说误国请奋宸断，收回成命以全国体"

---

① 褚成博：《请借款购船募将练兵折》光绪二十年十月初八日，《坚正堂折稿》卷1，第40页。

② 此三片为：《请将丁汝昌卫汝贵治罪片》、《请预为布置片》、《金州失守将士宜分别劝惩片》。

为论，上疏反对议和。此疏“稿出丁君伯厚之手，同人属予酌加删润”，“丁君”或为丁仁长①。褚成博等人在奏疏中对中日议和发表看法，认为：“日人渝盟，残我属国，逼我陪都，凡在臣民各怀灭此朝食之愤。前闻有议和之说，旋经停止……乃近忽传谕旨，以张荫桓、邵友濂为全权大臣，诣日本乞和。举朝震惊，同深悲愤。不知何人敢为皇上主此谋者，恐大事从此去矣。日来传闻，日人不愿邵友濂，指名须李经方前往。夫堂堂中国，偶因兵事小挫，遂屈体于蕞尔之邦，至于我之遣使，由彼为政。彼气愈骄，我颜愈赭；彼方偃蹇而不顾，我更匍匐而乞怜。伊古以来，有此国体，有此人情乎？”褚成博等以屈辱论事，未免太形于情感，但同时又以议和“有足以立致危亡者十端”为言，则未必全为危言耸听。褚成博等认为，若与日本媾和，“怨叛将兴，边隅之患方殷，内讧之祸又起”，足致危亡。另外，“日既得我兵费，益将厚集师徒，增修戎备，是谓为虎傅翼，助敌自攻”，中国形势将更加危险。奏折同时对参与议和诸人，颇持敌视态度，谴责、猜测充斥其间。褚成博等抨击张荫桓，认为其“一邪佞小人耳，平时惟存富贵利达之心，临事安有扶危定倾之略”，若“使其衔命求成，必至招侮辱国”。奏劾诸人又依据传闻斥责李经方，指称李经方此前出使日本时，“与日人深相接纳。以资本数百万，在彼国贸易。今年开衅之后，私运大宗煤米，潜往济寇。现在私匿上海洋行中，诡称许姓，收买金叶数万两，托他国公司船运至日本，用意殊属叵测，若使赴日，势必与之合谋，要挟隐遂，其不臣之心，其足致危亡”②。

上举奏折虽只是《坚正堂折稿》的部分内容，但已概见士大夫甲午年筹战面貌。基于防卫本能，且被愤激情绪左右，又受限于信息获取能力的不足，士大夫论战，多有不切实际、无可采行之论。作为时局中人，却又处身事外，既无力插手其间，便只有将一腔激愤倾注章奏之中。正因为获取信息的途径有限，面对不利结果，士大夫自然无从给出合理解释，而基于猜测的多种传闻却适时涌现，填补了人们的想象空

① 丁仁长，字伯厚，号潜客，广东番禺人（朱彭寿编著：《清代人物大事纪年》，第1473、1593页；杨廷福、杨同甫编：《清人室名别称字号索引》上册，上海古籍出版社2001年版，第186页）。

② 褚成博：《和议误国请收回成命折》，《坚正堂折稿》卷1，第54—56页。

间。但言者竟以如此不实之传闻，作为奏议之素材、纠劾之依据，直接暴露了制度固有的缺陷。当然，这仅是中国政治的枝节，并未涉及问题根本。

第三节　个案评析之二：涉及《请诛李鸿章疏》的和战对抗及谴责倾向

在甲午中日战争期间，士大夫谴责枢廷、疆吏，一个重要方面，乃不满对日议和的主张。战争期间，李鸿章、孙毓汶、徐用仪等，均主张通过议和方式，解决中日间存在的问题。对此，主战者多有质疑，不能认同议和主张。自战争开始后，阻和之声便不绝言路。主战者不仅以谏议方式阻挠和议的开展，且从舆论上多方猜测主和者的意图，并以传谣方式强化阻和声势。

在平壤战役失败后，浙籍京官中的一些人上书恭亲王，请求停战议和。此事很快传开，张謇分两日记载此事。十一日（1894 年 10 月 9 日）张謇尚未获得确切消息，只以传闻载入日记："闻浙人有上恭邸书，请上忍辱受和者，发端先引明与我朝事。"十二日，张謇落实了前一日的传闻，并列举了主要参与者："知昨闻果实，领衔者编修戴兆春，主稿者孙宝琦，与事者孙宝瑄、夏敦复、夏偕复、姚诒庆、汤寿潜、陈昌绅等十四人，皆杭、嘉、绍人。"[①] 此时正当言战情绪转向愤激之时，请求停战议和的消息一出，马上引来主战者的反弹。九月十三日（1894 年 10 月 11 日），江南道监察御史张仲炘[②]，在《奏请严申军令以固防守折》中指出："外间谣言四起，佥谓款议将成，又谓军机大臣徐用仪，嗾使其同乡联名上书，意主求和而罢战。传言虽不足信，然此说一播，无不寒心，传之军中，岂不群焉解体。相应一并请旨严禁浮言，以固人心而作士气，庶军务自有起色矣。"[③]

① 张謇研究中心、南通市图书馆编：《张謇全集·日记》，江苏古籍出版社 1994 年版，第 368 页。

② 张仲炘，字瞻园（杨廷福等编：《清人室名别称字号索引》上册，第 723 页）。

③ 故宫博物院编：《清光绪朝中日交涉史料》卷 21，北京故宫博物院 1932 年版，第 34 页。

考虑到主和言论的传播，可能给对日战争造成不利影响，言战者大为愤怒，对主和者的责问渐至诛心。国子监司业瑞洵在《奏请严旨申诫与倭言和折》中，指责议和主张之非是。他说："当修矛偕作之时，忽建纳币请成之议，适足以助敌焰，懈军心，损国威，遏士气"，并质问主和者，"是何居心而倡为斯说，敢于公论外独树一帜，显相牴牾，究亦何所恃而不恐也"。[①] 光绪二十年九月二十六日（1894 年 10 月 24 日）户科给事中洪良品在奏折中，历数"倭人肇衅"的罪状与危险后果，同时指责李鸿章"与倭交情素密，但图自保功名，不顾国家利害，诸臣皆其党羽，故附其意旨者多，亦不为国事后患起见"。鉴于战事方兴，洪良品请求下令"诸臣勿言'和'之一字以懈将士之心"。他认为："李鸿章已贻误于前，诸臣不得再贻悔于后，在圣衷自有主持，未必遽然轻听。而臣深虑诸臣二三其说，致令传播纷纷，徒足以沮败军谋，而使将士解体也。"[②]

由于战场形势日趋不利，传闻中关于主和者的谴责、猜测更甚于前。在传闻中，李鸿章、李经方父子，均被论为汉奸。孙毓汶、徐用仪因主和，也成为舆论攻击的对象。十月二十日（1894 年 11 月 17 日），王鹏运针对传闻，以罢和为论。他认为："夫议和于未战之先，或战而胜，皆可也。战而败之而求和，其辱与城下之盟等。"他针对孙毓汶、徐用仪的主和态度，责问二人之用心。他说："臣不解孙毓汶、徐用仪之力主和议为何心？如谓多与兵费则可，若割地则不必与和。不知现在四面征调所费已不訾，倘中道和议皆成虚掷。若能以饵敌之金缯饱我军之士马，安有不堪一战之理，又何必朘中国之脂膏资敌人以强富也。则孙毓汶、徐用仪又何心。抑或强弱之势迥殊，我军断难取胜……是又一说。然自用兵以来，敌情亦大可见矣。我军虽三战三北，元气并未受伤，彼军屡胜而骄……罢［引者注：疲］于奔命，势将不支。现在新军将次到齐，一时名将云集辇下，加以天寒冻合，海道将封，彼果悉军深入，必致退无所归，胜筹我操，克敌正在今日。孙毓汶、徐用仪又何心。况倭奴素性无厌，诸夷环伺观衅，目前之诛求可应，后此之诛求可

① 故宫博物院编：《清光绪朝中日交涉史料》卷 22，第 12 页。

② 《户科给事中洪良品奏请皇上独断必不可和折》，戚其章主编：《中日战争》第 1 册，第 406 页。

胜应耶？一国之诛求可应，各国之诛求可胜应耶？……孙毓汶、徐用仪何不思之甚也。且孙毓汶、徐用仪愿和而不愿战，为势所必至。盖战而败固无所逃罪，战而胜亦无以自容，惟有和议速成庶可保全禄位，其他利益皆有所不计。臣亦知主持和议不止孙毓汶、徐用仪二人，然二人者居密勿之地，操均衡之权，其言易入，其计易行，无论和议遽成，实足损国威而贻后患。即此论一出，人知倡自枢垣，即足夺将士勇往之气，此其所系尤关紧要。抑臣更有虑者，昔年镇南关之役，军威甫振而和，今又征调方集而和，恐他日别有调发，人将裹足不前。"[①] 安维峻也于十月二十三日（1894 年 11 月 20 日）上疏，专劾李经方投敌卖国。在奏疏中，安维峻列举李经方罪状 11 条之多。在其所举内容中，多有骇人听闻之处，诸如子窃父权、"内见好诸将，结为死党，外勾通倭奴，输以军情"。同一章疏中，安维峻并劾"孙毓汶、徐用仪、沈恩嘉与李鸿章结为死党"[②]。或战、或和，在朝臣、枢府中，一时相持不下。舆论对主和者的排斥和攻击，一时达到愤恨难抑地步。然而，局势的发展，毕竟不以人的情绪为转移。当形势发展到穷蹙无计时，而当权者又不敢以扩大战争的方式应对日本侵略，那么乞和便是唯一选择。

战局颓势难振，清廷被迫遣使求和。消息传出，言战者激愤之情不可遏制。战败而和，在言战者不啻投敌卖国。他们指责当事者的推诿、阻挠，并从道德层面剖析主和动机。言战，不仅是一种主张，更是言战者的道德规尺和正义量衡。向日本乞和，不免使言战者维护道德正义的努力均付水流，一时在情感上难以接受。安维峻自始主战，情绪随战局恶化而激烈，终"以命拼一疏"，获遣流放。而此疏，便是《请诛李鸿章疏》。

安维峻，"字晓峰，甘肃秦安人。初以拔贡朝考，用七品小京官。光绪六年，成进士，改庶吉士，授编修。十九年转御史"[③]。任承允在为安维峻所作的《内阁侍读原任福建道监察御史翰林院编修安公晓峰墓

---

① 李学通整理：《半塘言事》选录《请罢奸邪以坚战局奏》，《近代史资料》总第 65 号，第 44—46 页。

② 安维峻：《劾李经方不轨疏》，《谏垣存稿》卷 4，第 99—103 页。

③ 赵尔巽等撰：《清史稿》（第 41 册）卷 445《列传二百三十二》，中华书局 1977 年版，第 12466 页。

志铭》中有这样的描述："公夙秉颖异，五岁能识楹联中字，稍长逢寇乱，流离迁徙，或以耕废读。尝偕弟负米南关，闻童熟读书声，大恸，曰：'他日倘有缘，当夜以继日，以补蹉跎。'其智识不凡如此。"[①] 于此可见，安维峻年少时即是抱有志向之人。任承允对安维峻人品、学问的描述，可归纳为以下三个方面：其一，"公……力绝奔竞纷华之习。在刑部、翰林时，惟择名士之有道者，杯酒论文"。其二，安维峻"为学崇朴实，尚践履，不喜为辩博。其教士亦然，故所裁成多大器。平生严于义利，入词馆不肯以扇对干人，巡城不私公费"。其三，"公生于边隅寒素，知名最早。左文襄、严文介器以国士，自余公卿闻风倾倒。于道义切劘者，性命相依，否则斤斤然不屑为声气之标榜"[②]。

安维峻咸丰四年（1854）生人，"同治十二年癸酉……公取元年学第一……得拔贡生。学使许仙屏以远大相期许。甲戌朝考一等第一名，小京官用……光绪元年乙亥假归……是年陕甘初分闱，公决科见赏于左文襄公。及乡试，祝天期以公为解首，填榜果然，同堂以得人贺"[③]。

所谓陕甘分闱，源于陕甘乡试自明代的合闱取士。甘肃自明代始隶属陕西布政使司，贡院设在长安即今西安，甘肃诸生须长途跋涉赴陕西应试。这给甘肃考生应试增加了困难，严重阻碍了甘肃士子赴考求进的愿望。甘肃虽在康熙五年（1666）自成行省，但乡试仍与陕西合闱。直到左宗棠出督陕甘，体察甘肃士子终生难于一赴乡试的困境，于同治十二年（1873）上《请分甘肃乡闱并分设学政折》，请求陕甘分闱考试。奏折直述甘肃士子一赴乡试的艰辛和遗憾："边塞路程悠远，又兼惊沙乱石，足碍驰驱，较中原行路之难奚啻倍蓰……诸费……与东南各省举人赴会试劳费相等，故诸生附府庭州县学籍后，竟有毕生不能赴乡试者。穷经皓首一试无缘，良可慨矣。"[④] 清政府最终准予陕甘分闱考试，并于光绪元年（1875）举行了分闱后的首次乡试。是年四月，左宗棠上《甘肃地方安静恳恩举行纪元乡试折》，请求确定并加广陕甘两

① 任承允：《内阁侍读原任福建道监察御史翰林院编修安公晓峰墓志铭》，《谏垣存稿》附录2，第135页。

② 同上书，第137页。

③ 同上书，第135页。

④ 《左宗棠全集》第8册，上海书店出版社1986年版，第6951页。

省乡试中额。“八月，甘肃分闱乡试。庚午，公入闱监临。甲戍［引者注：戌］，出闱。”[①] 不久在给刘典的信中，左宗棠表达了此次拔取人才的愉快心情：“甘省分闱，正及元年……解元安维峻，年少能文，器宇沈静，将来可望成一伟人，其余知名之士甚多，士论翕然，实为快慰。”[②]

安维峻于光绪六年中庚辰科（1880）二甲第二十九名进士[③]，志锐同科中二甲二十名进士。同科知名者还有李慈铭中二甲第八十六名进士，王懿荣中二甲第十七名进士……是科，知贡举是府臣夏家镐，正考官为户部满尚书景廉。翁同龢为三副考官之一，时任工部尚书。孙诒经为读卷官，时任工部左侍郎。[④] 因此安维峻与翁同龢、孙诒经，均有师生之谊。这成为严分党派者，将安维峻归入后清流、帝党之列的理由之一。然而，安维峻任官京师之时，既“力绝奔竞纷华之习”，而其人“为学崇朴实”，“平生严于义利”，“不私公费”，又“知名最早”[⑤]。如此品行之人，似不轻于依附党派之中。

安维峻少而登名，又得朝贵名流赏识，自然期望成就一番功业。然岁月蹉跎，胸怀一无所展，不免令人嗟叹。安维峻留有《望云山房诗集》，“辛巳、壬午，主讲陕西味经书院”[⑥] 时，有诗记其心迹，曰：“辛阳才子庆同升，愧我迂疏百不能；二十九年虚度矣，下帷心事付青灯。”内心的寂寥，仕途的清冷，未曾稍减他胸怀家国、履霜傲卓的人格持守。他在另一首诗中记其无能报国的空落感：“冰衔忝署一条难，清秘何曾诮冷官；地近蓬莱簪笔惯，天留岁月读书宽；思亲有梦空流涕，报国无能止沥肝；修竹当窗聊寄傲，风霜阅尽不知寒。”[⑦] 在如此

① 罗正钧：《左宗棠年谱》，岳麓书社1983年版，第306页。

② 《左宗棠全集》第14册，《答刘克庵（刘典）》，第11884页。

③ 江庆柏编：《清朝进士题名录》，中华书局2007年版，中册第1155页；下册第1605页。

④ 据钱实甫编《清代职官年表·会试考官年表》第4册，中华书局1980年版，第2870页。

⑤ 任承允：《内阁侍读原任福建道监察御史翰林院编修安公晓峰墓志铭》，《谏垣存稿》附录2，第137页。

⑥ 同上书，第136页。

⑦ 安维峻：《望云山房诗集》，中国西北文献丛书编辑委员会：《西北文学文献》第15卷，《中国西北文献丛书》第6辑，兰州古籍书店1990年版，第400—401页。

郁郁不得志之下，安维峻决意言职。任承允作墓志对此事的记述如下："公夙志在立言，丁亥，考御史记名……癸巳，服阕赴京，冬十月补福建道监察御史。次年，巡视旧太仓。在言路仅十四阅月，凡上六十余疏。边祸燎原，方期以孤愤迴天，而遣戍矣。"① 一年多一点时间，便上六十余疏，约略显示了他的急迫和激愤。

癸巳夏携眷入都的安维峻，内心充满企盼，希望在谏垣有所建树，以助国家延续中兴景象。这种期盼的心情也反映于此时所作诗中："此去分明近帝乡，生涯不复问耕桑，谏垣敢自矜鸣凤，愿翊中天景运长。"由"自矜鸣凤"句，便不难推测，安维峻在御史任上，将秉持直言敢谏的作风。年届不惑，他虽切望于国家有所建言，但也不能不谨惕于晚节问题。故在诗中他作谨惕语："自怜白雪侵双鬓，且对红霞醉一杯；珍重寒香留晚节，移根还须近蓬莱。"② 这有可能造成他在思想和行动上，既表现为急迫，又保持了保守的倾向。一年多一点时间，便上六十余疏，而每上一疏，又辗转筹思，则反映了他的慎重和期盼。"窃计忝厕谏垣一十四月，每具一疏，致斋三日或七日，思以愚诚感动上心。"③ 此为安维峻在奏言上，慎之又慎的真实写照。

直言敢谏及思想上的保守，由安维峻所上奏疏的内容反映出来。甲午战前，安维峻所上各疏，涉及国家政治诸方面。从科场到冒籍，从盐务到钱法，从捐输到保案，从讼案到执法，无所不及。弹劾官员从学政到封疆，从侍郎到太监，无所避讳。劝谏修省，无所畏惧。从而一改台谏自甲申易枢后渐趋消极的状态。孙毓汶执掌枢廷之后，"颇嫉言路。谏官章上，辄不报。而科道敢言，亦只维峻、德祥二人。然徒好搏击，弗及政事得失也"④。所谓"好搏击"，是就弹劾而言。御史设置的制度精神，便如皇帝耳目，纠举官邪是察官的主要职责。安维峻所上奏疏，其政治追求，基本没能超出此一范围。这可以从他借天现异象所上《请因变修省疏》中得窥一斑："当此日月告变，宸衷修省，非臣愚所能仰

① 任承允：《内阁侍读原任福建道监察御史翰林院编修安公晓峰墓志铭》，《谏垣存稿》附录2，第136页。

② 安维峻：《望云山房诗集》，《西北文学文献》第15卷，第403页。

③ 安维峻：《谏垣存稿》自序，第3页。

④ 沃丘仲子：《近现代名人小传》上册，北京图书馆出版社2003年版，第172页。

测高深。惟用人尤贵知人，有宜加详审者……今督、抚权重，公忠体国者，曾不数觏；刚愎自用者，则又肆行欺诬。民间之疾苦，不尽登闻；会匪之蔓延，未曾剪灭。营伍多废弛，反饰为军令严明；厘税半侵吞，概委之商情疲玩。保举不容滥也，乃视作应酬之具，竟假公以济私；查办宜认真也，乃代为洗刷之余，且隐恶而扬善。官为民蠹，借案诛求；政以贿成，多方谄奉。大臣不法，安望小臣能廉？至军机大臣，赞襄密勿，非不备极勤劳，然求如宋臣李沆水旱盗贼必以奏者，盖未有闻焉。又如京卿中，超迁太骤，则骄泰易生，品节未［引者注：末］端，即才猷易陋”。以上之弊政所举，正反映了安维峻对政治清明的幻想和构建，但其思想基本拘囿于理学的君子小人之辨。他在奏疏中便说：“凡谀悦为容者，虽应对如流，知其为小人之便辟；实心任事者，虽语言讷纯，知其为君子之朴诚。”① 于此可见，安维峻是一位严守程朱的理学之士。这一点，也为安维峻好友所证实。王新帧在《书〈望云山房文集〉后》一文中写道：“先生笃信程朱，一动一静，无不恪遵其绳墨以检点身心，即时见之于言，亦皆有一段至诚恻怛之精意流露于字里行间，无一语或背而驰。”② 一个笃守程朱理学、讲求自我修养的人，其判断事物的是非标准是分明的，是完全道德化的，也是不容亵渎的。这种纯粹化、道德化的思维方式，使安维峻与同时代其他保守者一样，很难寻找一种既能够获得国家强大，又能够保持政治清明、社会政治道德水准的方法。

安维峻自入选御史之后，颇作一番之想。这从他上奏的频率，略可概见。然而，中日战争不断恶化的形势，让安维峻无法平静。他的情绪，日益转向悲愤。据任承允回忆：“晓峰先生由词林入谏垣，数月之间，举凡国计民生，以及权贵近倖，摘发无遗，盖直声已震天下焉。及高丽肇衅，朝局日非，侍御心焉恫伤，今日进奏于朝廷，明日上书于私第，泣血吁天，奔走彷徨，几乎自忘寝食。时允新属春官，分书画省，间数日风雨过从，辄抵掌谈天下事，侍御则慷慨欷歔，泪随声下。及冬间，承允请假归里，旋闻谪戍军台矣。”③ 任承允的这一记述显示，在

① 安维峻：《请因变修省疏》，《谏垣存稿》卷 1，第 15 页。
② 王开文：《王新帧诗文集》，河南大学出版社 1993 年版，第 167 页。
③ 任承允：《谏垣存稿序》，《桐自生斋文集》卷 7，《西北文学文献》卷 13，第 460 页。

“议和”消息传出之前，安维峻的情绪已经处于失控的临界点。此时，安维峻已经完全陷于沉郁亢奋状态，并严重影响到睡眠及身体感觉。况且安维峻又性情激烈①，在如此环境及非常精神状态下，他为追求特定政治目标，走以命相搏的途径，显然符合事理。而一些囿于官场思维的人，无从分析、感知沉于表象之下的精神及情感因素，仅凭一份奏折的“语多不伦”，便要推知“御史之伎俩”②，更施以嘲笑。这种执一端而不及其他的看法，未免曲解了安维峻“以一命拼一疏”的本意。

当“传闻和议将成”，安维峻于光绪二十年十一月二十九日（1894年12月25日），上《力阻和议疏》，发出“当事者胡为以和自娱乎”的诘问，将矛头直指当事诸人。此疏由李于锴起草，经安维峻修改而呈上。从奏疏中可以看出，即便清军屡败无胜，且丢城失地，安维峻等仍然对胜利抱有信心。奏疏中有这样一段话，可说明其心迹：“窃自倭夷肇衅，本年七月初间，当事大臣，即有议和之说。其时诏旨严切，一意主战，而中外之人心一振。自停办庆典，召用恭亲王，而中外之人心，为之大振。自时厥后，征兵召将，筹饷购械，申失律之诛，严徇隐之罚，而天下臣民无不晓然于圣意之所在。智勇瑰奇之士，皆思乘时以树功名，而为国家雪仇耻。故虽牙山、平壤之败绩，九连城、凤凰城之失守，旅顺、金州之挫退，除二三大臣畏葸失措外，京师士庶固犹安堵如常。非不知我师挠败，天威屡损，兵凶战危，断难逆料也。以为我皇上赫怒之威，中兴全盛之力，仰荷祖宗德泽及皇太后明训，倭虽屡胜，终必覆亡；我虽屡挫，终必克捷。”③

安维峻对战胜的信心，来自于大国的潜力，并非盲目爱国之论。针对当事者的议和主张，安维峻在奏疏中表达了不解：“臣不知当事者何爱于倭奴，而必以和助其凶焰；何恶于中国，而必以和自误全局乎?”因为此时并未明诏议和，安维峻等人所获消息，尚为“道途窃议”，言路对此则处于观望状态。安维峻甘冒风险，就传闻而呈奏阻和，因为在

① 安维峻在《读凉州李叔坚传书后》，曾自述：“余性激烈，先生济以和平。”（安维峻：《读凉州李叔坚传书后》，李于锴著，李鼎文点校：《李于锴遗稿辑存》，兰州大学出版社1987版，第123页）

② 坐观老人：《清代野记》，巴蜀书社1988年版，第25页。

③ 安维峻：《力阻和议疏》，《谏垣存稿》卷4，第111页。

他看来“可使朝廷并无此议，而言官受妄言之罪；不可使朝廷既有此议，议且垂成，而臣坐视而无言，欲言而无及”。在奏疏中，安维峻等不仅对战争发表看法，而且始终对主张和议者不能释怀，表达了愤懑不满之情。安维峻在奏疏中说：“且今日议和者之心，非特畏葸退避而已。当兵端初开，孙毓汶、徐用仪、张荫桓之属，即以讲和为事，言战则目为张皇，募兵则斥为过计。彼不知为李鸿章所愚，而左右惟命，争之愈力，持之愈坚。既已误于前，更不悔于后。惟恐兵机渐利，捷奏时闻，将为清议所不容，王章所不赦。故必力排群言，使勇往者，无由见功；庸懦者，乐与同过。不惟一已之声名，在所不惜，即宗社之安危，亦所不问，而又巧为脱卸，谓事事皆禀皇太后、皇上指授，其怀诈营私，幸灾乐祸如此！”[①] 此时的安维峻，尚对阻止议和抱有一线希望。在安维峻针对议和者用心的推测中，无一不从个人私心角度切入，结论便显而易见。这进一步推助了拒和者在情绪上的更加激愤，尤其对李鸿章的憎恶，已经至于寝皮食肉的地步。

当听说议和已难阻止，安维峻“闻之感愤填膺，痛不可忍”，终在光绪二十年十二月初二日（1894 年 12 月 28 日），上《请诛李鸿章疏》。在《谏垣存稿》自序中，安维峻回顾了上此章疏时的情境和心态。他说：“当军情吃紧时，每缮折辄痛哭不能已已，又偿连数昼夜不寐，亦不自觉其苦。及朝议主和，既力争之。旋有言此事势难中止者，闻之感愤填膺，痛不可忍，维时因管理街道，将往验修造事，车已驾矣，乃麾差役散去，随取案头片纸草奏，迨缮真夜已二鼓矣，即呼正阳门入，趋上之，意以命拼一疏，倘可上回天听，虽死无恨。”[②] 由此可见，此疏之上，为拼死谏阻和议为目的。此时，安维峻完全处于绝望情绪之中。上疏为谏阻和议，固然是目的，而拼死一搏亦其中意旨，乃“虽死无恨”之谓。

关于安维峻此一奏疏，过往评论，主要关注其中抗疏直谏的大无畏气节，却较少留意其奏疏的具体内容。《请诛李鸿章疏》主要包含两方面内容：其一，弹劾李鸿章。这是自朝鲜事件以来，清议对李鸿章不

---

① 安维峻：《力阻和议疏》，《谏垣存稿》卷 4，第 111—117 页。

② 安维峻：《谏垣存稿》自序，第 3 页。

满、弹劾的延续。其二，批评后宫对皇上决策的干预。但不论是弹劾李鸿章，还是"语侵慈圣"①，却均采自传闻，并无确凿证据。尤其在涉及后宫干预战和决策的问题上，安维峻在奏疏中也承认均得自市井传言，表示"臣未敢深信"。

弹劾李鸿章的观点，基本是过往清议中已有罗列者，其中就包括安维峻本人递呈折片中的举劾内容。《请诛李鸿章疏》弹劾李鸿章的观点，有如下方面：其一，指责李鸿章"挟外洋以自重"，为私财而不欲战，且资敌而阻战。奏疏有言："当倭贼犯顺，自恐寄顿倭国之私财付之东流。其不欲战，固系隐情。及诏旨严切，一意主战，大拂李鸿章之心。于是倒行逆施，接济倭贼米煤军火，日夜望倭贼之来，以实其言；而于我军前敌粮饷火器，则故意勒掯之。有言战者，动遭呵斥。闻败则喜，闻胜则怒。淮军将领，望风希旨，未见贼先退避，偶遇贼即惊溃。"②

其二，指责李鸿章包庇战败之淮军诸将。安维峻在奏疏中说："惟叶志超、卫汝贵，均系革职拿问之人，藏匿天津，以督署为逋逃薮。人言啧啧，恐非无因。而于拿问之丁汝昌，竟敢代为乞恩。并谓美国人有能作雾气者，必须丁汝昌驾御。"

其三，指责李鸿章父子通敌卖国。安维峻认为："倭贼与邵友濂有隙，竟敢索派李鸿章之子李经方为全权大臣，尚复成何国体。李经方乃倭酋之婿，以张邦昌自命。"于此而认为，中日议和"非议和也，直纳款耳。不但误国，而言卖国"。

其四，认为李鸿章结党营私，有反叛之心。安维峻说："唯是朝廷被李鸿章恫喝，不及详审利害，而枢臣中或系李鸿章私党，甘心左袒；或恐李鸿章反叛，姑事调停。初不知李鸿章有不臣之心，非不敢反，直不能反。"

在批评后宫干预朝政问题时，安维峻虽托辞市井之言未可深信，但言词之间却明显带有劝谏之意。他说："而又谓和议出自皇太后旨意，太监李莲英实左右之。此等市井之谈，臣未敢深信。何者？皇太后既归政皇上矣，若犹遇事牵制，将何以上对祖宗，下对天下臣民？至李莲英

① 任清、忠文整理：《张荫桓日记》，《近现代名人日记丛刊》，上海书店出版社 2004 年版，第 499 页。

② 安维峻：《请诛李鸿章疏》，《谏垣存稿》卷 4，第 118 页。

是何人斯，敢干预政事乎？如果属实，律以祖宗法制，李莲英岂复可容！"[①]不仅如此，奏疏在事实上也触犯了言官不能干预后宫家事的禁忌，所以在遣戍安维峻的上谕中，会有"恐开离间"之语。

如上诸条，从证据角度看，基本属于子虚乌有。中日战争，清军节节败退，直至最终割地、纳款的结局，李鸿章负有主要责任，此亦无可辩驳，但要指责他投敌卖国，却又仅凭传闻，未免形于一时义愤。孙宝瑄更从传播意图方面给以讥评，"不意此君竟自鸣得意，于原折掷还后，令人各处传写，已遍都市，适足资为笑柄焉耳"[②]。但孙宝瑄的评论，显系执一端而不及其他，曲解了安维峻"以一命拼一疏"的本意。

就《请诛李鸿章疏》的评价，历来赞颂为多，但相反看法同样存在。与其他批评者不同，孙宝瑄则亲身经历了安维峻上疏及遭遣戍的过程。而孙宝瑄在这一过程中的经历，也颇能反映主战者对主和者的排斥和孤立情态。光绪二十年十二月初二日（1894 年 12 月 28 日），安维峻上呈《请诛李鸿章疏》，当日上谕："近因时事多艰，凡遇言官论奏，无不虚衷容纳，即或措辞失当，亦不加以谴责。其有军国紧要事件，必仰承皇太后懿训遵行。此皆朕恪恭求治之诚心，天下臣民早应共谅。乃本日御史安维峻呈递封奏，托诸传闻，竟有皇太后遇事牵制，何以对祖宗天下之语，肆口妄言，毫无忌惮，若不严行惩办，恐开离间之端。安维峻著即革职，发往军台效力赎罪，以示儆戒，原折着掷还。"[③] 孙宝瑄在《忘山庐日记》中，转记了邸抄上发布的这道上谕。他在当日（初二日）"晚间阅邸报"[④]，看到遣戍安维峻的上谕，并将全文记入日记。仅此即止，并无一言议论。两日后（初五日），孙宝瑄访晤李经畬，获得安维峻事件的进一步消息。日记中记述："晡，诣李新吾……新吾言，安晓峰事，天子实为援手。""新吾"为李经畬的号，字伯雄，李瀚章长子，孙宝瑄内兄。初六日，孙宝瑄"往视安晓峰，渠托疾不见客。然余兄晨往，曾见之"[⑤]。孙宝瑄上门拜访，显然出于慰问之意。

① 安维峻：《请诛李鸿章疏》，《谏垣存稿》卷 4，第 118—119 页。
② 孙宝瑄：《忘山庐日记》上册，上海古籍出版社 1983 年版，第 64 页。
③ 中国第一历史档案馆编：《光绪朝上谕档》第 20 册（光绪二十年），第 600 页。
④ 孙宝瑄：《忘山庐日记》上册，第 59 页。
⑤ 同上书，第 60 页。

而安维峻却托病不见。但在同一天的早些时候，安维峻却接见了持同样目的而来的孙宝瑄之兄孙宝琦。如此，安维峻拒见之意，便颇耐寻味。

孙宝瑄（1874—1924），“字仲玙，钱塘孙子授侍郎诒经之次子，慕韩总理宝琦之胞弟，李筱荃制军瀚章之女夫”①。光绪十九年（1893），孙宝瑄以荫生分部学习行走，逢单月十九日入署当差，“亦无他事，惟诣监印处监用堂印”②。孙宝瑄关注安维峻，缘于其父孙诒经。孙宝瑄在光绪十九年三月初九日（1893 年 4 月 24 日）的日记中有关于此的记述：“晓峰，甘肃人，先君庚午门下士”。“庚午”实为“庚辰”之误。安维峻于光绪六年（1880）中庚辰科二甲第二十九名进士。是科，时任工部左侍郎的孙诒经为读卷官，故安维峻与孙有师生之谊。只是孙诒经已于光绪十六年（1890）去世，而安维峻为人“平日讷然如不能出诸口”③，与孙宝瑄兄弟年岁相差又较大，在可见的双方遗留文献中，很少有关相互来往的记载。但在礼法传统依然完整的晚清社会，可以确定安维峻与孙家，至少保持着礼节性交往。既如此，安维峻拒见孙宝瑄一事，便颇超出常理，最大可能是缘于言战主和的政见分歧。

安维峻自始便主张对日决战，而孙宝瑄在对日战争问题上持义恰与安维峻相反。在平壤战役失败后，孙宝瑄参与了同乡诸人上书恭亲王请求停战议和的活动，并遭到主战者的同声讨伐，竟至以诛心论。在言战情绪主宰舆论的背景下，主和者的孤单显而易见。对议和主张的声讨一旦上升到诛心之论，言战与主和之间，便不再限于意见的分歧，更增加了道德谴责和动机追究的内容。占据道德高位的言战者，以主战表态划分人群，如此态势下，主和者遭受鄙视，被排斥于主流人际关系之外，便是必然的结果。安维峻拒见孙宝瑄，如无偶然因素存在，多半缘于战与和的人际对峙。但安维峻却于孙宝瑄之前，见了孙宝琦。而孙宝琦同样参与了请和活动，而且还是主笔人。显然，在取舍背后，存在着令安维峻必须妥协的因素。这个因素，就是与孙诒经的师生关系。孙诒经虽然已经故去，但对安维峻毕竟有知遇之恩。况且孙氏兄弟以慰问示好而

① 叶景葵：《序》，《忘山庐日记》上册，第 1 页。

② 孙宝瑄：《忘山庐日记》上册，第 7 页。

③ 同上书，第 48 页。

来，安维峻不便太过违逆情面。但在原则问题上，安维峻也不能不有所表示。见孙宝琦而拒孙宝瑄，便包含了宣示立场与疏通情面的良苦选择。

做上述判断，在于孙宝瑄等主和者，确有被舆论孤立的证据。安维峻拒见孙宝瑄，并非孤例。同一月的三十日（1895 年 1 月 25 日），孙宝瑄“衣冠跨马出谒黄漱师，未见”①。“黄漱师”指黄体芳，“字漱兰，浙江瑞安人”②，清流派中坚，以直言敢谏著名。光绪十七年（1891），黄体芳称病乞休，但仍留居京城，关注国事。甲午年，黄体芳主战，“上封事者多以稿就正，每为之手定，一时人望，仰如泰斗”③。孙宝瑄“辛卯南旋，壬辰复北上，遂改从黄漱兰师”④，学习举业，时相问学，保持着密切往来。这从孙宝瑄甲午年中断前的日记中，可以得到印证。而此时的“不见”，不同于“不遇”、“他往”之类用词，语气显示强硬，或有拒斥含义。虽因日记此后两年记载的散佚，不能确知双方关系的进一步状况。但此后不久，各自离京南下，黄体芳且于光绪二十五年（1899）去世。在《黄体芳集》所收挽联中，并不见孙宝瑄列名其间。而其时孙宝瑄正居上海，相距瑞安并不遥远，双方关系已可概见。

另据孙宝瑄日记所载，曾与孙家有多年交谊的樊恭煦，也在此后与孙宝瑄断绝关系。樊恭煦（1845—1914），字觉先，号介轩。浙江仁和（今杭州）人。据孙宝瑄记载：“介老乃词林前辈，科第最早，为先人门下。余生弥月，剃胎发时，即介老抱之。”⑤ 于此可见，双方关系并非一般。但孙宝瑄光绪二十三年十月初一（1897 年 10 月 26 日）的日记中，却有这样一句话：“诣介轩。余与断绝两年始复合。”⑥ “两年”，是模糊说法，“断绝”当发生于光绪二十一年（1895）前后的甲午中日战争期间。甲午战起，时任翰林院侍讲、日讲起居注官的樊恭煦，积极

① 孙宝瑄：《忘山庐日记》上册，第 67 页。

② 赵尔巽等撰：《清史稿》第 41 册卷 444《列传二百三十》，第 12449 页。

③ 叶尔恺：《传》，黄体芳著：《江南征书文牍》卷首，黄群辑：《敬乡楼丛书》（第三辑之九），民国永嘉黄氏，1931 年，第 1 页。

④ 孙宝瑄：《忘山庐日记》上册，第 56 页。

⑤ 孙宝瑄：《忘山庐日记》下册，第 1146 页。

⑥ 孙宝瑄：《忘山庐日记》上册，第 141 页。

筹划对日战守韬略，为此而受光绪召见。樊恭煦与孙宝瑄，年龄相差近三十岁，又是孙父门生。能够令樊恭煦不顾涵养，迁怒孙宝瑄，并与之断绝来往，其事想是非同一般。恐怕也只有在关乎国家命运、涉及道义原则问题上，樊恭煦才会不顾长者风度，呵斥孙宝瑄，并与之断绝关系。

从《忘山庐日记》的记载来看，孙宝瑄与樊恭煦的关系至少保持到了甲午年末。因下面两年日记散佚，为了解他们后续关系增加了困难。但导致他们关系中断的因素，涉及个人琐事方面的几率极小。最有可能，仍然在战与和的分歧方面。双方关系或因不同主张临事激化，最终不欢竟至决裂。进入光绪二十一年（1895），中日战争基本围绕订立和约进行。言战者猛烈抗争，反对和议，仇视李鸿章，情绪激荡几至失控。如此状态下，处于战和两端的双方，很可能在涉及国家命运问题上，因争执而走向关系破裂。

孙宝瑄因主和被排斥，也反映在叶景葵为《忘山庐日记》所作序中："甲午平壤丧师，上书主和，谓晚明耻与本朝言和，以致亡国，为主战派所呵。奉母出都，寓沪八年。"① 孙宝瑄与其兄相比，"慕韩好应酬，支持门户，仲玙则折节读书，记诵渊博，深识古今学术源流"②。因此孙宝瑄人际关系并不复杂，有机会并有资格呵斥孙宝瑄的"主战派"人物，屈指可数。孙宝瑄"为主战派所呵"，还有比别人多出的一重关系。他是李鸿章的侄女婿，又"极佩李文忠甲午主和"③，难免会受到多一些责难。当然这也可能与他年少锋利有关，毕竟不过 20 岁年纪，若果忍耐不住公开为李鸿章作辩护，结果可想而知。总之，甲午年孙宝瑄所受打击颇重，以至数年之后仍耿怀不已。光绪二十四年（1898），孙宝瑄在《生日自述》中，以"俄顷群谤集"描述在甲午年的遭遇，愤懑之情随"拂衣出都门"④ 流露而出。

另外，"拒见"前后孙宝瑄对安维峻评价的转变，也颇能说明双方关系的变化。"拒见"一事发生之前，孙宝瑄对安维峻的评价，属于友

① 叶景葵：《序》，《忘山庐日记》上册，第 1 页。
② 叶景葵：《叶景葵杂著》，上海古籍出版社 1986 年版，第 194 页。
③ 叶景葵：《序》，《忘山庐日记》上册，第 2 页。
④ 孙宝瑄：《忘山庐日记》上册，第 169 页。

善、积极一类。在同年三月初九日（1894年4月24日）的日记中，孙宝瑄评论了安维峻劾甘肃巡抚一折："又见安晓峰近日劾甘肃巡抚祖庇冒籍一折，明白晓畅，用笔如刀。此晓峰第二奏议也。前《请慎重馆选》一疏，立论正大，亦卓卓可传，数年来所罕见。晓峰……不论其立朝侃侃之节，有如此气概，可佩可佩。"① 首先，孙宝瑄直接用"字"称呼安维峻，语气之间显示亲昵；其次，安维峻由奏折展现的胆识及气度，大出孙宝瑄预料，连用"可佩"，赞誉之情溢于言表。当安维峻被革职、遣戍一事发生后，孙宝瑄虽无一语评论，但从探询消息到主动拜访，已表达了某种支持或同情的态度。而"拒见"一事发生后，《忘山庐日记》关于安维峻的记述出现于十二月十九日（1895年1月14日）。日记中说："午后诣厂肆，见安御史奏稿"。与初六日相比，孙宝瑄日记在安维峻的称谓上，发生明显倒退。由"晓峰"的亲昵，到"安御史"的尊敬，显示了双方关系的疏远。孙宝瑄对奏稿的评论，出现在第二天的日记中："余昨见安御史奏稿于书肆中，其所言仍劾合肥，语多市井无稽之谈，肤浅已极，文亦夹杂，不堪入目。不意此君竟自鸣得意，于原折掷还后，令人各处传写，已遍都市，适足资为笑柄焉耳。"② 孙宝瑄此处用词，已极尽讥讽、嘲笑之能，比较之前有关安维峻的评价，可谓截然两分。

在中日战争的大背景下，安维峻拒见孙宝瑄一事，只是战和主张分歧下，人际对峙的一个缩影。其表现至为隐晦，却在本质上映射着晚清政治思想领域一种难解的死结。这是坚持原则抑或变通问题的矛盾冲突在另一场景下的展现。其间蕴含的对抗情绪因无法消解，而扰动着清末政治关系的稳定。这是构成政治分裂一个最基本因素，助推着清末政治走向变革、冲突的趋势。《请诛李鸿章疏》，单就一件奏疏言，并不值得士大夫品咂玩味。"国人推重"安维峻，也并非倾慕其奏疏的华彩，而是"抗疏请归政"③ 的胆气，并由此展现出的"忠义"品质。人们也许正是感慕这份胆气，才要争相传写奏疏。安维峻有无必要阻挡"传

① 孙宝瑄：《忘山庐日记》上册，第48页。

② 同上书，第64页。

③ 《外交小史》"安维峻劾李文忠疏条"，《清代野史》第1辑，巴蜀书社1987年版，第368页。

写”，似在商榷之间，显然不当作“笑柄”之资。若竟而认为“此等谏草，实足为柏台玷”[①]，所论未免言过其极。相较而言，苛求奏疏文彩，且施以褒贬，其用意似太过褊狭，并不合时宜。

历来治晚清史者，多有将安维峻归入帝党之列。然而安维峻少年功名，且能得左宗棠等人赏识，说明其学识、人品都有可道之处，似不当与博取虚名者相较。又兼其治理学颇有心得，并为一时称誉。安维峻为人又极骨鲠、自持，不可能为党派私利而奔逐。何况清朝制度深恶言官结党攻讦，身在言路，安维峻对此自是了然于胸。以其平日修为，夙日抱负推测，除非他认为所做之事乃为大义而往，否则便不会下定踊身赴死、仗剑一击的决心。孙宝瑄以自身经历，在评价安维峻《请诛李鸿章疏》时，不免为意气所左右。而其他人的批评，均形于肤表，不足为据。诸如前引《清代野记》中的直斥之语，显系借安维峻《请诛李鸿章疏》一事，表达其对科道言官的成见。再如《清代野史》第一辑中，收有《外交小史》一文。其“安维峻劾李文忠疏”条中，有如下记述：“安维峻既以抗疏请归政，革职，遣戍张家口。朝命既下，安直声震天下。大侠王五身护之往，车驮资皆其所赠，则当时安为国人推重可知。然余肄业北京大学分科时，见安先生人极谨愿，已无复有昔日刚劲之气。至观安劾李文忠一疏，语多牵强附会，顾亦为清流所传诵，于此可见当时朝臣风气之锢塞，国民对外意识之暗陋也。”[②] 光绪三十三年（1907）后，安维峻一度充任京师大学堂总教习，《安维峻劾李文忠疏》一文作者即作为京师大学堂学生，肯定于此时见过安维峻。然而作者以此时早已脱离中日甲午战争情景的安维峻比之当时，更据此得出结论，何其浅陋与无识！

甲午中日战争中，御史主战一方面表现为积极筹措战策，另一方面则强烈反对议和。针对议和主张，御史则表现出强烈的舆论谴责倾向。当清廷正式决定遣使求和之后，御史的谴责及反对的声浪始终未能停歇。在《马关条约》签订及换约期间，更出现了上千各省士子联名上疏阻和的壮观景象。而御史或单独或联衔的阻和章疏，也时见于载录。

① 《外交小史》“清流党之外交观条”，《清代野史》第1辑，第378页。
② 《外交小史》“安维峻劾李文忠疏条”，《清代野史》第1辑，第368页。

如王鹏运的《半塘言事》奏稿中，即载有多封阻和奏议。其一，光绪二十一年二月十四日（1895年3月10日），《力争和议奏》；其二，三月二十二日（1895年4月16日），《再争和议奏》；其三，四月十七日（1895年5月11日），《三争和议奏》。褚成博的《坚正堂折稿》中，也有类似阻和章疏的载录。御史及其他士大夫极力主战，反对议和，仅以"盲目自大"或"虚骄"之类作解释，未免太过牵强。战争初始，前述两项原因，确在人群中不同程度存在。但在连续惨败之后，尤其北洋舰队被一扫而空之后，士大夫便再无"自大"和"虚骄"的资本了。而士大夫则恰于此时，表现出更为强烈的主战意识。显然，仅对一些非理性因素进行分析，并不能给出针对现象的满意解释。

至于言战者针对主和言论的谴责，既有战略方面的考虑，也有对日战争伦理持续酝酿的因素。早在日本吞并琉球时，言战者已在酝酿"征日"的道德说理。王先谦、陆廷黻和张佩纶分别上疏，阐述对日战争的正义性。右庶子陈宝琛"仗义进讨"[①]的表达，说明言战者延续了依据传统伦理解释对外战争的做法。"征者，上伐下也"（《孟子·尽心下》）。"征日"，表明言战者拥有道义及心理上的优势。同时，在对日战争的筹策中，"征日"还被赋予强国御辱的期望。编修曾广钧便认为："剿灭日本，建立奇功，不独近除东方卧榻之患，亦以远折西鄰窥伺之萌也。"[②]

甲午战争爆发后，言战舆论中对日挫败的受害色彩逐渐加重。"征日"的道义优势，被战败的屈辱和对议和的疑虑所取代。战略层面的筹划，逐渐让位于针对当政者的猜疑和道德惩戒。人们要求追究战败者的责任，指责李鸿章"勾结枢臣，交通太监李莲英"[③]，挟洋自重，通敌卖国；指责枢臣议和阻战。这种基于揣测的责难，在传闻中不断发酵，逐渐汇聚成强大的谴责洪流。"汉奸"、"卖国"，这些标示道德绳尺的词汇，被用为针对主和者及其言论的评判。一道批判性的道德藩篱，便横亘于言战主和之间，从而降低了双方沟通的有效性，进而挤压了战略

① 陈宝琛：《倭案不宜遽结折》，《清光绪朝中日交涉史料》卷2，第12页。

② 《编修曾广钧为统筹全局集中全力击败日本敬陈方略七条呈》，戚其章主编：《中日战争》第1册，第15页。

③ 安维峻：《劾李经方不轨疏》，《谏垣存稿》卷4，第99页。

调整的空间。而战与和的策略分歧，也转变为人际对抗、阵营间纷争的助推力。安维峻拒见孙宝瑄，只是战和之间人际对抗的一个缩影，在众多对抗关系中表现非常隐晦。但其中蕴含的分裂含义，却应和着晚清政治走向变革、冲突的趋势。

第三章

新旧与党争中的御史因素

中日战争尚在持续之中，面对战场一蹶不振的局面，筹战守者在筹措战策的时候，也把整顿内政的想法一并提了出来。光绪二十年十二月十七日（1895 年 1 月 12 日），江南道监察御史钟德祥上呈《奏请及时清理政治并陈三策以救时弊折》，提醒清廷："时局大棘至此，若不提掇振起，及时有为，将坐使天下如病瘇坠。"[①] 他认为无论和与战，都应当及时"力政治内"，并提出三策以救时弊。其所陈三策虽无新意，却显示了人们于挫折中寻求国家出路的意向。当议和条约草案内容外泄后，"道路流播，朝市纷传，痛心疾首已有儳焉不可终日之势"。陕西道监察御史熙麟鉴于"各省士子所递公呈因有应避字样，未能遂为入奏，众已哗然"，上疏请求光绪帝下诏安民。他认为，时至今日，"外患虽甚，安民尤急"，不然"倭氛正炽，民心复摇，言战言和尽无可恃"[②]。

第一节　维新活动中的御史参与

光绪二十一年三月廿三日（1895 年 4 月 17 日）中日签订讲和条约又名《中日马关条约》，光绪二十一年四月十四（1895 年 5 月 8 日）互换条约。人们对签订和约普遍持否定态度，指出和约的危害性，要求罢和再战。户科给事中洪良品，于光绪二十一年四月初十日（1895 年 5 月 4 日），附片奏请罢和备战。同一日，江南道监察御史管廷献上奏折，

① 《御史钟德祥奏请及时清理政治并陈三策以救时弊折》，戚其章主编：《中日战争》第 2 册，第 144 页。

② 《御史熙麟奏和议纷传外患犹后安内为急折》，戚其章主编：《中日战争》第 3 册，第 118 页。

要求罢斥和议[①]；四月十一日（1895 年 5 月 5 日），浙江道监察御史李念兹也以同样目的上奏[②]；四月十二日（1895 年 5 月 6 日），陕西道监察御史熙麟上奏折，以俄法德久不复电为由，阻止和议结果的颁示[③]。面对群情激愤及罢斥和议的请求，清廷于四月十七日（1895 年 11 日）以朱谕作答，要求臣下体谅苦衷[④]。阻止和约签订既不可能，人们又转而倡议毁约再战。

相较多数人因茫然而要求再战的言论，也有人开始为善后筹措办法，提出诸如废科目学西法等主张。时任陕甘总督的陶模于五月十一日（1895 年 6 月 3 日）上奏疏，以"培养人材，勉图补救"为言，上谏议十三条。他对仅限于议战议和的讨论很不以为然，认为国家的强弱，"视人才为转移，人才不足，不但和与战均无可恃，即幸而战胜，亦无益于根本"。而人才若"不养于平日，而欲招致于临时"为不可能，所以他认为当此"创巨矣，痛深矣"之时，"善于谋国者，不以胜而志满，不以败而气沮"，虽"天下事所当变通者，不止一端，而人才其尤亟"[⑤]。正如陶模所言，其大部分建议，"略知时务者，类能言之"，比之前此的洋务主张并无新意。但其主张的进步之处，在于对守旧思想的否定，以及对变革的期望。他在奏折中表达了一个较为含蓄的变革思想："当此危疑震撼之时，舆论孔多，泥古者谨守旧章，忧时者，竞谈新法，然积习实不能不改，而变法亦未敢轻言，臣只就事所可行者，为救弊补偏之计。非激扬士类，则虚文相市，可与共安乐而不可与济艰危；非精究洋务，则成法虽高，可以制土寇而不可以备强敌。环海各国，以中华为鱼肉，皆由我之痼疾，久中于腹心，而肢体之痿癖随之。彼日本于三十年前，为英美所败，纳币行成，因惧而奋，遂成强国。我诚能发愤自强，合群黎群力，急起直追，何事不可勉为。若仍缚于成例，淆于浮议，不以全力赴，虽勉行十之八九，亦无济于事。"[⑥]

① 见《清光绪朝中日交涉史料》卷 43，光绪二十一年，第 8、9 页。

② 见《清光绪朝中日交涉史料》卷 33，光绪二十一年，第 30 页。

③ 同上书，第 34 页。

④ 见《清光绪朝中日交涉史料》卷 44，光绪二十一年，第 19 页。

⑤ 陶模：《培养人材疏》，中国史学会主编：《戊戌变法》（二），《中国近代史资料丛刊》，上海人民出版社 1957 年版，第 269 页。

⑥ 同上书，第 276—277 页。

中国为蕞尔岛国所败，士人内心所受震创有过于以往所有的失败经历。这也便是梁启超所说："吾国四千余年大梦之唤醒，实自甲午战败割台湾偿二百兆以后始也。我皇上赫然发愤，排群议，冒疑难，以实行变法自强之策，实自失胶州、旅顺、大连湾、威海卫以后始也。"[①] 相较陶模在变法表态上的含蓄，顺天府尹胡燏棻[②]，则于闰五月直接以"变法自强"为言，疏陈意见。他说："目前之急，首在筹饷，次在练兵。而筹饷练兵之本源，尤在敦劝工商，广兴学校。"他总结以往办理洋务成效的不彰，在于"仅袭绪余，未窥精奥，亦因朝廷所以号召人才者，在于科目，天下豪杰所注重者，仍不外乎制艺试帖楷法之属，而于西学，不过视作别图［引者注：途］，虽其所造已深，学有成效，亦第等诸保举议叙之流，不得厕于正途出身之列，操术疏，斯收效寡也"。[③] 基于此项认识，胡燏棻反对理学家的清谈，认为："今日即孔孟复生，舍富强外，亦无治国之道，而舍仿行西法一途，更无致富强之术。"[④] 胡燏棻所举"筹饷练兵，重工商，兴学校"等十项变法主张，具有典型的维新色彩，甚至早于康梁维新活动开展的时间。

甲午战争期间，批评过往施政，始终在士大夫的谴责言论中占据重要地位。而御史则以谴责施以弹劾，期望最高统治者关注，以及于枢臣大吏的切实能够振作。面对战败结果，御史们在悲愤之余，希望政治局面有所变化。其中具有维新倾向的人，则参与了甲午战后维新变法的筹议活动。其主张丰富了维新思想的内容，推助了思潮的兴起。掌江西道监察御史王鹏运，便是这样一位。光绪二十一年十月十八日（1895 年 1 月 4 日），王鹏运上呈《请严谕疆臣痛除因循旧习折》。他认为："经国要图，洋务为急"。在奏折中，他对王文韶自任直督以来一无举措的状况，表示了不满。他说："乃王文韶以奉旨力除积弊之重臣，而于此素非亲识众著贪劣数人，何一味含容掩覆不敢

① 梁启超：《戊戌政变记》，中国史学会主编：《戊戌变法》（一），《中国近代史资料丛刊》，上海人民出版社 1957 年版，第 249 页。

② 马昌华主编：《淮系人物列传——文职·北洋海军·洋员》，黄山书社 1995 年版，第 142 页。

③ 沈桐生辑：《光绪政要》卷 21，第 15 页，《近代中国史料丛刊》第 35 辑，文海出版社 1969 年版。

④ 同上书，第 16 页。

一事纠弹？从前署任时，曾对人言，有为人看印之语。今事权在握，而瞻徇若此，因循若此，何以副朝廷？何以谢天下乎？该督前任湖南巡抚声名尚好，今暮气日甚，世故太深。”他请求光绪，给王文韶施加压力，“勉其力图振作，痛改前非”①。十二月十五日（1896 年 1 月 19 日），王鹏运以开矿为言，呈递《请通饬开办矿务鼓铸银圆折》。他以“制钱日少，产铜日稀，民用大绌”为由，请求“明谕天下，开办矿务，鼓铸银元，以塞漏卮而维大局”②。在奏折中，他再次表达了变革的思想，引用《周易·系辞下》中“穷则变，变则通，通则久”一句，以说明顺势而为的必要性。

江西道监察御史陈其璋，同样持变革态度。光绪二十一年八月二十九日（1895 年 10 月 17 日），他上呈《输银割地耻辱已极请饬内外臣工急筹补救办法折》奏谏变法。他说：“为创巨痛深，亟宜乘时变计。”③他对中日战后，清廷在政治上无所作为的局面，表示不满。他说：“乃自换约以后，屈计已及半年，凡所谓筹饷练兵诸大端，尚未见诸实事。前车之覆后不知鉴，恐祸又不旋踵而至，何以弭之？”④他认为，中国之大“较日本几十数倍”，之所以会受制于人，在于“积习相沿，因循误之耳”。为此他对最高统治者发出警告：“自强与不自强，转移之间，实间不容发。若再不急思变计，窃恐日复一日，年复一年，何时图强，何时可以雪耻？事机急迫，实有刻不可延之势。”在奏折中，他提出建议：“惟有仰请皇上决计改图，诏饬内外大廷［引者注：臣］振刷精神，急筹补救之法，同忧共患，竭力挽回。其有仍此因循者，立予惩处。自强之基实始于此。”⑤

在这一时期，倡导变法并为之积极行动的，无疑非康、梁等维新人士莫属。而此时，康、梁等人只是初入官场的微末小官，尚不具有上疏言事的权力。要想将变法主张送达皇帝面前，康有为非借助人手不可。而言官，尤其是御史，便成为康有为着意接近、借助的对象。御史在戊

① 戚其章主编：《中日战争》第 3 册，第 623 页。
② 中国史学会主编：《戊戌变法》（二），第 290 页。
③ 戚其章主编：《中日战争》第 3 册，第 585 页。
④ 同上书，第 585—586 页。
⑤ 同上书，第 586 页。

戊变法期间，参与变法活动的重要表现，便是为康有为的变法主张提供上达的帮助。

康有为等维新派人物，新中进士，授工部主事，借助甲午战争中言路大开之机，积极倡议变法图强。光绪二十一年五月（1895），康有为“再草一书，言变法次第曲折之故，凡万余言，尤详尽矣。至察院递之，都御史徐郙使人告以吾已有衙门，例不得收，令还本衙门代递。时孙家鼐长工部，颇相慕，友人多劝到工部递，乃于五月十一日到工部递之，孙家鼐而为称道之词，许为代递，五堂皆画押矣，李文田适署工部，独携前嫌，不肯画押。孙家鼐碍于情面，累书并面责之，卒不递。再与卓如、孺博联名递察院，不肯收，又交袁世凯递督办处，荣禄亦不收，遂决意归”[①]。由上述曲折的递折描述来看，康有为上疏言事的正常渠道因与李文田的恶劣关系而被阻塞。迫于环境，在受知于光绪帝之前，康有为不得不辗转假借有奏议之权的御史等言官，以代拟奏章的方式来达到奏事的目的。

替人代拟奏章，在康有为并不陌生。早在光绪十四年（1888）秋冬，康有为便曾替御史屠仁守草拟多份奏章。黄彰健[②]，以及孔祥吉[③]都曾撰文研究过这一问题。当代递上奏的正常渠道阻塞后，康有为再次选择以代拟奏章方式上达建言，便是很自然的事情。据孔祥吉对康有为变法奏章的辨析，自乙未至戊戌（1895—1898），曾为康有为代递奏折的有如下几人：陈其璋、王鹏运、文悌、李盛铎、杨深秀、宋伯鲁、徐致靖、王照、麦孟华、孙家鼐、阔普通武[④]。其中陈其璋、王鹏运、文悌、李盛铎、杨深秀、宋伯鲁均为御史。无论这些人后来的政治立场如何，在维新变法的初始阶段，他们的行动确实有助于变法活动的展开。

王鹏运（1849—1904）号幼霞，一作佑遐，自号半塘老人，晚号鹜翁，又号半塘增鹜，广西临桂人。“同治九年，本省乡试举人，十三年

① 楼宇烈整理：《康南海自编年谱》（外两种），中华书局 1992 年版，第 28 页。

② 黄彰健：《戊戌变法史研究》，“中央研究院”历史语言研究所 1970 年版，第 603—626 页。

③ 孔祥吉：《康有为变法奏议研究》（增订本）上册，辽宁教育出版社 1988 年版，第 20—56 页。

④ 据孔祥吉编著《康有为变法奏章辑考》，北京图书馆出版社 2008 年版。

以内阁中书分发到阁行走，旋补授内阁中书，久之升内阁侍读”[①]。由于筹办光绪大婚庆典，叙劳加三品衔赏戴花翎。据《戊戌变法人物传稿》记载，王鹏运于光绪“十九年七月，授江西道监察御史，奉命巡视中城，升礼科给事中，转礼科掌印给事中”[②]。在当了近二十年的小京官，碌碌半生之后，王鹏运终于获得向当政者建言的机会。正当此时，中日甲午战争爆发，王鹏运在战争的各个阶段，频频上疏筹措战策，主张对日决战，抨击投降言论，弹劾权臣，反对与日苟和。短短几月，奏章二十几上，显示了王鹏运激愤的心情。当听说即将与日本订定和约，王鹏运乃上奏反对割地求和，在朝臣中造成一定反响。文廷式看到奏折内容后，很是称道：“临桂王幼霞御史争割地一疏，有云，‘闻李鸿章奏调随员，有伊子李经方，及道员马健忠、罗丰禄诸人，乱臣贼子，狼狈为奸，其可寒心，不啻兵临城下’。自谓警句，为余诵之，时论亦颇谓然。”[③]

《马关条约》的签订，士论为之哗然，亦无可奈何。在民族危机加深的背景下，变易旧法、救亡图存一时成为许多人的共识。康有为正是在这一普遍社会心态之下，联络同志，积极倡议维新变法。据《近代名人小传》，王鹏运在“丙申丁酉间，数上书陈新政，言皆透切”[④]。而其中就包括为康有为代递的奏折。从《康有为变法奏章辑考》一书所列奏章来看，康有为始自乙未迨至戊戌的奏章，多数由王鹏运代递，计达五封之多，尚未包括一些附片。据《康南海自编年谱》记载，康有为在光绪二十一年五月（1895），曾“以京城街道芜秽，请修街道，附片上焉，既不达，交王幼霞觅人上之，奉旨允行”[⑤]。光绪二十一年六月十一日（1895年8月1日），王鹏运为康有为递《枢臣不职请旨立予罢斥以清政本折》，弹劾枢臣徐用仪。据康有为说：“时常熟日读变法之书，锐意变法……孙毓汶虽去，而徐用仪犹在政府，事事阻挠，恭邸、

---

① 闵尔昌纂录：《碑传集补》（一）卷10，《清代传记丛刊》，明文书局1986年版，第20页。

② 汤志钧：《戊戌变法人物传稿》上册，中华书局1982年版，第335页。

③ 文廷式：《琴风余谈》，赵铁寒编：《文芸阁（廷式）先生全集》奏议·书牍·杂著，第254页，《近代中国史料丛刊续编》第14辑，文海出版社1973年版。

④ 沃丘仲子：《近现代名人小传》上册，第183页。

⑤ 楼宇烈整理：《康南海自编年谱》（外两种），第28页。

常熟皆欲去之，欲其自引病，叠经言官奏劾，徐犹恋栈。六月九日草折，觅戴少怀庶子劾之，戴逡巡不敢上，乃与王幼霞御史鹏运言之，王新入台敢言，十四日上焉。”① 康有为的记述与事实有几点出入：首先，上折时间误为六月十四日，应为六月十一日②；其次，据翁同龢日记载，奏折递上后引起激烈争论，恭亲王奕䜣及枢臣李鸿藻都曾极力挽留，翁同龢亦为之申辩，并非康有为所说“恭邸、常熟皆欲去之”；再次，王鹏运入台已经两年，用“新入台敢言”来说明其胆识，未必确当。王鹏运此前便因对和议不满而弹劾李鸿章父子，此次助康有为弹劾徐用仪，应当与他痛恨和议结果有关。徐用仪在战争中始终主和，在人心思变的形势下，又“事事阻挠”。借力罢斥徐用仪，未尝不是王鹏运的愿望。

在代递奏折以及自呈具有改良色彩的奏折以外，王鹏运还参与了强学会的活动。据吴樵在光绪二十二年二月廿一日（1896 年 4 月 3 日）写给汪康年的书信，强学会设立之始，人员颇为复杂，“恐无［引者注：言］路或中之，乃援张次山、王幼霞、褚伯约三侍御以为重”③。张次山指张仲炘，王幼霞指王鹏运，褚伯约指褚成博。强学会中意见并不统一，“有欲开书坊者，有云宜专卖国朝掌故书者，有云宜卖局板经书者”。强学会众“间数日一聚，聚辄议论纷纭而罢，然已为彼党侧目。合肥以三千金入股”，为帝党成员陈炽所阻，故而“已含怒矣”。李鸿章的儿女亲家杨崇伊，“揣政府之意，迎合李、孙，欲借此以兴大狱，遽以聚党入奏。朝旨并不交查，遽封禁”。据吴樵说，杨崇伊弹劾强学会是得到了重要证据，即由梁启超写的《学会末议》。梁启超“曾以示樵，他人未见也，不知其党何人告于政府，内有易相之意”。强学会被封禁后，会中各人百态丛现，而“倡言恢复者，仅二沈、杨、汪、梁数君”，直到“高阳已归，上访于孙寿州，政府意已解。于是诸人又稍稍出”④。

① 楼宇烈整理：《康南海自编年谱》（外两种），第 29 页。

② 《王鹏运及其词》一书作者，便未能注意到这一点，而认作不同的两份奏折。见谭志峰著《王鹏运及其词》，漓江出版社 1991 年版，第 46 页。

③ 《吴樵信札》，上海图书馆编：《汪康年师友书札》（一），上海古籍出版社 1986 年版，第 471 页。

④ 同上书，第 472 页。

汪大燮直接参与了强学会的会务，与梁启超共同负责译报事务，任主笔。据他于光绪二十一年腊月二十七日（1896年2月10日）写给汪康年的信中所言，强学会被封禁时，“兄往告沈及王，嘱其定意，访同人商议。沈、王皆有图复意，傍晚晤褚，则意甚游移。未几集丁所，尚图递呈”①。其中“王”即为王鹏运，初表示有意为恢复强学会努力，但“至次日各人皆畏”，未能集体递呈。

强学会一事，在几日后出现转机。一则，从孙家鼐②处传来了好消息：“寿州言事无妨，上已询彼，力言其诬，且谓事实有益，上悔行之不当，而常熟意欲挽回矣”。二则，李鸿藻回京，“常熟往见，嘱合力扶持”③。张孝谦“力陈于高阳”④，而李鸿藻则有意将强学会改为官书局。三则，御史陈其璋、侍读学士文廷式、御史胡孚臣先后上疏，以普开学堂、编洋务书及筹设书局为请，恰与强学会的活动内容相一致，自然有利为其开脱。

在这背后有无运作，由谁主导，都无迹而知。但文廷式为帝党人物、强学会副董，而陈其璋则多次为康有为代递奏折，又在看似巧合的时间呈递如此内容奏疏，难免令人联想，而汤志钧便用“刚好”来描述这种巧合⑤。更有巧合者，胡孚臣上呈《书局有益人才请饬筹设以裨时局折》，又似在汪大燮的筹划之中。据汪自述，“时适南海嘱戴学士来聘兄课其子，兄以二事要之，一、请其主持书局学堂事。一、明年当学洋文。南海即谒总宪，而拟准普开学堂一折，并言明年当延一洋学生，日至其宅，以便讨论语言文字。未几，胡公度侍御上言发译署，南海即派沈拟稿。沈是日非班期，见知会去，而顾已拟定”⑥。“南海”指张荫桓⑦。事情如此环环相扣，很难想象纯粹出于偶然。无论怎样，关于强学会的这场危机，逐渐平息。但改为官书局的结果，却令强学会所承载的强国愿望最终落空了。

---

① 《汪大燮信札》，上海图书馆编：《汪康年师友书札》（一），第721页。

② 孙家鼐（1827—1909），字燮臣，安徽寿州人。

③ 《汪大燮信札》，上海图书馆编：《汪康年师友书札》（一），第722页。

④ 《吴樵信札》，上海图书馆编：《汪康年师友书札》（一），第472页。

⑤ 汤志钧：《戊戌变法史》（修订本）上海社会科学院出版社2003年版，第188页。

⑥ 《汪大燮信札》，上海图书馆编：《汪康年师友书札》（一），第722页。

⑦ 张荫桓（1837—1900），字樵野，广东南海人。

王鹏运没有明显从属于哪一政治派别，基本介于帝党、清流派、维新派之间。这是清代官员所持的基本政治立场，严格将自己的政治行为限界在朋而不党的范围内。强学会乃是几股政治力量结合的产物，维新派在其中只有梁启超一人而已。王鹏运能加入其中，主要缘于人脉汲引的关系。王鹏运与帝党人物的关系非常密切，曾作词饯别安维峻与志锐。尽管安维峻似乎也只介于清流派与帝党之间，并没有明显的派别特征，但志锐却是帝党的核心人物。而王鹏运尚与帝党另一核心人物文廷式保持着密切交往，双方在诗词方面均有很高造诣，唱酬、品评成为增进友谊的重要介媒。文廷式、王鹏运、盛昱与沈曾植曾共用词牌《八声甘州》[①]，送别志锐，相互关系由此可见一斑。沈曾植亦为帝党成员，在强学会中有“正董”名义。康有为于光绪二十年二月十二日（1894年3月18日），“与卓如同入京会试，寓盛祭酒伯熙邸”[②]，而盛昱与王鹏运则有密切的交往。康有为不仅能诗，且工书法，如此南粤名士，无理由不相交往。至于和清流派人物的关系，他们在操守信念方面并无差别，所差者一个有群而另一个则处于政治游离状态，但相互间声气却相通，在政争中又多有扶助。王鹏运与帝党人物的密切关系，显然有利于被邀入会。另外，王鹏运在甲午战争中坚决主战、不畏权臣的态度为他赢得一定声誉。他对政治改良的同情态度，也可能成为被三派力量接纳的因素。

康有为曾在丙申（1896）年作诗寄赠王鹏运，诗中说：“修罗龙战几何时，王母重开善见池。金翅食龙四海水，女床栖凤万年枝。焰摩欢乐非非想，博望幽忧故故疑。大醉钧天无一语，王郎拔剑我兴悲。”此诗暗讽慈禧对光绪的压制，表达了对王鹏运冒险直谏的理解。在题注中，康有为有这样一段话：“幼霞名鹏运，临桂人，清直能文章，填词为光绪朝第一。时欲修圆明园，幼霞抗疏争，几被戮，幸翁常熟为请得免。然后为荣禄所卖，误劾常熟。常熟以救幼霞语我，吾告幼霞，后幼

---

① 文廷式在《八声甘州》题解中有言：“送志伯愚侍郎赴乌里雅苏台参赞大臣之任，同盛伯羲祭酒、王幼霞御史、沈子培刑部作。”（汪叔子编：《文廷式集》下册卷12《词录》，中华书局1993年版，第1411页）

② 楼宇烈整理：《康南海自编年谱》（外两种），第24页。

霞卒劾荣禄引去。"[1] 至"抗疏争"一事，据况周颐所作《礼科掌印给事中王鹏运传》中说："二十二年春，上奉皇太后，驻跸颐和园，鹏运上疏曰：'窃自今年入春以来，皇上恭奉皇太后驻跸颐和园，诚以听政之暇皇上得以朝夕承欢，而事机之来，皇太后便于随时训迪，圣慈、圣孝信两得也。况御园驻跸，祖宗本有成宪，如臣梼昧尚复何言，然跽跽之忱，以为皇太后园庭驻跸，顺时颐养，以迓祥和，诚天下臣民所至愿，若皇上六飞临驻，揣时度势，有不得不稍从缓图者，谨为我皇上敬陈之。自和议既成之后，财匮民离，敌骄国辱，久在圣明洞鉴之中，无俟微臣赘述。恭读去年四月硃谕，我君臣当坚苦一心，力图自强之策，至哉王言！今日非力持坚苦之操，难策富强之效，圣言及此，真天下之福也……臣非不知我皇上宵衣旰食，在宫在园，同此励精图治。然宸衷之艰苦，左右知之，海内臣民不能尽悉也；在廷知之，异域旅人不能尽见也。恐或以温清之晨昏，为宸游之逸豫，其何以作四方观听之新，杜外人觊觎之渐哉！臣又闻皇上前次还宫，乙夜始入禁门，不独披星戴月，圣躬无乃过劳，而出警入跸之为何，亦非慎重乘舆之道。又今之颐和园与圆明园情形迥异，其时承平百年，各署入职之庐，百官待漏之所，规模大备，相习忘劳；今则芜废已逾三十年，一切办公处所，悉皆草创，俱未缮完。大臣虽仅有憩息之区，小臣之踯躅宫门，露立待旦者，不知凡几。而缀衣趣马，先后奔走于风露泥沼之中，更无论矣。体群臣为九经之一，亦愿皇上垂鉴及之也。又近读邸钞，立山奉命管理圆明园，皇上两次还宫，皆至园少坐，外间讹传，遂疑有修复之举。臣愚以为值此时艰，断不至以有限之金钱，兴无益之土木，且借贷业已不赀，更何从得此巨款，此不足为圣明虑。然臣因之窃有进者：当同治改元之始，御园甫经兵燹，兴葺匪难，乃竟听其芜废，岂惮劳惜费哉？盖欲使深宫不自遐逸之心昭示于薄海内外，是以数年之内，海宇敉平，武功克葳。前事具在，圣谟孔彰。伏愿皇上念时局之艰难，体垂帘之德意，颐和园驻跸，请暂缓数年。俟富强有基，经营就绪，然后长承色笑，侍养湖山。盖能先天下之忧而忧，自能后天下之乐而乐。其所谓以

---

① 康有为：《寄赠王幼霞侍御》，姜义华等编校：《康有为全集》第12集，《国家清史编纂委员会·文献丛刊》，中国人民大学出版社2007年版，第184页。

天下养者，不且比隆虞帝哉！'”王鹏运此疏主旨有两点：（一）反对皇帝为安逸而常驻颐和园；（二）反对图遐逸而修复圆明园。慈禧挟持光绪驻跸颐和园，目的在监控光绪，遏制光绪在朝政处理上的独立倾向，便于继续控制清廷大权。至于修园之事，毕竟捕风捉影，王鹏运的谏阻行为，涉嫌干涉内廷事务，触犯禁忌，遭到慈禧的反击也是情理中的事情。“疏入，上欲加严谴，王大臣陈论至再，意稍解，徐曰：‘朕亦何意督过言官重，圣慈或不怿耳。’枢臣于鹏运折内夹片附奏，略谓‘鹏运虽冒昧渎奏，亦忠爱微忱，臣等公同阅看，尚无悖谬字样，可否吁恩免究？’意在声叙宽典之邀，出自臣下乞请也。疏留中，即日车驾恭诣请安，面奉懿旨：‘御史职司言事，余何责焉？王大臣奉谕旨，此后如再有人妄奏尝试，即将王鹏运一并治罪，著即传谕知悉。’”①

王鹏运《满江红·送安晓峰侍御谪戍军台》一词，作于松筠庵公饯安维峻之时。② 其词曰：“荷到长戈，已御尽九关魑魅。尚记得悲歌请剑，更阑相视。惨淡烽烟边塞月，蹉跎冰雪孤臣泪。算名成终竟负初心，如何是。天难问，忧无已。真御史，奇男子。只我怀抑塞，愧君欲死。宠辱自关天下计，荣枯休论人间世。愿无忘珍惜百年身，君行矣。”另有《八声甘州·送伯愚督护之任乌里雅苏台》一词，其上阕有句云：“是男儿万里惯长征，临歧漫凄然。只榆关东去，沙虫猿鹤，茫茫烽烟。”③ 送别安维峻一词寄寓了作者的尊君思想和以天下为己任的情怀，基本能代表此类官员的政治特征。他们在政治上的勇敢，完全来自正统尊君观念，爱国情怀，而非政治冒险。安维峻如是，王鹏运也是如此。他们敢于在维护君权之下冒犯权贵甚至皇太后，但却惮于结党名义而退避党争。王鹏运在强学会事件中的退避，戊戌政变中的违心脱免，均与其自身政治特征有关。他尚未从旧式士大夫的角色中蜕变出来，虽具有政治改良倾向，却未能以改良政治为职志。

戊戌年为康有为递折的重要人物有宋伯鲁、杨深秀，均为山东道

① 闵尔昌纂录：《碑传集补》（一）卷10，第20—22页。

② 安世忠：《先祖晓峰府君行状》，《评介甘肃举人〈请废马关条约呈文〉及其他》，李鼎文：《甘肃文史丛稿》，第310页。

③ 王鹏运：《半塘定稿》卷1《味梨集》，清光绪三十二年刻本，第6页。

监察御史，“戊戌变法台谏中唯二人恒上封事，言新政便利”[①]。胡思敬在《戊戌履霜录》中为其作纪，言：“宋伯鲁者，陕西醴泉人也，字芝栋，光绪丙戌进士。康有为初未进用，所拟变法章奏，未由上达，皆怂恿伯鲁言之，或传其受有为贿，莫能明也。革职后，有旨拿问，挈室逃避上海，求庇于英领事，剪发改西装。易姓为赵，以赵氏起检点为天子，有宋，本同出也。妇家颇饶赀财，赖以自给。”[②] 胡思敬认为宋伯鲁的政治行为是受康有为“怂恿”的结果，甚至怀疑他接受了康有为的贿赂。据孔祥吉《康有为变法奏章辑考》一书所列章奏，为宋伯鲁所代递的有 20 封之多。从时间上看，这些代递章奏从戊戌年二月始，直至政变前夕。除去三个弹章、一个保片外，剩余 16 封奏折均与变法内容有关。这些奏折从学校、外交，到“请设议政处”、“派员往美集大公司”、请“推新政”、请举办“经济特科”、“请改八股为策论”等，涉及变法的各方面。而最关键在于，这些折片体现的变法思想，均来自康有为授意，有无受贿情事并不能确定。单从折片显然不能判断宋伯鲁真实的思想状况，所以只能借助其他信息加以旁证，或能一窥其中端倪。

宋伯鲁（1854—1932），字芝栋，陕西醴泉（今礼泉）人，光绪十二年（1885）成进士，入翰林院，散馆授编修。光绪二十二（1896）年四月授山东道监察御史，后转为掌道御史。据孔祥吉于第一历史档案馆所搜集的相关资料[③]显示，在戊戌年代康有为递折之前，宋伯鲁即针对当时政治多次上书，要求澄清吏治，整顿军备。他于光绪二十二年的四次上书中，就长江水师的整顿、陕西商州一带的赈灾、为防止重大工程贪墨舞弊，积极筹措办法。光绪二十三年三月十二日（1897 年 4 月 13 日），宋伯鲁上《请添扣各项减平以裕利源折》，认为筹款之办法，

---

① 沃丘仲子：《近现代名人小传》上册，第 199 页。

② 胡思敬：《戊戌履霜录》卷 4，《退庐全集》，《近代中国史料丛刊》第 45 辑，第 1669 页。

③ 这包括光绪二十二年军机档记载，宋伯鲁于当年六月十五日递《长江水师积弊亟宜振整片》，八月二十六日递《请饬查傅汝梅劣迹片》，十一月二十日递《乡会试策题宜专问时务片》即《焚余草》卷下第 8 件的《变通乡会试片》（据茅海建《康有为、梁启超所拟戊戌奏折之补篇——读宋伯鲁〈焚余草〉札记》，《近代史研究》2011 年第 5 期），十二月十六日递《请振抚商州灾情片》（据孔祥吉《宋伯鲁与戊戌变法》，《人文杂志》1984 年第 2 期，注释 3、5、6、7）。

“节流不如开源，而开源之途有二：有创前此所未开者，取道纡而责效迟；有就已成之局而推广之者，用力省而成功易”。他所认为可以开源的“已成之局”，是“酌增减平之一法”。具体办法为：“查库平一两内核扣减平六分为京平一两，虽贵如王公巨卿，其廉俸莫不核扣，近如宗室觉罗，其钱粮亦莫不核扣，而外省旗绿兵勇饷干，或竟支库平，并不扣减，或按库平共减三四分不等，本非平允办法，然相延已久，无故亦不便更章，兹因筹款万难，不得已拟统按六分核扣。其向有支款占定者，仍准留用。此外添扣者，概令报解。每月每人所扣无几，似无伤于正体，而扣款每年约可得银百余万两。若仍不足用，或再将一分平余扣款普遍推广，每年又可得数十万，合之可得二百万。盖军需定例，惟采制运脚，除扣平外，每百两向扣平余银一两，余则不扣。”① 此折着发户部议奏，而户部在覆奏中，比较认可宋伯鲁所提办法。除认为，“若每两减平六分，一年约节省银八九十万两，实不及百余万之数”外，户部在覆奏中认为，“惟每年每月所扣无多，不至遽行困苦，而铢集寸累，积有成数，于库储不为无裨”。故在公同商量之后，户部“拟照该御史所议，行令各省自本年七月起，无论藩运道库及各局处所额支旗绿各营俸薪饷干米折养膳并各项经费津贴薪费口粮暨一切正杂各款，凡向支库平者，每两核扣六分，统按二两平发给……无论旧有防勇，新添练勇，以及学习洋操各军，凡饷项开支库平者，照数核扣四分，统按湘平发给。计各项减平扣出银数若干，应令按半年报部一次，专款存储，留备臣部拨还洋款”②。宋伯鲁这一提议，最终被核准推行。但是，这毕竟是以减俸的方式达到“开源”目的，无论这百十来万最终用在何处，而于生活清苦的京官来讲，仍然无异雪上加霜之举，难免引出怨气。虽然无资料显示宋伯鲁此后的人际关系状况，但从后来人们对其人品颇有訾议来看，有无上述因素影响，亦属未明之列。

从上述奏议活动中，虽不能看出宋伯鲁的任何维新倾向，但相对于作为制度监护者的御史而言，偏于政治筹措的行为表明其不满政治现状，期望有所改变。在《乡会试策题宜专问时务片》中，他疏请变通

① 朱寿朋编：《光绪朝东华录》（四），第3968页。

② 同上书，第3969页。

科场旧制，建议总理衙门颁印西学新书。[①] 这些主张，表明其思想具有政治开放性，很有可能接受维新思想，而与康有为合作。宋伯鲁在另一事件中的表现，也颇能佐证其思想的开放性，并展示了其一定的政治担当品质。

光绪二十三年（1897）“冬，割胶事起，伯鲁以为‘蹙地侵权’，怒焉忧之”，与阎迺竹（阎敬铭之子）、雷延寿、王步瀛（后为御史）王凤文、李岳瑞、焦连城、张翰等人筹划成立关学会，“次年正月成立，旋扩充为保国会”[②]。光绪二十四年二月十一日（1898 年 3 月 3 日）的《知新报》刊载了《京师关西学会缘起》及学规，内中申言：“国家盛衰之故，虽曰天命，岂非人事哉！日本维新之始，与我等耳。一二士大夫激于国耻，奋身不顾，倡大义以号召天下，鞲鞲一鼓，万钧转移，上下从风，以有今日。我则二百年来官守成法，士耽俗学，习熟见闻，以为当然，塞聪蔽明，冥冥长夜，胥十八行省四百兆人而成为不仁之疾，若之何而不为人吞噬也。德发难端，闹聚胶墨，咽喉之道鲠；英觊长江，耀兵舟山，财富之区危；俄舰麇集，养虎自卫，腹心之疾亟……兴言及此，能无痛心。夫保种之道，曰仁与智，智以开物，仁以乐群，两物相切而热力生，两心相摄而吸力固，爰呼将伯，共事讲求，惟会友以辅仁，先尚通而去塞，通其耳目，通其心知，通其血气，通其财力，远师希文忧乐之怀，近宏横渠胞与之旨，深怵亭林匹夫之责，相勖南雷待访之业，以绵我孔子二千余载坠地之教宗，酬我圣清二百余年涵濡之厚泽。”[③] 在这个“缘起”中，无论有无提到效忠清朝，事实上一个超越政权的国家概念呼之欲出。无论保种抑或兴教，都已经超脱于对政权的报效观念。古代士人以天下为己任的博大胸怀，在其中渐趋苏醒。在“缘起”中，宋伯鲁等人也强调了思想解放的必要，展现出一种政治追求而非投机的可能。关学会“以鲜明的爱国主义宗旨，吸引了许多有志于改革的士大夫，为后来

① 据孔祥吉《宋伯鲁与戊戌变法》一文。

② 汤志钧：《戊戌变法人物传稿》（上册），第 309 页。

③ 《京师关西学会缘起》，中国史学会主编：《戊戌变法》（四），第 426 页。

保国会之成立，从组织上做了准备”[①]。

据此而判断宋伯鲁在此时的思想中存着一个振兴国家的理想当不会太过错谬。因此宋伯鲁与维新派接近纯粹为志趣相投的结果，代康有为递折也应当出于自愿。这一点又可以从他在变法中能坚持到底的表现作一证明。自康有为维新思想遭到攻击之时，便有人从追风变法的队伍中后退了。更有甚者，在危机渐萌之时，甚至走向了维新变法的对立面，不仅在于自保，更是一种赤裸裸的邀功请赏行为。而宋伯鲁没有做这样的政治投机，在逃亡过程中，一度甚至剪辫易服，恐怕也并非为安全考虑。毕竟在当时，即便是上海那样的华洋混居之地，剪辫的华人也会很显眼。

杨深秀（1849—1898），“字漪村，本名毓秀，又号孴孴子，山西闻喜人”[②]。据梁启超《杨深秀传》记述，杨深秀“少颖敏”，“博学强记”，于古代经典“皆能举其辞”，又能“钩玄提要，独有心得，考据宏博，而能讲宋明义理之学”，“为山西儒宗”。张之洞巡抚山西，创令德堂，特聘杨深秀为山长，“教全省士以经史考据词章义理之学”[③]。胡思敬在《戊戌履霜录》中，对杨深秀亦有其人“勇敢负气”[④] 的评价。据民国七年版《闻喜县志》，杨深秀“性鲠直而热诚，朋友急难，恒忘身顾之……而好面折人非，论学问一字不假借。贤者多敬畏之，不肖者皆貌恭而心忌之”[⑤]。如此刚直之人，在政治上便少有策略上的迂回和妥协。《凌霄一士随笔》中有关杨深秀的记载，也颇能显其性格。其记如下：“杨深秀官御史，虽屡上封事，而视四卿之邀特擢赞密勿者有间（康广仁因其兄之关系，又当别论），乃亦同时遇害者，以垂帘诏下后，特疏诘问，请即撤帘归政，故西后必杀之也，可谓最有大无畏之精

① 孔祥吉：《宋伯鲁》，戴逸、林言椒：《清代人物传稿》下编卷 1，辽宁人民出版社 1984 年版，第 103 页。

② 汤志钧：《戊戌变法人物传稿》上册，第 115 页。

③ 梁启超：《杨深秀传》，陈书良编：《梁启超文集》，北京燕山出版社 1997 年版，第 473 页。

④ 胡思敬：《戊戌履霜录》，《退庐全集》，第 1666 页。

⑤ 杨韨田纂修：《闻喜县志》卷 16 下《名贤》，民国七年版，《中国地方志集成·山西府县志辑》60 集，凤凰出版社 2005 年版，第 516 页。

神者。”[①]

孔祥吉在考证杨深秀被顽固派杀害的原因时，不同意过往公认的“抗章请撤帘，碧血飞喷薄”[②] 的说法，认为“此说不一定准确”[③]。关于“抗章撤帘”的说法，最早见于梁启超为杨深秀所作传中。原文如下：“至八月初六日，垂帘之伪命既下，党案已发，京师人人惊悚，志士或捕或匿，奸焰昌披，莫敢撄其锋。君独抗疏诘问皇上被废之故，援引古义，切陈国难，请西后撤帘归政，遂就缚。”[④]《清史稿》亦持此说，但在叙述上却又有不同。《清史稿》的原文如下：“八月，政变，举朝惴惴，惧大诛至，独深秀抗疏请太后归政。方疏未上时，其子韨田苦口谏止，深秀厉声斥之退，俄被逮，论弃市。”[⑤]《清史稿》加入杨深秀子韨田苦谏的内容，可见另有资料来源，似可旁证奏疏已经上呈。

胡思敬《戊戌履霜录》亦记其事，曰“宋伯鲁与深秀同官山东道监察御史，同以百口保康有为，党祸兴，伯鲁遁去，深秀犹上书诘有为罪名，请太后撤帘归政，遂被逮，戮死西市”[⑥]。但孔祥吉认为，奏疏是否递上，“梁启超却并未言及”，而《清史稿》在作《杨深秀传》时，受了梁启超一文的影响，且“《清史稿》所述模棱两可，语多含混”。而孔祥吉在清宫档案、记录中多所搜寻后，却并无此折踪迹。其结论为：“清宫档案对杨此折没有丝毫反映，说明梁的说法并不可信。戊戌政变骤然爆发，康梁等人匆匆逃离，以致‘不及整装’，因此，杨折是否递上，康梁等只是依据传闻，并未目睹其事。”[⑦]

另外，编于民国七年的《闻喜县志》对杨深秀被捕前有一段记载，也似乎能说明这一点。此段记载为：“子韨田侍京，因疡生于颊就医友寓。八月初九日午前，至友寓，谕韨田曰：‘连日探信，知上已被囚，四新参皆不得见，未省作何计划，今惟有往南苑招董军耳。吾今即拟亲

---

① 徐凌霄、徐一士：《凌霄一士随笔》（二）“六君子”之死条，《民国笔记小说大观》第3辑，山西古籍出版社1997年版，第629页。

② 康有为：《六哀诗·故山东道监察御史闻喜杨公深秀》，姜义华等编校：《康有为全集》第12集，第218页。

③ 孔祥吉：《戊戌维新运动新探》，湖南人民出版社1988年版，第288页。

④ 梁启超：《杨深秀传》，《梁启超文集》，第475页。

⑤ 赵尔巽等撰：《清史稿》第42册卷464《列传二百五十一》，第12744页。

⑥ 胡思敬：《戊戌履霜录》，《退庐全集》，第1668—1669页。

⑦ 孔祥吉：《戊戌维新运动新探》，第288—289页。

往动以忠义，俾救主上，上反正则新政大行，不成彼不过缚送我耳。'钹田微劝，厉声斥之。方出门，有寓邻来告，缇骑已至寓。顿足曰：'昨晚始得确耗，迟一日，事不可为矣。'又返坐训钹田以大节数语，又与友人谈笑，少顷从容返寓就逮。"①

从上述记载来看，从八月初六政变发生到八月初九被捕，杨深秀始终处于自由状态。他"连日探信"，目的在于确知光绪处境，以及从"四新参"获得下一步行动计划。杨深秀直到"昨晚始得确耗"，"知上已被囚"，故在八月初九日才有欲往南苑劝说董福祥"救主"的计划。政变当天，慈禧以光绪名义发上谕，宣布训政，邸抄原文转录，众人可见。另外一条上谕，便是以"滥保匪人，平素声名恶劣"理由，饬革宋伯鲁，且"永不叙用"②。除此之外，并无及其他人。可见此时，后党一伙尚无暇顾及参与变法众人。可以肯定，杨深秀若在此时呈递"撤帘"的奏疏，绝不会迟至政变三天后才被捕。而且包括军机四卿在内的戊戌六君子，多数人都不认为自己有罪。有的坐等捕快上门，有的干脆"自投狱"。杨深秀在遗诗中，自述被捕原因。孔祥吉摘引其前一章，以说明杨深秀被捕缘于"积毁"，"并非是由于上封事而引起"③。

民国七年版的《闻喜县志》有关于此诗的记述，并收录全文。所据版本佚句，则由报纸补入。《县志》云："狱壁抄出遗诗三章，辞曰：'久拼生死一毛轻，臣罪偏由积毁成。自晓龙逢非俊物，何尝虎会敢从行。圣人安有胸中气，下士空思身后名。缧绁到今终不怨，未知谁复请长缨。长鲸跋浪势凭陵，靖海奇谋愧未承。每耻汉边多下策，尚思殷武有中兴。孤臣顿作隍中鹿，酷吏终差殿上鹰。平日敢言成底事，覆盆秋水已成冰。自信清操不受污，孤忠毕竟待天扶。丝纶阁下千言尽，车盖亭边一字无。经授都中愧盲杜，诗成狱底学髯苏，朝来鹊喜频频送，尚忆墙东早晚乌。'"杨深秀在开首句，即点明其罪名由"积毁"而成。而"平日敢言成底事，覆盆秋水已成冰"一句，除去强调过往言行已成定案，可证明其"清操"外，同时也可能成为构陷他的罪证，毕竟孤忠"待天扶"。杨深秀的个性或许为他遭遇"积毁"提供了最合理的

① 杨钹田纂修：《闻喜县志》，第516页。

② 中国第一历史档案馆编：《光绪朝上谕档》第24册，第416页。

③ 孔祥吉：《戊戌维新运动新探》，第289页。

依据。《县志》中存有这样一条史料："刚毅任晋抚时，往来颇稔，及授大学士，遍拜山西京官，独不往贺，又不答拜，曰：'本朝不许言官与宰相往来，吾守法也。'先是，有内廷总管白姓者投刺，告门者曰：'吾与主人有乡谊，慕名请见，如有所图，吾能为力。'刺入，谢不见。曰：'内监例不得交汉官，吾其假宦者汲引乎？'招忌敛怨，皆此类也。"①

或许，导致杨深秀被诛，还另外有因。据胡思敬《戊戌履霜录》载，杨深秀与文悌曾经同职宿斋宫，"尽闻宫中隐事，夜半愤髯起曰，八旗宗室中，如有徐敬业其人，我则为骆丞矣。或以韬晦戒之，则曰，本朝气数，已一息奄奄待尽，尚能诛谏官乎？其狂肆如此"②。而同一件事，梁启超记述更加详悉，其文曰："御史文悌者，满洲人也。以满人久居内城，知宫中事最悉，颇愤西后之专横，经胶旅后，虑国危，文君门下有某人者，抚北方豪士千数百人，适同侍祠，竟昔语君宫中隐事，皆西后淫乐之事也。既而曰：'君知长麟去官之故乎？长麟以上名虽亲政，实则受制于后，请上独揽大权，曰：西后于穆宗则为生母，于皇上则为先帝之遗妾耳，天子无以妾母为母者。其言可谓独得大义矣。'君然之。文又曰：'吾奉命查宗人府囚，澍贝勒仅一袴蔽体，上身无衣，时方正月祈寒，拥炉战栗，吾怜之，赏钱十千。西后之刻虐皇孙如此，盖为上示戒，故上见后辄颤。此与唐武氏何异？'因慷慨诵徐敬业《讨武氏檄》'燕啄王孙'四语，目眦欲裂。君美其忠诚，乃告君曰：'吾少尝慕游侠，能逾墙，抚有昆仑奴甚多，若有志士相助，可一举成大业。闻君门下多识豪杰，能觅其人以救国乎？'君壮其言而虑其难。时文数访康先生，一切奏章，皆请先生代草之，甚密。君告先生以文有此意，恐事难成。先生见文则诘之，文色变，虑君之泄漏而败事也，日腾谤于朝，以求自解。犹虑不免，乃露章劾君与彼有不可告人之言。以先生开保国会，为守旧大众所恶，因附会劾之，以媚于众。政变后之伪谕，谓康先生谋围颐和园，实自文悌起也。"③

关于围园一事，康、梁均矢口否认。而袁世凯在《戊戌日记》中，

① 杨韨田纂修：《闻喜县志》，第516页。

② 胡思敬：《戊戌履霜录》，《退庐全集》，第1668页。

③ 梁启超：《杨深秀传》，《梁启超文集》，第474—475页。

则记述了谭嗣同筹划诛荣禄围颐和园的情况，加之20世纪80年代日本外务省档案中，毕永年《诡谋直纪》的发现，使这一问题已成定论。杨天石也据此连续作文[①]加以论证，只是其中细节尚有多处待明确。既如此，梁启超上述关于文悌的记载，便有欲盖弥彰之嫌。但是，即便不存在与文悌的值宿夜谈之事，上述谈话中所涉及内容也应该是帝党及维新诸人曾经交流过的。杨深秀作为变法的积极参与者，围园之谋或与他有相当关系。这从他八月初九企图到南苑劝说董福祥的事情，便可看出在他思想中，调动军队救助光绪帝是一个很自然的事情，并无临时慌张的表现。针对哪支军队，如何施行，行动计划，恐怕此前已有商量。否则，当政变发生后，杨深秀便不会尝试见到"四新参"，更不会期待得到一个"计划"。虽然无法确定这个"未省作何计划"的具体所指，也许仅是一个应对局势的临时性策略，抑或是曾经筹划而需执行的某些步骤，但杨深秀要"往南苑招董军"行劝说的筹划，却无疑与《戊戌日记》中谭嗣同的行为极相契合。如此来说，杨深秀或因围园而受戮，便与多种信息最相吻合。民国七年版的《闻喜县志》正由其子韨田所纂，其可靠性毋庸置疑。

关于杨深秀的死因，《北京戊戌变法史》一书也给出一些探讨意见可供参考。[②] 杨深秀于"光绪己丑第进士三甲，以原官即用，旋补刑部江西司员外郎，转山东道监察御史。尝言，作言官当审时。圣明之世，庶政举，贤才进，言官当以弹劾不肖为天职，去一不肖，则进一贤才，裨益多矣。叔季之世，言官但言事耳，无须劾人。去一恶人，来者加厉，何益乎？革一弊兴一利，国与民并受福矣，何必不为鸾凤而为鹰鹯乎？尝愤甲午之耻而无由申，既获言职，遂以澄清天下为己任。见康有为志趋略同，因定交，屡上变法之奏，如定国是、联友邦、废科举、兴学校、考庶官、举人才诸大政，皆倡议以为天下先"[③]。杨深秀与康有为的关系，《戊戌履霜录》有其记载："康有为初入京，与相见，即褒

---

① 《康有为谋围颐和园捕杀西太后》，《光明日报》1985年9月4日；《康有为"戊戌密谋"补证》，《文汇报》1986年4月8日；《天津"废弑密谋"是维新派的虚构》；《围园杀后——康有为的武力夺权密谋》；《袁世凯〈戊戌纪略〉的真实性及其相关问题》。这些文章，均收入《晚清史事》一书中。

② 刘高：《北京戊戌变法史》，北京燕山出版社2001年版，第215—217页。

③ 杨韨田纂修：《闻喜县志》，第515页。

奖不置，称为西北一人。”[①] 可见双方相友善，乃建立在志趣相投、相互欣赏之上。杨深秀被授予山东道监察御史在光绪二十三年（1897）底，德国刚于上月出兵侵占了胶州湾。情感遭受巨大冲击的杨深秀于履新第二日，便上《时事艰危谨贡刍议折》，发出“时势危迫，不革旧无以图新，不变法无以图存”[②] 的警语。《北京戊戌变法史》一书参比《杰士上书汇录》所载康有为《上清帝第六书》的呈递时间，认为“在胶湾事变之后，光绪帝最早听到的变法倡议，却是首先来自杨深秀”[③]。

在此之后，杨深秀呈递了大量奏章。《清史稿》记载为：“官台谏十阅月，封事二十余上，稿不具存。”[④] 梁启超在《杨深秀传》的记述中，也证明了这一点：“三月以来，台谏之中毗赞新政者，惟君之功为最多。”[⑤] 而孔祥吉经核对档案、记录后，则认为《清史稿》于此的说法并不准确。他认为，“杨深秀官台谏九月，上封事十七件”[⑥]，并非“二十余上”之说。这些奏章“多与新政有重要关系”。由于与康有为的接触，其所上奏疏大多由康有为代拟。据《康有为变法奏章辑考》显示，为杨深秀代拟的奏章共有 13 封。这些奏折涉及请定国是、废八股、定文体、议游学、派近支王公游历、开馆译书、请御门誓众等诸多方面。而其中与宋伯鲁、徐致靖等共同推动的正文体、废八股、停科举的奏议活动意义重大。梁启超对此有较详记载：“君与康君广仁交最厚，康君专持废八股为救中国第一事，日夜谋此举。四月初间，君乃先抗疏请更文体，凡试事仍以四书、五经命题，而篇中当纵论时事，不得仍破承八股之式。盖八股之弊，积之千年，恐未能一旦遽扫，故以渐而进也。疏上，奉旨交部臣议行。时皇上锐意维新，而守旧大臣盈廷，竞思阻挠，君谓国是不定，则人心不知所向，如泛舟中流而不知所济，乃与徐公致靖先后上疏，请定国是。至四月二十三日，国是之诏遂下，天下志士喁喁向风矣。”[⑦] 从这段记述来看，杨深秀所参与推动废八股、正

① 胡思敬：《戊戌履霜录》，《退庐全集》，第 1666 页。
② 赵尔巽等撰：《清史稿》第 42 册，第 12743 页。
③ 刘高：《北京戊戌变法史》，第 213 页。
④ 赵尔巽等撰：《清史稿》第 42 册，第 12744 页。
⑤ 梁启超：《杨深秀传》，《梁启超文集》，第 475 页。
⑥ 孔祥吉：《宋伯鲁》，戴逸、林言椒：《清代人物传稿》下编卷 1，第 120 页。
⑦ 梁启超：《杨深秀传》，《梁启超文集》，第 473—474 页。

文体的活动，主要受康广仁的影响。《清史稿》对此有所记述："康广仁，名有溥，以字行，有为弟。少从兄学。有为上书请改革，广仁谓当先变科举，庶人才可出。其后罢乡会试、制艺，而岁科试未变，广仁激励言官抗疏论之，得旨俞允。"①《清史稿》的这段记述显然取自梁启超的《戊戌六君子传》，只做了简化而已。

康广仁关于改革科举的主张，梁启超作《康广仁传》，记述比较详悉。其文曰："今年春，胶州、旅顺既失，南海先生上书痛哭论国是，请改革。君曰：'今日在我国而言改革，凡百政事皆第二着也，若第一着则惟当变科举，废八股取士之制，使举国之士，咸弃其顽固谬陋之学，以讲求实用之学，则天下之人如瞽者忽开目，恍然于万国强弱之故，爱国之心自生，人才自出矣。阿兄历年所陈改革之事，皆千条万绪，彼政府之人早已望而生畏，故不能行也。今当以全部精神专注于废八股之一事，锲而不舍，或可有成。此关一破，则一切新政之根芽已立矣。'盖当是时犹未深知皇上之圣明，故于改革之事，不敢多所奢望也。及南海先生既召见，乡会八股之试既废，海内志士额手为国家庆。君乃曰：'士之数莫多于童生与秀才，几居全数百分之九十九焉。今但革乡会试而不变岁科试，未足以振刷此辈之心目。且乡会试期在三年以后，为期太缓。此三年中，人事靡常。今必先变童试、岁科试，立刻施行然后可。'乃与御史宋伯鲁谋，抗疏言之，得旨俞允。"② 于此可见康广仁于中国的改革有相当的见识，很符合他"长于治事之条理"③的性格特征。

从正文体、废八股，再到停科举，杨深秀虽未参与细节，但始终是积极的支持和推动者。光绪二十四年四月十三日（1898 年 6 月 1 日），杨深秀代康有为呈递《请斟酌列代旧制，正定四书文体折》，并附三个奏片：《请议游学日本章程片》、《请派近支王公游历片》及《请筹款译书片》。为造成一定声势，康有为同时授意御史李盛铎呈递相近内容的奏折。在奏折中，变法者申言："窃自取士之法未善，用非所学，学非所用，制艺帖括，消磨人才，因有建议欲变科举，废四书文者。臣窃惟

① 赵尔巽等撰：《清史稿》第 42 册卷 464《列传二百五十一》，第 12747 页。

② 梁启超：《康广仁传》，《梁启超文集》，第 467 页。

③ 同上书，第 466 页。

制艺之科，行之已数百年，沿袭至今，适承其弊，若不思变计，固无以得人才，若骤更成法，亦复猝无善策。尝统筹利弊，熟计轻重，以为非立法不善之为害，而实文体不正之为害也。故欲求真才，必自厘订文体始。"① 变法者在主张废除八股文体的同时，并不反对四书五经。奏折中的解释为："夫因文体之极弊，而并欲废四书文者，过激之谈也；因四书之足贵，而并袒护今日之文体者，不通之论也。正文体乃以尊四书，变流弊乃以复旧制。"② 可见，康有为等维新者，在变法问题上采取了谨慎态度。但正如梁启超所言，这种谨慎在于"盖当是时犹未深知皇上之圣明，故于改革之事，不敢多所奢望也"，却并非针对全局的考虑。这与维新者在处理与守旧势力关系时的轻率，显成对照。后一事则成为改革者的重大政治失误。

在得到光绪帝积极回应之后，康、梁等变法者受到极大鼓舞。于是便授意徐致靖等上奏折，请明定国是。四月二十三日（1898 年 6 月 11 日），"国是之诏遂下"。四月二十六日（1898 年 6 月 14 日），李盛铎、宋伯鲁等人便上奏折，请推新政。四月二十九日（1898 年 6 月 17 日），宋伯鲁上奏折，请改八股为策论。随后便是一系列有关教育及科试改革方面的奏议，最终完成了废八股、停科举的目标。康广仁主张先行消化改革成果，为下一步制造基础，而康有为则以"初被知遇，天眷优渥，感激君恩，不忍舍去"③，终至悲惨结局。

维新变法期间，言路大开，身当言职的御史，面对国家危难，积极筹措办法，寻觅人才，认同并推荐康有为与此时的政治环境有直接关系。众多御史及有言职学士参与到维新变法活动中，甘愿接受康有为的指授，并代递奏章，除去党派政治因素之外，其中确实存有一份政治理想。而从康有为一方，利用言官的奏劾权力为变法造势，确也是其策略所在。汤志钧便认为："康氏曷为仅矢握管之劳，不行呈奏之实耶？曰：配合上书，耸动上听，示纳众议，明诏易颁耳。溯自甲申中法战后，有为即上书言事；乙未马关签约，复开强学会以联络帝党，汲取舆论，倡导变法；丁酉割胶事起，又设保国会，团结官僚士大夫，推动维新。自

① 孔祥吉：《康有为变法奏章辑考》，第 204 页。

② 同上书，第 206 页。

③ 梁启超：《康广仁传》，《梁启超文集》，第 468 页。

草折稿，怂恿代递，既明吁请者之来自多方，复可相互援用，以示‘群议’。如请‘明定国是’之代杨深秀、宋伯鲁、徐致靖各为拟稿分别递上也。而代递诸公，或台谏，或学士，不当权之官僚也，外辱频仍，国势岌岌，赞同变法之谊，代尸递书之名，时人虽知其原委，后人转重事稽核。”① 御史显然是康有为刻意结交笼络的对象，无论他们从什么目的出发而参与其间，无疑都对变法活动起了推动作用。除前述两阶段代递奏折的主要御史外，尚有一些御史也或多或少参与了这项活动。据《康有为变法奏章辑考》一书所载，从戊戌年前到戊戌年四月，御史陈其璋代递奏折达八首之多，主要集中于外交和经济方面。

陈其璋，“号云仲，浙江省归安县东林山人，清咸丰选元，同治戊辰朝元。光绪十七年辛卯补授御史，历任陕西道、福建道、京畿道、掌广东道、掌京畿道监察御史，历署河南道、山西道、湖广道、福建道监察御史。吏科、户科给事中，历充督理五城街道御史，考试笔帖式，满翻译，汉誊录，满汉荫生，翻译中书，甲午科文武乡试，乙未科翻译会试，丁酉科乡试，戊戌科会试各监试，实录馆校对，会典馆纂修。在御史任时，廉洁自守，敢言直陈，铁面无私，严劾贪污，关怀救国，并力图自强，举行新政，如开矿造路，以及创兴学校，鼓铸银币诸要政，靡不条陈入告，一一见诸实行，其奏疏传诵一时。每遇奏事之折，必亲自楷书留传，自草书稿两册，由他的儿子陈祖治家藏”②。《荣禄存札》中有陈其璋写给荣禄的一封书札，从中约略可以了解其戊戌后的境遇。书札内容为：“其璋闲居鄂渚，瞬届年关，更调之期，毫无把握。此次奉文交卸，细加察访，实缘六月间巴东匪案议结偿恤六千串，批饬就地筹款。其璋以此案系会匪黄兰亭借仇教为名，纠众起事，与民教相仇不同。曾经禀请援照二十四年长乐会匪向策安闹教成案，仍由省拨款，致拂宪意，因而借端保甲，严词批饬。嗣悉谣言之不实，复又以约束教民之告示不应有外人衔名。现在此二事均已寂然不提，即恤款之六千串亦准在绅商捐项下动拨，仍如所禀办理。似督宪意已转圜，当不至再存芥

① 汤志钧：《戊戌奏稿辑目》，社会科学战线编辑部编：《中国近代史研究论丛》，吉林人民出版社1981年版，第150页。

② 史籍中关于陈其璋的资料极少，今所引陈其璋简历，为孔祥吉《康有为变法奏章辑考》一书所载陈祖治纂修内容。

蒂。惟念三十年辇下亏负重重，迨至出守彝陵，又复著名瘠苦，旧累新累，愈积愈深。目下坐困省垣，仅恃借贷度日，设竟久闲无缺，即亲友处亦无可通融。旅况维艰，实有迫不及待之势。夙蒙垂爱，用敢一再渎陈。务求俯念窘情，于湖广督宪处切实函托，另行调署一缺，出自逾格成全。感荷恩施，无任急切待命之至。”此札注释中说：“此札约作于光绪二十八年冬，时任湖北宜昌府知府。”① 但从书札看，似已因教案处理分歧触怒湖广总督张之洞而落职。“设竟久闲无缺”一句显示，他正处于候补状态。因届年关“更调之期”，故写信给荣禄，“务求俯念窘情，与湖广督宪处切实函托，另行调署一缺”。其“惟念三十年辇下亏负重重，迨至出守彝陵，又复著名瘠苦，旧累新累，愈积愈深”一句，显示了他出任宜昌知府，系受惩处的结果。其“坐困省垣，仅恃借贷度日”一句，反映出他极度落魄的窘境，当是受戊戌变法之累。陈其璋之外，其他与康有为交往而参与代递，尚有御史张仲炘②、文悌、李盛铎及给事中高燮曾③。

第二节　戊戌政潮中的御史选择

晚清政局中的派系问题，一直为研究者所关注。在民国时期充斥报刊杂志的野史笔记中，多有关于派系纷争的描述。在一些研究著述中，也多有关于晚清派系的论述，或以之为题，或结为章节。其中，“帝党”、“后党”的划分，颇影响研究者的视物角度，也是清末政治研究无可逃避的主题。在甲午战争研究中，戚其章便较多地关注帝后因素的政治作用。因此戚其章先后作文予以阐述④，而其他以此为论者尚多，此不赘述。而台湾学者林文仁，向以政治派系为研究视角。其硕士论文

① 《陈其璋札》，杜春和等编：《荣禄存札》，《义和团资料丛编》，齐鲁书社 1986 年版，第 257—258 页。

② 茅海建在《我史》原稿中注意到，“原稿本有‘又为张仲炘草请战折’一句，后被删去，然此中透漏出康、张关系”（茅海建：《从甲午到戊戌：康有为〈我史〉鉴注》，生活·读书·新知三联书店 2009 年版，第 236 页）。

③ 在《从甲午到戊戌：康有为〈我史〉鉴注》第 234 页，茅海建说：“我以为，此中似有一种可能：即高燮曾附片是康本人或其党人起草的”。

④ 参见戚其章《论甲午战争初期的帝后党争》，《山东社会科学》1987 年第 2 期；戚其章《论甲午战争后期的帝后党争》，《山东社会科学》1990 年第 6 期。

便以“南北之争与晚清政局”为论，后更以“派系分合与晚清政治”为题结为著作。① 可见，派系问题确为影响晚清政治的一大因素，无论身处其间者，还是后来研究者，都不能避其不见。御史作为帝王耳目，监控“党祸”本为职责所在。然身陷派系纷争之中，作若何取舍，却并非个人意愿所能达成。

咸丰过早离世，使清廷进入幼主嗣承皇统的时期。慈禧借助奕䜣等政治势力，以政变形式废除了由肃顺等组成的赞襄辅政体制，而建立起垂帘辅政体制。再因同治亲政未久即过世，“德宗由亲藩入承大统”②，垂帘体制得以延续。光绪十三年（1887）正月，德宗开始亲政，慈禧训政。十五年（1889）正月，光绪大婚之后，慈禧太后撤帘归政。“太后虽归政，而进退大臣多由懿断，非上所得专。故命文臣侍郎、巡抚以上，武臣都统、提督以上，得赏受官者，赴太后前谢恩。”③ 因此，慈禧并未放弃对政权的掌控，撤帘之后，仍然处于实质的监政状态。据茅海建考证，早在慈禧撤帘前一年，一种事后报告制度被确立下来。光绪十四年十一月初十日（1888 年 12 月 12 日），军机大臣世续、额勒和布、张之万、许庚身、孙毓汶上奏，言：“明年二月，恭逢归政大典。除业经归复旧制各事无庸另议外，现在应办之事，有应归复旧制者，有仍应暂为变通者，臣等悉心商酌，并与醇亲王面商，意见相同，仅拟条目恭候钦定。”在所拟条目中，有两条内容规定了事后报告制度。这两条内容：“一，在京各衙门每日具奏折件，拟请查照醇亲王条奏，皇上批阅传旨后，发交臣等另缮清单，恭呈皇太后慈览。至内阁进呈本章及空名等本，拟请暂照现章办理。一，每日外省折报，朱批发下后，查照醇亲王条奏，由臣等摘录事由及所奉批旨，另缮清单恭呈皇太后慈览。”④ 这项制度，直接由光绪亲政后的《随手档》记录体现出来。《随手档》中往往有将“朱批折件”、“早事传旨事由单”或“电旨”，“缮递”给慈禧的记载。通过这些“缮递”文件，慈禧便能把握基本的朝政状况。“从《随手档》中可以看出，军机章京每日‘缮递’的‘朱批

① 参见林文仁《南北之争与晚清政局》、《派系分合与晚清政治》两书。

② 胡思敬：《审国病书》，《退庐全集》，第 1257 页。

③ 赵炳麟：《光绪大事汇鉴》卷 9，《赵柏岩集》，第 480 页。

④ 中国第一历史档案馆编：《光绪朝上谕档》第 14 册，第 393—394 页。

折件事由单’、‘早事传旨事由单’及‘电旨’，都是在第二天进行的，无一例外。由此可见，这是一种事后报告制度。”① 另外在人事制度方面，慈禧建立了一个类似的限制机制。在同一份奏折中，有这样两个规定：“一，简放各缺拟请于召见时，请旨后由臣等照例缮写谕旨呈进。其简放大员及各项要差，拟请查照醇亲王条奏，由臣等请旨裁定后，皇上奏明皇太后，次日再降谕旨。一，满汉尚书、侍郎缺出，应升、应署，及各省藩、臬缺出，拟请暂照现章，由臣等开单进呈，恭候简用。”② 茅海建将此一机制定名为“事前请示制度”③。

慈禧对皇权如此安排，若从慎重角度，并无可厚非。对于一个尚处于历练阶段的新君而言，由上一代统治者在决策上实施的把关及监督，原本是一件完全合理的政治举措。这样的政治保障，可有效避免新任君主在决策上发生错误，并可保持国家政策的一贯稳定性。若一定要从权力斗争角度解读这一举措，那么慈禧把控核心权力，以确保自身安全，同样是一件无可厚非的事情。人们对慈禧控权的反感，主要来自正统的君权理念，不能接受妇人当国的政治异象。另外一个因素便是在国家危难之际，任何非常态政治现象，都可能成为人们追究责任的方面。尤其当人们的政治眼界至为狭隘之时，猜测、狐疑便成为代替政治理性的一个必然现象。从独断的皇权角度考察，光绪亲政还只是慈禧权力卵翼下的一个权力雏形，虽然从形式上保持了皇权在制度层面的运行和贯彻，但毕竟离皇权独断相差甚远。这样说并不否定光绪在皇权行使过程中的实际作用和权威，只是说这种权威被分享了。皇帝的决定，可能是最终结果，但也存在一个被修正的可能。

同样来自茅海建的观察，除了“缮递”及人事控制以外，“每天最重要的奏折及相关谕旨，军机处大臣须在当天上呈慈禧太后”④。但在呈进折片的选择上，光绪却有一定处置空间。据茅海建对光绪二十四年四月二十三日（1898 年 6 月 11 日）至八月初五日（1898 年 9 月 20

① 茅海建在《戊戌变法史事考》一书中对此有较详考证。此据《戊戌变法史事考》，生活·读书·新知三联书店 2005 年版，第 12 页。

② 中国第一历史档案馆编：《光绪朝上谕档》第 14 册，第 394 页。

③ 茅海建：《戊戌变法史事考》，第 29 页。

④ 同上书，第 16 页。

日），全部呈送慈禧太后的奏折进行比对，光绪帝对涉及康有为等人的一些奏折进行了隐瞒。尽管这种隐瞒的情况是极个别现象，但从中仍能看到光绪处理政事时的一定主动性。而正是这样一些“主动性”的展现，却提供了慈禧产生猜疑的条件。对于慈禧而言，权力脱出自己掌控是危险的事情。光绪处理政事自主性的增强，对慈禧是一种现实的威胁。而当光绪将某些政事隐藏起来，则是对慈禧赤裸裸的威胁。

如此皇权结构，确实存在莫大问题。慈禧作为监政势力，拥有皇权的大部分资源。从权力决定存在安全的角度，慈禧绝不允许皇权之中有另一势力的崛起。所以，即便亲政，光绪也只能共享皇权资源，而不能借分割皇权以划分势力范围。真正的问题，不在于能否分享还是独占皇权资源，而在于人们如何看这样的一种皇权存在形式。胡思敬在《国闻备乘》中便展示了人们对这一问题的看法：“同、光以来，内外重臣皆孝钦所亲拔。德宗虽亲政，实未敢私用一人，其势固已孤矣。唯翁同龢以东宫旧恩极力保护，汪鸣銮与同龢同乡相亲昵，张謇出同龢之门，志锐为珍妃亲兄，文廷式与志锐为旧交。数人相比虽公私不同，皆以保皇自任，附之者只贝勒载澍、户部侍郎长麟而已，余皆孝钦耳目也。”①胡思敬认为光绪孤立，本身就将光绪与慈禧对立起来。殊不知光绪与慈禧原本可以共享皇权，在现实政治中执掌皇权的不同部分。只需光绪抑制对权力的渴望，便会呈现政治安稳局面。只是光绪未能韬光养晦，以静待时。如此说，似乎将戊戌政变的责任全部归入被害一方，然而相对慈禧原有的静态权力框架，光绪一方在政变前则更显主动和活跃，便很能说明问题。韬光养晦仍然属于一种策略思维，而非协作谋求。其实皇权既可以分享，也能够以协作方式贯彻其专制能力，达到政治治理的目的。只是清末政治，未能出现这种基于信任的权力分享关系，即便在母子之间，实现权力互信亦是如此之难。

皇权共享机制的存在，对于只效忠于皇权而非确定对象的人们影响尚不很明显，而对一些专事钻营的政客，无疑存在一种选边的必要。但在正常情况下，选择光绪并不符合政客的政治投机原则。所以史全生认为，“胡思敬把帝党的阵容估计得太少了”，并进而认为“甲午中日战

① 胡思敬：《国闻备乘》，第90—91页。

争中凡反对慈禧太后和李鸿章妥协投降，戊戌维新运动中又主张变法自强的翰林、御史、部曹等，均属帝党之列”①，就未免把范围扩得太大了。至于甲午中日战争中的主战者以及戊戌变法中主张变法的人，主要是从国家危难角度主张政见，即便其中不乏投机者，也只是选择政治风向的问题，而并非在帝后两者之间作选择。一则，光绪帝并未具备吸引政治资源的能力，不具有与太后分庭抗礼的实力，便不会成为政治势力选择的目标。二则，戊戌维新兴起于甲午后，乃在国家内外危机交迫之下，救国思想酝酿、发展的结果，并非光绪一方的刻意之作。维新虽最终表现为政治事件，但在当时首先是一个思想潮流。在维新的政治决策过程中，掌握全部政治动态的慈禧，并未表示反对意向。既然并不能简单地将帝后因维新问题截然分开，便不能依据此点划分阵营。由此看来，胡思敬在帝后党的划分问题上，是以权力表征为基础，而非以政见分歧为依据。显然，对于尚处于传统政治体系中的清末政治，随意使用现代政治学理论中的政党概念，去审查当时的“党”派现象，发生理解性错误是很自然的结果。

基于上述分析，胡思敬所列被称为“保皇党”的成员，选择与皇帝站在一起，基本不属于政客投机的范畴。正如胡思敬所言，几人之间是一种“公私不分”关系。他们相对于光绪帝，只有辅助作用，并无能力与慈禧对抗。因此，即便“数人相比”，是否能以“党”划分政治群落，实在也很成问题。但在太后与皇帝之间，确实存在构建“帝党”、“后党”的条件与可能。这也正是慈禧太后时刻防范之所在，一旦认定威胁存在，相继的处理措施便会出现。这便是胡思敬所说：“孝钦更变多，有事辄先为所觉。丙申逐长麟、鸣銮，丁酉逐廷式、志锐，戊戌逐同龢、幽载湉于高墙，謇大惧，弃官还江南，托商务自隐，而保皇党无一能自存者矣。”② 至此，光绪一方更无所谓“党”的存在。而就是在此种情况下，变法活动却次第展开。光绪的变法活动，显然不是依靠自己所培植的政治势力在推行。而组成维新变法力量核心的康梁等人，到底是以效忠光绪皇帝为指归，抑或以孜求于变法的成功为目标，就成为

① 史全生：《论戊戌维新运动中的帝党》，《历史档案》1984 年第 4 期，第 90—98 页。
② 胡思敬：《国闻备乘》，第 91 页。

分析所谓“帝党”问题的关键。很显然，维新变法与拱卫皇帝，并非重合在一起的事情。只是在康有为等人的政治冒险计划中，这两件事情才重合在一起。而也正是通过这一事件，才投射出康有为等人的政治投机心理。如此，皇帝在维新变法中，便以一颗棋子存在，绝非政治目的，更非政治理想。既是如此，光绪在缺少亲己政治力量的情况下推行的变法活动，事实上纯粹基于皇权名义，而为皇权提供支撑的却是慈禧所控制的强大政治力量。如此来说，戊戌变法只是自甲午战败以来，人们强国御辱政治诉求表达的一个方面。一则，变法方案严重偏离守旧者的思维界限，而受到抵制甚至诋毁；二则，变法举措严重威胁甚至损害了一些人的利益，而遭到强烈反击；三则，也是最为关键之处，变法活动触及了慈禧太后的政治安全底线。当慈禧对变法活动的监控日益收紧之时，惊慌失措的改革者们，做出了极其错误的举动——图谋政变。这给慈禧太后最后扑灭变法提供了口实，更损害光绪与太后间的关系，彻底破坏了清末政治稳定的基础。戊戌变法如果从推翻清朝统治的角度，不能说是一场失败，因为变法成功瓦解了清廷政治稳定的信任基础。戊戌变法的失败在于它求强御辱的设计初衷未能实现。而在这场风云急剧幻化的政治事件中，作为帝王耳目的御史，从新旧两个方向参与其间，扮演了很独特的政治角色。

在晚清政局中，新与旧的对峙从 19 世纪中期开始，便已成为政争中一个不可忽视的因素。然而时至清末，基于新旧观念的分歧，逐渐与帝、后皇权纷争纠缠在一起，成为影响政治势力划界的一个基本条件。当然这仅是指存在政治派系划分的情况而言，在晚清政治中始终都存在一个游离态的政治因子，他们在表达政治态度时，主要依据其观念的状况，基本不受派系或利益因素主导，这便是“清议”。“清议”同样具有政治影响力，维系着一个较为稳定基于观念的政治趋向，且与政治中的党派势力保持距离。作为言官，御史中的多数人，在政治上仅处于“清议”状态，忠君是其职志，而于党派则保持警惕。当一些官员有鉴于甲午战败的教训，提出一些改革新主张时，在政治上首先起而反对的，便是一些思想保守或守旧的御史。

康有为《新学伪经考》一书刊布于光绪十七年（1891），将以往被奉为经典的大部分儒家经籍斥为刘歆伪作，如此一来，有清一代作为官方意识形态的理学便被连根拔起。康有为对儒家经典的辨伪之作是否剽窃廖平或袭取前人姑且不论[①]，单从学术角度来说，其主张缺少足够证据支撑，存在诸多缺陷，亦很难服众。当时任广雅书院山长的学者朱一新，便依历史证据对《新学伪经考》提出批评。朱一新（1846—1894），“字鼎甫，号蓉生。浙江义乌人。生而颖异，肄业诂经精舍。同治九年（1870 年），中举人。考官顺德李文田称其‘策对精核’。光绪二年（1876 年）成进士，改翰林院庶吉士。三年散馆，授编修。九年八月，以法人凌迫越南，上‘法夷荐食藩封定大计’一疏。十年四月八月，上‘和议难恃，敬陈管见’二疏。十一年为湖北副考官，取中多知名士。是冬补监察御史。十二年六月，疏陈‘海军事宜’。八月，上‘遇灾修省’疏，劾及太监李莲英，孝钦显皇后懿旨诘责，以主事降补。旋以母病请急归。粤督张文襄公之洞延聘，主讲端溪书院。十五年移掌广雅书院”[②]。朱一新为“同光新政”中的清流派人物，思想上保守，政治上抱持中兴理想。兴宋学，重儒道，是他用来达成理想的根本途径和依凭。康有为《新学伪经考》不顾证据篡改历史，否定宋人发明的“义理”，不能不触发朱一新的反对决心。即尚在《新学伪经考》撰述阶段，双方便已通过信函反复辩难。朱一新在答康有为第四书中说：“正以足下自处甚高，凡所论撰，皆为一世人心风俗计。仆故不敢不罄其愚，冀足下铲去高论，置之康庄大道中，使坐言可以起行，毋徒凿空武断，使古人衔冤地下，而吾仍不得六经之用也。道也者如饮衢尊然，无智愚贤不肖，人人各如其量，挹之而不穷。世之人以其平淡无奇也，往往喜为新论，以求驾乎其上，遂为贤智之过而不之悟。足下自视其愚乎，其智乎？毋亦有当损过以就中者乎？”[③] 朱一新对《新学伪经考》中显现的过分自信表示了不满。他反对康有为的“凿空武断”；反对为求“驾乎”六经之上，而不惜“为新论”的做法。

---

① 关于这一问题，在《新学伪经考》付印的当时，便受到来自各方的诘难和批评。此后，在史学界更是聚讼纷纭。朱维铮在《重评〈新学伪经考〉》一文中，进一步论证其剽窃和袭取前人的可能性。此为定谳，已无他疑。

② 番禺市地方志编纂委员会办公室主持整理：《民国辛未年（1931 年）番禺县续志》（点注本），广东人民出版社 2000 年版，第 481 页。

③ 《朱侍御答康有为第四书》，叶德辉编（实为苏舆所编）：《翼教丛编》卷 1，《近代中国史料丛刊》第 65 辑，文海出版社 1971 年版，第 29—30 页。

除朱一新以外，在御史中，从学术角度对《新学伪经考》提出质疑的还有给事中洪良品。洪良品（1827—1897），“字叙澄，号右臣，别号龙冈山人。黄冈洪家湾（今属武汉新洲）人”[①]。光绪“七年成进士，改庶吉士，授编修。十年典试山西。光绪十一年充顺天乡试同考官，能得士。由御史历户科终始十八年，挺挺棘棘，守刚不阿，纠回排奸，无择强克”[②]。据康有为《识谏垣多楚北人，屠梅君侍御仁守、洪右臣给谏良品皆吾至交，过从甚密。侍御以忠鲠抗疏去官，欲给谏救之，赠以诗》[③] 一诗，洪、屠、康三人很早便认识，而且关系密切。当屠仁守因言事被罢逐之时，康有为曾为此而走访洪良品。康有为在自编年谱中记其事，曰：“时洪右臣给事良品亦有直声，与屠同乡交厚，吾走责以为屠君争，洪不敢也。”[④] 《武汉市志人物志》所记洪良品传中有关于他“曾作书驳康有为《新学伪经考》”一句，而刘光第所作传记中亦有类似记述，其言曰：“有以能伪经自喜者，公悯其自信过甚也，摘其所著之书，辨正之。”[⑤] 由于洪良品“守旧殊力”，自然不能接受《新学伪经考》中否定成说、另辟新论的做法。他与康有为之间的论争，透过一封写给梁启超的信便可见端倪。此信收在苏舆编《翼教丛编》卷一，具体写作时间已无暇考求，或本就无从搜寻。洪良品在信中认为经分古今“皆指字画言之，（古文科斗今文隶书）同一经也。至今日刊本皆俗行楷书，无所谓古学今学也。弟亦未尝分某经为孔子之传，某经非孔子之传也，未尝言今文不及古文也”[⑥]。他对康有为的今古文辨伪多有不同意见，并加以指正。他另有言指出康有为辨伪过程的不严谨：“信如尊言，则《史记》为窜乱不可辨之书矣，何以贵师必专据此书，但于其中有合己意者，则曰铁案不可动摇；有不合己意者，则以为刘歆所窜入。”[⑦]

---

① 武汉地方志编纂委员会主编：《武汉市志人物志》，武汉大学出版社 1999 年版，第 2 页。

② 刘光第：《户科给事中洪公墓志铭》，闵尔昌录：《碑传集补》卷 10，第 17 页，《近代中国史料丛刊》第 100 辑，文海出版社 1973 年版。

③ 康有为撰，姜义华、张荣华编校：《康有为全集》第 12 集，第 156 页。

④ 楼宇烈整理：《康南海自编年谱》（外两种），第 17—18 页。

⑤ 刘光第：《户科给事中洪公墓志铭》，《碑传集补》卷 10，第 18 页。

⑥ 《洪给谏良品答梁启超论学书》，《翼教丛编》卷 1，第 47 页。

⑦ 同上书，第 53 页。

围绕《新学伪经考》的争论，最终超出思想领域。其多方位对正统思想的怀疑和否定，随着《新学伪经考》一书传阅面的扩大而被政界所关注。光绪二十年（1894），七月吏科给事中余联沅递奏片劾康有为，请求禁毁《新学伪经考》，并禁止粤中士人从其学。他在奏片中说："广东南海县举人康祖诒，以诡辩之才，肆狂瞽之谈，以六经皆新莽时刘歆所伪撰，著有《新学伪经考》一书，刊行海内，腾其簧鼓，煽惑后进，号召生徒，以致浮薄之士，靡然向风，从游甚众。康祖诒自号长素，以为长于素王，而其徒亦遂各以超回、轶赐为号……如此人者岂可容于圣明之世，若不及早遏炽焰而障狂澜，恐其说一行，为害伊于胡底，于士习文教大有关系。"① 因此，他请求朝廷"饬下广东督抚臣行令，将其所刊《新学伪经考》立即销毁，并晓谕各书院生徒及各署士子，返歧趋而归正路，勿再为康祖诒所惑"②。

需要说明一点，很长时间学者参阅的《翼教丛编》是其初刻本，均以为《安晓峰侍御请毁禁新学伪经考片》是安维峻所作，汤志钧《戊戌变法史》一书便依此说。孔祥吉曾专门著《安维峻弹劾〈新学伪经考〉辨误》一文加以论证。此文发表于1986年11月19日的《光明日报》上。其后汤志钧有所察觉，故在《乘桴新获——从戊戌到辛亥》一书中有所标记，而到《戊戌变法史》修订本时已经完全得到更正。而此片其实在《翼教丛编》复版中已加了按语，其内容如下："此折从两广督署抄出，上谕亦未见奏人姓名。初传安晓峰太史上，后太史自戍所寄书葵园师，言疏劾康逆学术悖谬，正值倭事日棘，稿具未进，询知此疏为今上海道余晋珊观察联沅所上。谨附于此。"③ 安晓峰即安维峻，寄书葵园时尚在张家口服役。葵园是王先谦的号。《翼教丛编》的编辑者苏舆是王先谦的学生，此片未入《谏垣存稿》。关于余联沅奏劾的后续处理，据《安晓峰侍御请毁禁新学伪经考片》按语所述：此奏于光绪二十年七月初四日旨发两广总督查覆，"瀚章奉寄谕后，命准补电白知县李滋然'迅赴坊间，调取康祖诒《新学伪经考》一书，有无离经畔道等情，详悉查核。分别签明禀后，以凭革办'。滋然禀覆，略谓：

① 余联沅：《安晓峰侍御请毁禁新学伪经考片》，《翼教丛编》卷2，第69—70页。
② 同上书，第70页。
③ 同上书，第72页。

‘遵即亲赴书坊，调取《新学伪经考》一书，详加查核。此书大旨以尊崇孔子、攻诘刘歆增窜六经为主，自命为二千年未有之卓识。全书援据之博，雠校之精，深思锐入，洵可称坚苦卓绝。但自信过深，偏见遂执。有不合己意者，则妄加窜改。有不便窜改者，反诬为古人所窜入，深文剖击，不遗余力，其足为定论乎……’瀚章覆奏，大致即根据是禀。惟滋然请免予销毁，而瀚章则令其自行销毁，且以坊肆不鬻为说，盖为应付原参者计，免其怒而再争耳”①。李滋然，“四川长寿人，王闿运弟子。戊子举人。乙丑连捷成进士，以即用知县分广东……当其己丑分发至粤，是年恩科乡试，即充同考官，文衡之掌，在新进士中可云最速。……李家驹、梁启超均滋然是年所得士”②。

在为甲午战争善后的筹策中，变法成为其中重要主张。自光绪二十一年（1895）四月始，康有为逐月递书，四月为《上清帝第二书》，五月为《上清帝第三书》，闰五月为《上清帝第四书》。加上陶模尤其李端棻的奏折，变法主张逐渐在主流思想中占据地位。同时，变法主张也很快引来保守者的批评。吏科掌印给事中余联沅于七月初五日（1895 年 8 月 24 日）上奏，对清廷闰五月十三日（1895 年 7 月 5 日）求才谕旨作出回应，专论人才选拔问题。康有为上清帝三书，显然引起了他的注意。联系上一年奏请销毁《新学伪经考》的奏片，余联沅再次上书发表针对变法的看法。在谈及师西法废科目的主张时，他说：“论者谓此次创巨痛深，必须改弦易辙，而后可自强。至欲尽废科目而专师西法，此亦齐末之议，而非揣本之言也。”他虽认同科目有弊，却同时发出“废科目岂遂无弊”的反问之辞，且不能认同学习西法的选择。他认为：“若专师西法，则务为淫巧日趋功利，以侥幸行险之徒为机械变诈之习，久之则耳濡目染，日新月盛，将不识六经为何物，五伦为何事，势必尽弃夫礼义，并不知有君父。此其弊较科目为更甚，而其害为尤烈。故救弊之方，不在废科目，而在求实际，不在师西法，而在正人心。”③

---

① 徐凌霄、徐一士：《凌霄一士随笔》（二）“李滋然《新学伪经考》辩词”条，第 623—625 页。

② 徐凌霄、徐一士：《凌霄一士随笔》（二）“李滋然轶事”条，第 625 页。

③ 《吏科给事中余联沅奏请添简大僚勿骛虚名而求实际折》，戚其章主编：《中日战争》第 3 册，第 538 页。

余联沅对变法维新主张的回击表明，存在于保守与趋新间的分歧，在甲午战后得到了延续。御史作为帝王耳目、制度的监护者，完整参与了维新活动从思想论争到政治斗争的全过程。其开明者，通过筹议活动，推动维新变法走向政治变革高潮；而保守者，则千方百计阻挠、破坏变法的进程，从而引动了政变的发生。余联沅长孙余鹏有关于其祖父的一段简述："我祖籍湖北省孝感县，出生时，先祖去世。其事迹均为父辈口传。兹择其要述之。先祖余联沅，字晋珊。文笔出众，于清光绪丁丑年得中'榜眼'后，任北京'巡城御史'，刚正不阿，为世所称道，此职历十余年，曾以弹劾李鸿章等显要而获得铁面御史之名。旋外放福建盐巡道，主持盐政，因有政绩，调升上海兵备道。不久，调任浙江臬台，尚未赴任，又调任湖南藩台，未上任又调代理浙江巡抚，连番更调升三级，时人以为殊荣。先祖赴任未久，即病逝，安葬于南京神策门外墓地。旷观先祖，以一书生，累官竟至封疆大吏，却从不自骄，特别是他秉性刚毅，不畏权势之风，值得我辈后代的崇敬。"①

余联沅针对变法主张的奏议基本处于思想分歧范畴，尚无党派倾轧痕迹。但随着康、梁变法活动走向活跃，尤其与帝党人物频繁交往，不免引起一些人的注意。这些人开始从党派角度观察变法活动，预测其政治危害性，并掀起纠弹活动，其典型人物便是广东道监察御史杨崇伊。杨崇伊"字莘伯，江苏常熟人。光绪庚辰进士，授编修，任广西道监察御史。为荣禄所倚重，与李鸿章有姻亲，党于鸿章，后党之出面阻挠新政者也"②。据《清朝御史题名录》显示，杨崇伊由翰林院编修补授御史在光绪二十一年，初为江西道御史③，后升任掌广西道御史。杨崇伊与荣禄的关系，据《清故山东蒲台县知县杨君墓志铭》记："庚子后，项城袁公由鲁抚擢任直督。袁公与君伯兄御史君同为权相长白荣文忠公所倚重。"④ 这个墓志铭是孙雄为杨崇伊之弟杨同鼎所作，语涉杨崇伊

① 美籍华人余鹏：《缅怀先祖余联沅》，政协湖北省孝感市委员会：《（孝南文史资料）孝感市文史资料》第4辑，1987年，第144页。

② 汤志钧：《戊戌变法人物传稿》下册，第550页。

③ 苏树蕃编：《清朝御史题名录》，《近代中国史料丛刊》第14辑，文海出版社1966年版，第535页。

④ 孙雄：《旧京文存》卷1，《旧京诗文存》，《近代中国史料丛刊》第55辑，文海出版社1970年版，第17页。

与荣禄的关系。但这仅是对庚子后状态的描述，而他们之间的关系似乎要更深远一些。在《荣禄存札》中存有杨崇伊两札，约分别作于光绪二十八年春、秋之时，杨崇伊时任陕西汉中府知府。在书札中他除去交代了处理教案情况以外，还表达了另外两层意思：（一）他嫌任所僻远，打算归养。其言为："侄名利心本淡，明岁家母年已八旬，山僻道远，每发家信须三个月方达，心殊不安，俟扣满二年，便当归养矣。"（二）他揣摩上谕含义，对"圣驾"南巡提出警告。书札有言曰："前读上谕，似圣驾有南巡之意。近来库储支绌，各省莫不空乏。又新党群集于苏、浙，以上海为藏垢纳污之所，借报馆以张其爪牙，洋人往往为其所惑。侄庚子在沪，各报目为端邸所使，几遭不测。嗣文忠公派侄单身北上，由东洋电知各国，而新党之谋始解。奸徒亡命，不可不防也。"[①] 在这两札中，杨崇伊用"世愚侄"自谓，显示了一种源于父辈的长幼关系。

杨崇伊之父杨汝孙，"字书城，增贡生，五品衔候选训导，因两兄宦游在外，而独居养亲不出仕"[②]，与荣禄相交的可能性很小，也看不到双方有交往的证据。倒是杨崇伊的伯父杨泗孙，历任"翰林院编修，武英殿协修、纂修、总纂、国史馆协修和太常寺少卿等职。杨泗孙学识渊博，秉性笃诚，说话办事严谨缜密，深得朝廷器重。他先后任湖南、山东、福建三省乡试主考官，并两次担任京城会试的分校官"[③]，与荣禄同朝任官，或有一些交往。另外，同治五年，杨汝孙的父亲在北京去世，"三月，杨汝孙奔丧入京。六月望后，杨泗孙、杨汝孙奉母扶柩，自水路南旋"[④]。杨汝孙在京停留三月之久，或于此时夤缘附会与荣禄定交亦未可知。杨崇伊因攀附荣禄，而在政治上选择后党，便有非常合理的解释。决定杨崇伊政治立场的另一个因素，便是与李鸿章的姻亲关系。杨崇伊之子杨圻娶了李鸿章长子李经方一女，而李经方一子又娶杨崇伊一女，可谓亲上加亲的关系。杨崇伊在获得言职后，能充当"李党"、"后党"的发言人，便是顺理成章的事情。

---

① 《杨崇伊札》，杜春和等编《荣禄存札》，第288页。

② 李嘉球：《苏州状元》，上海社会科学院出版社2003年版，第256页。

③ 梁一波主编：《张家港名贤》，凤凰出版社2008年版，第89页。

④ 张剑：《清代杨沂孙家族研究》，中国社会科学出版社2010年版，第201页。

光绪二十一年十二月初六日（1896年1月20日），杨崇伊上疏弹劾强学会。其言曰："近来台馆诸臣于后孙公园赁屋，创立强学书院，专门贩卖西学书籍，并钞录各馆新闻报，刊印《中外纪闻》，按户销售。犹复借口公费，函索外省大员，以毁誉为要挟，请饬严禁。"① 由奏言看，杨崇伊主要从反对新学和邀结党派角度反对强学会。而据帝党、清流一方传出的信息，奏劾强学会则有复杂的政治背景。据吴樵言："京会闻发难于卓如之文。渠有《学会末议》一篇，甚好，脱稿后曾以示樵，不知局中谁人献好，闻于政府，闻系常熟。遂嗾杨崇伊参之。而杨与合肥之子为儿女亲，因此亦可报复。其折中有云：'去年倭事，台馆诸臣遇事生风，往往连章执奏（不甚长，不日有刻本再奉寄），遂至兵事日甚一日云云。盖将以去年败衄，归狱于言路。而会中有张次山御史，曾请撤督办处，恭邸衔之。褚伯约曾参军机者也，故政府既恐清议日甚，渠辈无所容足，而一二伧父，遂欲借此报私怨，兴大狱，抄党案旧闻。'"② 对此，汪大燮也说："又正月十三，停毓庆宫。十四，杨崇伊为合肥访查台馆弹劾东事之人，开一清单，凡三十余人。十五、六，合肥又独诣长信呈之。十八，杨即以弹芸阁章就正合肥，合肥临行有言，若辈与我过不去，我归，看他们尚做得成官否？至津，又告人云：劾我诸人，皆不妥矣！其卅余人之单，德使署有之，大约各署皆有，惟见其单者，固由德使给阅也。"③ 而张謇在光绪二十二年四月初八（1896年5月20日）日记中也有类似记载："闻二月李鸿章临俄时请见慈宁，折列五十七人，请禁勿用，第一即文道希。李出京而御史杨崇伊抨弹文道希之疏入矣。杨，李戚也。又闻慈宁为毅庙立端王之孙溥伦为子。瞻望北辰，忧心如捣。告者入五十七人中，子名殊不后。"④

若据上述记载，杨崇伊参劾强学会，无疑在贯彻敌视言路者之报复。其中李鸿章的因素又至为突出，而李鸿章也确有对于言路的成见。据吴永言李鸿章甲午战败后蛰居贤良寺时，总结过往朝政，对言官制度

① 《德宗景皇帝实录》卷381，中华书局1987年版，第986—987页。

② 《吴樵信札》，上海图书馆编：《汪康年师友书札》（一），第463页。

③ 《汪大燮信札》，上海图书馆编：《汪康年师友书札》（一），第731页。

④ 张謇研究中心、南通市图书馆编：《张謇日记》，江苏古籍出版社1994年版，第381页。

曾有评价，曰："言官制度，最足坏事。故前明之亡，即亡于言官。此辈皆少年新进，毫不更事，亦不考究事实得失、国家利害，但随便寻个题目，信口开河，畅发一篇议论，借此以出露头角；而国家大事，已为之阻挠不少。当此等艰难盘错之际，动辄得咎，当事者本不敢轻言建树；但责任所在，势不能安坐待毙。苦心孤诣，始寻得一条线路，稍有几分希望，千盘百折，甫将集事，言者乃认为得间，则群起而讧之。朝廷以言路所在，又不能不示加容纳。往往半途中梗，势必至于一事不办而后已。大臣皆安位取容，苟求无事，国家前途，宁复有进步之可冀……天下事，为之而后难，行之而后知。从前有许多言官，遇事弹纠，放言高论，盛名鼎鼎；后来放了外任，负到实在事责，从前芒角，立时收敛，一言不敢妄发；迨至升任封疆，则痛恨言官，更甚于人。尝有极力讦我之人，而俯首下心，向我求教者。顾台院现在，后来者依然踵其故步，盖非此不足以自见。制度如此，实亦无可如何之事也！"①基于吴永与李鸿章的关系，上述记载不会有假。而于词气态度比之前述有关李鸿章的言辞，似并非杜撰、谣传之语。那么，杨崇伊的参劾行为，便很可能出于李鸿章之授意，至少也有取悦李鸿章的目的。

关于强学会被参劾一事，康有为的记述稍有出入。他在诗题及附注中说："割台行成后，与陈次亮郎中炽、沈乙庵刑部曾植、丁叔衡编修立钧、王幼霞侍御鹏运、袁慰庭观察世凯、沈子封编修曾桐、文道希学士廷式、张巽之编修孝谦、徐菊人编修世昌、张君立刑部权、杨叔峤中书锐同开强学会于京师，以为政党嚆矢，士夫云从。御史褚成博与大学士徐桐恶而议劾，有夜走告劝解散者。是时袁、徐先出天津练兵，同志夜饯观剧，适演十二金牌召还岳武穆事，举座咸欷歔，李玉坡大理至泣下……南还，与张孝达督部、黄漱兰侍郎及其子仲弢编修、梁星海太常、黄公度观察再开强学会。海内士夫，若屠梅君侍御、陈伯潜阁学、顾渔溪通政先生咸应焉。卒被御史杨崇伊所劾而封禁。"②他认为北京强学会的被参，缘自"褚成博与大学士徐桐"的"恶而议劾"。徐桐在其中起了推波助澜作用或有可能，而褚成博当时则是被延引入强学会的

① （清）吴永口述：《庚子西狩丛谈》，广西师范大学出版社2008年版，第170—171页。

② 姜义华等编校：《康有为全集》第12集，第174页。

三御史之一，反身相击之事或有可能，但主动挑起事端做于己不利的事情，则未必为事实。而上海强学会的封禁，则是张之洞见风使舵的结果，确与杨崇伊参劾有关，但不是直接相关。康有为当时已经南下，并不在北京，其中细节或并不了解。

继参劾强学会，杨崇伊又将矛头指向文廷式。若从李鸿章的因素来看，文廷式在甲午战中曾严参李鸿章，杨折中也确有关于此的内容。翁同龢二月十七日摘记折中内容有言："杨弹文与内监文姓结为兄弟，又主使安维峻言事，安发遣，敛银万余送行。"① 而安维峻言事，所劾者正是李鸿章。值此强学会一事，文廷式又参与其间，正可借以泄愤。但文廷式乃强学会"总董"之一，帝党核心人物，他的被劾罢职，也许并非表象那么简单。因为御史参劾能否成功，并非全由奏折来决定。最高统治者的意向，才是一个弹奏结果的根源。在一完整的弹奏活动中，甚至连奏折内容都是被事先拟定好，而奏弹者只是履行了其言事的职责，却并无自身意志的表达。

《梵天庐丛录》中有这样一段记载："文道希（廷式）由编修超授侍讲学士，寖寖大用矣。以主变法，与德宗相比，为太后所恶。文又不自善韬，凡遇奏对，声震殿陛，德宗时吁叹，文和之。德宗以为可托，与之密件甚多。一日，偶不谨，遗片楮于地，为内监所拾，以呈太后，则顽旧大臣之名单，将拟撤换者。太后大怒，立革文职，而外廷与德宗亦水火矣。"② 而《申报》则刊载了另一版本遗失奏片故事："翰林院侍读文芸阁学士，前由上海启行时，失去衣箱三口，函请黄大令饬捕，缉获车夫……爰提夫头……前晚，大令升坐花庭，谕以文大人来信，请即严追，因箱内除洋银二百元外，尚有紧要公文于上轮船时失去。"③ 顾家相《五余读书楼随笔》中更进一步说，文件已经被李鸿章获得了。

除此之外，尚有来自《戊戌履霜录》的第三种说法："文廷式……庚寅举进士，翁同龢得其策卷，置一甲第二，声誉噪起。假归道出天津，李鸿章大加礼遇，资赠甚丰腆。及甲午假满还朝，夷祸初起，主战，反劾李鸿章畏葸，挟夷自重。鸿章衔之，欲中以奇祸，盛昱闻其

① 陈义杰整理：《翁同龢日记》第5册，第2887页。

② 柴小梵：《梵天庐丛录》（一），《民国笔记小说大观》第4辑，第51页。

③ 《申报》光绪二十一年九月二十四日（1895年11月10日）。

谋，劝令少避。乃乞假回籍修墓。上海道刘麒祥，鸿章姻党也。闻其来，迎入署中，备极款洽。临别失行装四箧，麒祥为缉获之，扃钥完好如故。及归启视，他贵重物具在，唯亡去奏稿二册。中一疏，语涉离间。甫脱草，未上也。麒祥得之大喜，以献鸿章。鸿章密白太后，且授意御史杨崇伊劾之，遂削职。”①

此三种说法可归为两种原因：一为李鸿章报复的结果；一为帝后权力之争的牺牲者。是否遗失奏稿，其实并不重要。作为强学会事件之后唯一被劾去职之人，文廷式与光绪太过接近，举措失当，从而引起慈禧太后顾忌。这或许才是文廷式被劾去职的根本所在。在《花随人圣庵摭忆》中有“文道希被逐始末”条，对文廷式被逐原委的分析，较有道理。文中有言：“文道希革职驱逐一事，实为戊戌政变之先声，当时帝后龃龉中一大公案也。由今观之，德宗必挫，事机之危，了然有数，惜当时衮衮诸公，熟视无睹耳。”② 此一看法，甚有见识。此书作者黄濬，字秋岳，又称哲维，室名花随人圣庵。黄濬“少年入京，自谓居北京三十年，熟悉北方风土人情。既入世，同权宦显要、前辈名公相接席，周旋唱和，殆无虚日。耳食既多，目见亦广，对清代民国之史事掌故与人物轶事，详为记述，或加考订，或予议评”③。前引黄濬对文廷式被逐一事，主要从帝后党争角度予以解释，直指幕后政治动机。他进而议评：“以予所闻，道希被革出于那拉后授意。其时后与帝不相容，已如水火，道希在当日，则于外交内政，已极有主张。叶缘督日记：光绪二十年九月八日，道希、木斋约赴谢公祠，议联衔奏阻疑议，及邀英人助顺。又道希主稿，请联英、德以拒日。此可见常熟一系当日之政策。又某笔记载：德宗戆直，上书房总师傅翁同龢亦频以民间疾苦外交之事诱勉德宗。德宗常言：‘我不能为亡国之君。’语侵慈禧，而废立之说兴焉。时坤宫与德宗弗睦，频以谗间达慈禧，故事机益迫。甲午清兵溃，军舰被掳，吴大澂、魏光焘督师关外，刘坤一督师关内，李鸿章议约多损失，几定约焉。翰林学士文廷式，习闻宫中诸事，知内忧外患交乘，国将覆，往见坤一，请力争约款。坤一未会意，谓弱国无权利可言。廷

① 胡思敬：《戊戌履霜录》卷4，《退庐全集》，第1676—1677页。

② 黄濬：《花随人圣庵摭忆》（上）“文道希被逐始末”条，第127页。

③ 李吉奎：《整理说明》，第4页，《花随人圣庵摭忆》（上）。

式请屏左右，以废立之说相告。且谓宫中蓄谋久，荣禄以疆臣督兵将不应恫之。慈禧有所作，每询疆臣等意思若何，是宫中滋忌者疆臣，疆臣资高负宿望者今惟君。某知争约必不成，俾内廷因龂龂争约，知废立之难实行，则曲突徙薪之效见焉。坤一属廷式代起草，而废立之谋以止。据此，道希为德宗谋不为不忠，从权应变不为不智，西后必去之心，已跃然愈急。"[①] 这一看法，显然更符合事情原委。李鸿章及杨崇伊或筹划、推动了整件事情，但只是主动或被动合符了慈禧太后的政治意向。文廷式的去职，便根源于此一意向。

慈禧借助杨崇伊清除帝党中活跃人物，却未必对政治中的新、旧派纷争有什么成见，否则便不会允许光绪继续变法活动。而那种认为慈禧故意允许光绪举行新政触众怨，以行其废立阴谋的说法，未免太过离奇。只是慈禧所关注光绪施政的内容，主要在权力结构调整而非新政是否有成效方面。但光绪及康、梁等维新人士，非但未能从慈禧的几次警示中获得经验，反而因此增加了变法的急迫性。如果不是变法者的政治短视，那便是急于通过变法瓦解后党及守旧势力。若是后一种情况，那么变法成功与否，只与政权的更替有关，而与变法的成效并不直接相连。夺权与变法，并非必然统一。而在杨崇伊的政治视界中，无所谓新、旧派分，只有帝、后党别。《花随人圣庵摭忆》中有"杨莘伯专劾附光绪帝诸臣"条，其言曰："予前言杨莘伯之劾文道希，由于内廷授意者。或疑未尽然，盖以道希以与梁节庵关系，受旧日道学者之掊击，又以结纳内官遭后党之嫉，其时满廷皆忌厌新党者，不必西朝授意而后发难也。然杨之党后专劾附德宗者，传闻线索有所自，实凿然可征。叶缘督日记，光绪二十四年八月初六日，政局全翻，发难者仍杨侍御也。并闻先商王、廖两枢臣，皆不敢发，复赴津与荣中堂定策，其折系由庆邸递入。据此，则杨又为戊戌政变之急先锋，与荣禄、奕劻勾结之状，历历如绘。"[②] 由此便很明了，杨崇伊所等待的便是帝党的再度活跃。而进入戊戌年后，因前一年胶州湾事件后继续发酵的民族危机，让康有为与光绪帝迅速接近，变法活动由此推开。新、旧派因观念分歧而导致

① 黄濬：《花随人圣庵摭忆》"文道希被逐始末"条，第129—130页。

② 同上书，第131页。

政治冲突，让杨崇伊再次嗅到一展身手的机会。

自进入戊戌年之后，康有为加快了维新步伐，一方面通过大量宣传，扩大维新思想的传播，为变法创造社会舆论氛围；另一方面则鼓动御史等言官上书光绪帝，呈进维新办法，请求明定国是。康有为等人的递折、集会等活动，在官员、士人中间产生了很大反响，保守、守旧者感受到了强烈的冲击。吏部主事洪嘉以及孙灏等人针对维新活动，公开采取敌视态度。《康南海自编年谱》记载其事，却将原因归于人际误会。但守旧者的舆论进逼，却因此而起。御史“李盛铎参保国会以求自免”，潘庆澜附片劾康有为“聚众不道”，御史黄桂鋆“劾保滇会、保浙会，并及保国会”。一时“谤言塞途，宾客至交，皆避不敢来，门可罗雀，与三月时成两世界矣”①。这一局面的出现，显示了守旧势力的强大，而在变法者看来，则是由于变法未得到当权者的公开宣示。据《年谱》所记，在守旧者的攻击下，康有为原本“已决归”，而形势却发生巨大转变。主要是“上决意变法”，而“西后乃听上”，奕䜣又于此时薨逝。康有为于是借机授意杨深秀及徐致靖上书请定国是。《年谱》记载为：“时旧党焰甚炽，常熟频被劾，以吾行后，无人鼓舞，故欲成数事乃行。十八日乃草折请定国是，而明赏罚，交杨漪川上之，略谓：‘门户水火，新旧相攻，当此外患交迫，日言变法，而众论不一，如此皆由国是未定故。’”唯其中“十八日”为“十三日”之误。

二十四年四月二十三日（1898 年 6 月 11 日），光绪下召明定国是，立意变法。康有为受到极大鼓舞，组织御史杨深秀、宋伯鲁等言官，密集上疏进言变法举措。《年谱》记载其活动，有：“二十三日奉明定国是之谕，举国欢欣。先是又草变科举折，亦为二篇，分交杨漪川、徐子静上之，又草请派近支王公游历折，请开局译日本书折，请派游学日本折，皆由杨漪川上之，奉旨允行。又为宋芝栋侍御请催举经济特科折，又盛宣怀借款八百万，岁息约三十余万，无人敢言之，乃请提其息为译书学堂之费，皆奉旨俞允。于是学堂有款，而举特科者纷纷矣。又为御吏李盛铎草译书、游历，及明赏罚、辨新旧折，李

① 楼宇烈整理：《康南海自编年谱》（外两种），第 40 页。

上之。"① 而且康有为也于此时获得与光绪单独见面的机会，得以阐述自己的变法主张。维新举措次第展开的一个后果，便是引发守旧派的强烈反击。康有为授意宋伯鲁呈递废除八股的奏折，"上即令枢臣拟旨，是日京师哗然，传废八股，喜色动人，连数日寂然"②。在康有为看来，新政初见成效。但守旧者岂能轻易屈服，更不可能欣然接受这一结果。短暂的"寂然"，只是守旧者处于组织力量预备反击的时期。当"旧党谤甚沸"之后，御史文悌、黄桂鋆便在此时充当了守旧者的代言人，"奔走谋之，聚议将联名翻国是，复八股"③。而变法者面对攻击和阻挠，也决意推动皇权打击守旧者以立威。其所选对象，则是礼部尚书许应骙。许应骙与康有为向有宿怨，康有为选他为打击对象，具有向守旧者宣示的意味。茅海建作《我史注》中对此的看法是："康有为及其党人选择许应骙下手，有两个目的：其一推进废八股改策论的进程，其二是打击对康有为不利的主要人士。"④ 打击守旧势力包含的报复含义，不免令人反感，从而为变法引来更多的反对和阻挠，其中便包括众多对变法抱有同情的政治中立者。

光绪二十四年五月初二日（1898 年 6 月 20 日），杨深秀与宋伯鲁联衔递折，以"礼臣守旧迂谬，阻挠新政"为由弹劾许应骙。其奏折有如下内容："礼部为文学之官，关系极为重大，国家学校贡举之制，多由核议。皇上既深惟穷变通久之义，为鼓舞人才起见，特开经济特科岁举两途，以广登进。而许应骙庸妄狂悖，腹诽朝旨，在礼部堂上倡言经济科之无益，务欲裁减其额，使得之极难，就之者寡，然后其心始快。此外，见有诏书关乎开新下礼部议者，其多方阻挠，亦大率类是。接见门生后辈，辄痛诋西学；遇有通达时务之士，则疾之如仇。皇上日患经济之才少，而思所以养之；许应骙日患经济之才多，而思所以遏之。臣不解其何心也。总理衙门为交涉要区，当此强邻环伺之时，一话一言，动易招衅，非深通洋务、洞悉敌情，岂能胜任？许应骙于中国学

① 楼宇烈整理：《康南海自编年谱》（外两种），第 40—41 页。

② 同上书，第 44 页。

③ 同上书，第 46 页。

④ 茅海建：《从甲午到戊戌：康有为〈我史〉鉴注》，生活·读书·新知三联书店 2009 年版，第 475 页。

问尚未能十分讲求，何论西学？而犹鄙夷一切，妄自尊大。”[①] 据此折按语说，正折有许多贴盖处，主要为外交方面的指责之语。光绪既令许应骙按照所参各节“明白回奏”[②]，许应骙便需要阅看宋、杨奏折，了解“所参各节”。正折中的“贴盖处”，应该是在抄件中需要隐去的部分。大概其中多为不实之词，故特意隐去，避免许应骙看到。

康有为在《年谱》中记述了这次弹劾事件，说：“时许应骙议经济特科及废八股事，多方阻挠，御史杨漪川、宋芝栋联名劾之。上恶其阻挠科举，即定罢斥。刚毅乞恩，不许，请令总理衙门查覆，不许，乃请令其自行回奏，上不得已允之。许应骙夜走请于刚毅，刚嘱其牵攻我可免，许从之。上重于为我故，去大臣，故听之。于是与洪嘉与耸文悌劾宋杨而专意及我，军机得文折喜甚，以为必去我矣。上阅折大怒，谓文悌受许应骙指使，将革职，刚毅求之，乃令回原衙门行走。”[③] 费行简作《近代名人小传》亦记其事，曰：“其时礼部尚书许应骙，颇于众中论变法无益。二人合疏弹其阻挠，帝令应骙自复奏。奏上，微言伯鲁与康有为交通状，帝弗问也。未几，文悌劾有为，词连二人，帝以悌代人报复长朋党攻讦之习，饬回原衙门行走。于是廷臣益侧目，谓杨宋实为帝耳目。”[④]

光绪收到宋、杨奏折当日便明发谕旨[⑤]令许应骙明白回奏，而许应骙则于五月四日（1898 年 6 月 22 日）覆奏。其奏折就宋、杨参劾的“经济科”、“阻挠礼部议者”及“仇视通达时务之士”三方面作答反驳，并指责康有为“终日联络台谏，夤缘要津，托词西学，以耸观听”[⑥]。当日，光绪帝由内阁明发上谕，就许应骙被参一事作出结论：“该尚书被参各节，既据逐一陈明，并无阻挠等情，即着毋庸置议。礼

① 《掌山东道监察御史宋伯鲁等折》，国家档案局明清档案馆编：《戊戌变法档案史料》，中华书局 1958 年版，第 5 页。

② 第一历史档案馆编：《光绪朝上谕档》第 24 册，第 204 页。

③ 楼宇烈整理：《康南海自编年谱》（外两种），第 46 页。

④ 沃丘仲子：《近现代名人小传》上册，第 199 页。

⑤ 茅海建认为，光绪这样做有违反常规之嫌。他认为，“如果仅是查明事实，该上谕完全可以用‘交片’，仅是军机处，许应骙知道；而由内阁‘明发’，则刊于《京报》，所有人都得到了明确的信息”（《从甲午到戊戌：康有为〈我史〉鉴注》，第 476 页）。或许光绪帝同样出于震慑守旧势力的目的而操作这件事情。

⑥ 《许筠庵尚书明白回奏折》，《翼教丛编》卷 2，第 75 页。

部有总司贡举学校之责，总理衙门办理交涉事件，均关紧要。该尚书嗣后遇事，务当益加勉励，与各堂官和衷商榷，用副委任。”① 光绪虽以息事宁人方式，结束了此次针对守旧势力的奏劾活动，但同时宣示了在变法上的态度。因此，光绪并非接受了一个单纯的模糊结果。

对于维新派的主动进攻，保守者立即予以回击。在前述康有为《年谱》及费行简《名人小传》中，均提到了文悌弹劾一事。文悌，“字仲恭，瓜尔佳氏，满洲正黄旗人。以笔帖式历户部郎中，出为河南知府，改御史”②。文悌参劾康有为在五月二十日（1898 年 7 月 15 日），以宋伯鲁、杨深秀联衔参劾礼部尚书许应骙一事为言。许应骙在复奏中牵拉康有为，而文悌赞同许应骙罢斥康有为的意见。文悌在奏折中说：“至该尚书折内指工部主事康有为，请将其罢斥驱逐，证以奴才见闻所及，亦适相符合。伏惟奴才服官京外已数十年，康有为向不相识。去年十二月奴才改官御史，忽于今年二月间，由原任大学士阎敬铭之子、道员阎迺竹致奴才一信，言有杰士康某，欲访奴才相见。”据文悌所述，与康有为相识缘于阎敬铭之子阎迺竹向其推介。由于“康有为仍复踵门来见”，文悌初与康有为晤言，虽以康言“颇多偏宕，然见其激昂慷慨”，而“心亦喜其负气敢任，或可救今时萎靡伈伣积习，不为无用”③。文悌参劾康有为的理由，主要有几方面：

其一，指责康有为聚众，立会，“竟与会匪无异”。文悌在奏折中说：“而康有为不知省改，且更私聚数百人，在辇毂之下立为保国一会，日执途人而号之曰：‘中国必亡，中国必亡。’其会规设议员，立总办，收捐款，竟与会匪无异。以致士夫惶骇，庶民摇惑，私居偶语，亦均曰：‘国亡，国亡，可奈何？’设使四民解体，大盗生心，借此以聚集匪徒，招诱党羽，因而犯上作乱，未知康有为又何以善其后。是则康有为立会倡始，名为保国，势必乱国而后已焉。”④ 康有为在《我史》中，将此指责归纳为：“保中国不保大清。”⑤

① 《光绪朝上谕档》第 24 册，第 205 页。

② 汤志钧：《戊戌变法人物传稿》下编，第 542 页。

③ 《文仲恭侍御严参康有为折》，《翼教丛编》卷 2，第 80—81 页。

④ 同上书，第 84—85 页。

⑤ 罗岗等编选：《我史》，江苏人民出版社 1999 年版，第 43 页。

其二，认为康有为“诈伪多端，断乎非忠诚之士”。文悌奏折中言：“迨后许应骙等阻其在会馆聚众，又有人奏参，康有为忽到处辞行，奴才处亦两次来辞，云将回里养母，奴才当即作诗送之，讽以归隐，并有劝其切勿走胡、走越之言。不意其伪为归养，以息讥弹，而暗营保荐，以邀登进，乃于辞行之日，忽有召见之事，奴才至是始觉其诈伪多端，断乎非忠诚之士，心鄙其人矣。”① 对此，康有为在自编年谱中有相关记载：“是时已定二十四日出京，适见家书云：‘粤中疫疠甚盛，学者皆散归，宜迟归，即还，亦当在上海少候。’是日以国是既定，与其候于上海，不如少留京师，或更有补，遂迟迟行。”② 这段记述，似主要针对文悌奏折内容所写。联系康有为过往行事，文悌所言恐怕并非捏造。

其三，指责康有为结交外洋，倚张荫桓为后台。奏折中说：“康有为两三月中，凡至奴才处十余次，路隔重城，或且上灯后亦至，往往见其车中携有衾枕，奴才家丁问其随仆，皆言其行踪诡秘，恒于深夜至锡拉胡同张大人处住宿，盖户部侍郎张荫桓与康有为同县同乡，交深情密。是则许应骙言其夤缘要津，亦属有因。”文悌又举事实：“康有为见奴才于其赐对后绝无闻问，又于四月初七日使其弟康广仁至奴才处求见，奴才未与相见，为奴才留一信，云康有为在寓患病，现奉旨令其进书。是时宋伯鲁、杨深秀等已参劾许应骙，许应骙已明白回奏，惟原折邸钞未见，奴才未知宋伯鲁等所奏云何。又闻康有为奉旨进书，欲知其进书之意何在，且仍欲劝其安静，勿再生事端，遂于初八日至康有为寓所。其家人因奴才问病，引奴才至其卧室，案有洋字股信多件，不暇收拾，康有为形色张皇，忽坐忽立，欲延奴才出坐别室，奴才随仆又闻其弟怨其家人，不应将奴才引至其内室，奴才乃匆匆起立”。

其四，指责康有为“遍结言官，把持国是”。奏折中说：“忆其曾于闰三月间拟有折底二件，属奴才具奏一件、欲参广东督抚一件，请厘正文体，更变制科。当时即经奴才晓以科道为朝廷耳目之官，遇事原不能不向人访问，然必进言者自有欲言之事，参询详细于人，若受人指使

① 《文仲恭侍御严参康有为折》，《翼教丛编》卷2，第85页。

② 楼宇烈整理：《康南海自编年谱》（外两种），第41页。

而条奏弹劾，是乃大干列祖列宗严禁，断不敢为。且其欲参广东巡抚奏中，特为清查沙田一事而发，奴才拒之尤力，至今其拟来奏底仍存奴才处。而其厘正文体一事，已有杨深秀言之矣。至康广仁所言罢制艺不必待下科，小试尤宜速改策论，而宋伯鲁又适有此奏，是许应骙谓其联络台谏，诚不为诬。”① 文悌另举例证加以说明：“且康有为又曾在奴才处手书御史名单一纸，欲奴才倡首，鼓动众人伏阙痛哭，力请变法，其单内所开多台谏中知名之人，而宋伯鲁、杨深秀即在其内。后康有为立会保国，在单之人皆不与闻，惟宋伯鲁、杨深秀两次到会列名传布。奴才于其开单之时，即告以言官结党为国朝大禁，此事万不可为。乃杨深秀旋即便服至奴才处，仍申康有为之议。且奴才与杨深秀初次一晤，杨深秀竟告奴才以万不敢出口之言，是则杨深秀为康有为浮词所动概可知也。至宋伯鲁，奴才未曾与之晤言，而闻其曾上设立公司之奏，亦系康有为持此议，先寻御史黄桂鋆陈奏，黄桂鋆不为所使，竟由宋伯鲁奏之。以康有为一人在京城任意妄为，遍结言官，把持国是，已足骇人听闻。而宋伯鲁、杨深秀身为台谏，公然联名庇党，诬参朝廷大臣。”②

其五，指责康有为干预词讼。文悌在奏折中说：“又康有为于闰三月间，忽遣其门生广东崖州举人林缵统，持其信函至奴才处求见，奴才闻林缵统系会试举人，亦即延见。乃林缵统并非来京会试，因其在崖州有聚众州衙、哄堂塞署之案，其子弟迄今仍监禁州狱，康有为令其寻奴才为之奏辨。时奴才正在都察院署理京畿道事务，告以如有冤抑应到院呈诉，不当在私宅商办，乃林缵统竟于次日备办礼物，至奴才处馈送，甚至奴才幼子、童奴皆有赠贻，奴才大骇，立即驱逐之去，告以如敢再来定即奏交刑部。林缵统去而康有为旋来，奴才以正言责之，康有为且言礼亦微物，系由康有为代备，初不以为愧怍，至今康有为引荐林缵统申诉之信，亦仍存奴才家中。是则许应骙言其构讼，亦不为无据。”③

文悌在参劾康有为的同时，还牵及杨深秀及宋伯鲁两人，指责他们与康有为结党，更指责二人在弹劾许应骙的奏折中“干预皇上黜陟大权”。他在奏折中说：“尤可怪者，原折竟敢擅拟以三四品京堂降调正

① 《文仲恭侍御严参康有为折》，《翼教丛编》卷2，第86—89页。

② 同上书，第90—91页。

③ 同上书，第88—89页。

卿，干预皇上黜陟大权，实从来所未有，此风又何可长也。”① 文悌主劾康有为，但其奏折多处引征许应骙回奏内容，似有为许应骙辩解之意。而且许应骙弹劾康有为所列诸事，又恰为文悌所亲历。据此而观，文悌与许应骙似有互通声气之嫌。故光绪在当日上谕中指出：“御史文悌奏言官党庇、诬罔荧听，请旨饬查一折，据称御史宋伯鲁、杨深秀前参许应骙显有党庇荧听情事，恐启台谏攻击之风等语。该御史所奏难保非受人唆使，向来台谏结党攻讦，各立门户，最为恶习。该御史既称为整肃台规起见，何以躬自蹈此？文悌不胜御史之任，着回原衙门行走。”② 对此，苏舆在文悌奏折之后的按语中也说：“至其失，则在代许大宗伯辩白处，似与宗伯回奏之疏一鼻孔出气，此则使人不能无疑，宜谕旨谓其躬自蹈此也。”③

在清朝制度中，“回原衙门行走”意味着要从头做起，所以康有为说“与革职无异也”④。至于如何评价文悌奏劾康有为及被降职一事，苏舆在为文悌奏折作的按语中认为，文悌所举各事“私函拟折，凿凿有据，必非捕风捉影以罗致交织为能者”，然而在另一方面，则又对文悌于此时提起奏劾表示疑惑。苏舆认为：“然就其折中所言论之，某某等所为，似有人焉为之奥援，即所指夤缘要津者，不此之劾而劾某某等……舍其大而击其小，此不胜御史之任者一也。既称与某某晤言十余次，洞悉其人，何以必俟许大宗伯回奏之后始行参劾，恐蹈始终不言之咎，而未思随声附和之嫌。况所称馈送礼物，代拟奏稿，胪列名单，皆当即时举发者，隐于先而摘于后，此不胜御史之任者二也。”⑤ 文悌于此时决然站到康有为等变法者的对立面，无论其辩白如何，因其转变过于突兀而显得非常。或真如前述梁启超所记“斋宫夜话”的缘故，又或“以满人久居内城，知宫中事最悉”，故预先听到某种风声。

文悌只是对自己的政治倾向做了及时的调整，未必就受人唆使。虽被降职，但于文悌，或许仍然所失极少而所得极大。不久而至的政治风

① 《文仲恭侍御严参康有为折》，《翼教丛编》卷2，第91—92页。

② 第一历史档案馆编：《光绪朝上谕档》第24册，第233页。

③ 《文仲恭侍御严参康有为折》“按语”，《翼教丛编》卷2，第94页。

④ 罗岗等编选：《我史》，第43页。

⑤ 《文仲恭侍御严参康有为折》“按语”，《翼教丛编》卷2，第94—95页。

暴，曾令多少官员噤若寒蝉。而文悌则恰于此时得享“园林”① 之乐，无须同罹惊惧。就文悌的评价而言，或许托名沃丘仲子的费行简以接触当事人，故更能贴近本原。其《近代名人小传》文悌条载语：“悌好誉沽直，固非贤者。然所劾有为请托奔竞诸端，则非虚造，且亦不出许应骙指，而世以是恶之，有谓其通李莲英者，有撰为俚诗托名悌作者，实胥党见也。悌在满人中，尚非不学，诗尤饶意致。丁酉春同宴陶然亭，曾和其长歌。辛丑冬见于洛阳，犹成诵，一字不遗，盖亦癖于吟者也。”②

政治中的新旧之争，争而不破，原本可以成就一种良性状态。但在清末，维新派却将政争的目标指向了政权，企图迈过培植政治机制的过程，直接达成变政结果。姑且不论一场政治冒险结果如何，但就社会发展规律而言，制度突变并不能取代层加的社会进程。不受抑制而超越社会基础的任何政治冲动，终究不过是一场人祸，所谓欲速不达。更何况，即便冒险也需要一定的政治储备，而维新派一味求快的变政举措，便是在准备不足情况下进行的一场政治赌博。争夺政权则意味着变政者从性质上转变成了政变者，结果无非成王败寇老故事的重演。而从变政到政变只是一层纱的距离，揭开掩在变政者面前这层纱的人物，据近年来研究结果显示为袁世凯，而掌广西道监察御史杨崇伊无疑也起了推助作用。

令变政局面走向崩溃的关键因素历来说法不一，即便在政变当时，人们在关于促发因素的认识上已有分歧，有人认为是杨崇伊的奏折导致了政变。叶昌炽在八月初九（1898 年 9 月 24 日）日记中留下如此记载：“闻首发难者，仍系敝同乡杨侍御也。”③ 而袁世凯告密说在政变后不久也已出现，并在此后长期占据主导地位。但 20 世纪 30 年代丁文江、赵丰田在《梁启超年谱长编》中，则对此说提出了质疑：“六日的

① 《申报》有文记其事，说：“文侍御悌前因奏参工部主事康有为，不惬圣意，降旨令归原衙门行走。七月初十日，侍御重莅农部副郎之任，改调河南司行走。到署后，即与同寅诸君，畅叙竟日，大抵慨事局之艰难，觉生性之迂拙，自谓如苏长公之满肚皮不合时宜。俟送部文书到日，即当呈请赏假，退守园林，不复作长庆老郎之计矣”（《身世之感》，《申报》光绪二十四年七月二十九日）。

② 沃丘仲子：《近现代名人小传》上册，第 307—308 页。

③ 叶昌炽：《缘督庐日记》，中国史学会主编：《戊戌变法》（一），第 531 页。

政变是不是因为袁项城泄露了密谋才爆发的，还待考证，同时假定是他泄露的话，他在京师泄露的，还是在天津泄露的，或是在两处都泄露了，也不能说一定。"[①]《年谱》认为，在导致这次政变的原因中，"近因方面当然就是褫礼部六堂官职和召见袁世凯两件事，但是也有人说伊藤博文的入觐也是促成政变的一个原因。"[②] 自 20 世纪五六十年代始，在台湾学者中吴相湘及黄彰健，对过往成说或提出质疑，或提供新的说法。吴相湘认为，杨崇伊的密折直接推动了慈禧的政变决心，而奏折中提到的伊藤博文来华并"将专政柄"的内容起了关键作用。而萧一山则于 20 世纪 60 年代提出："光绪皇帝要开懋勤殿议制度，设顾问团，聘伊藤博文为首席顾问，慈禧才着急起来，深怕他们借用外力，就立即发动政变。"[③] 此后，众多学者就上述观点展开多方面的研究论证，直到近年，袁世凯告密一说再次获得证据支持。即便如此，杨崇伊密折对于政变发生，仍然具有重要的推助作用。

关于杨崇伊递折一事，《骨董琐记》载有张孟劬的一段记述，其内容为："杨崇伊为御史，值戊戌新政，密草一疏，请太后训政。面谒庆亲王，求代奏。庆王有难色，崇伊曰：'王爷不代奏亦可，但这并非御史的意思。'拂衣便行，庆王急拉之回，曰：'我与你代奏，但你必须同去。'崇伊曰：'那是自然。'遂同至颐和园。庆王命崇伊俟于外，独自入对，递上崇伊折。太后阅毕大怒，曰：'这是国家大事，杨崇伊小臣，安敢妄言？须严办。'庆王叩头。太后徐曰：'这是国家大事，你们都是近支亲王，也应商量商量。你的意下如何？'庆王唯唯。太后曰：'既是你们意见相同，我今日便回宫。'庆王退下，谓崇伊曰：'事情完了，你去罢。'"邓之诚说，此段见闻是张孟劬"闻之张次珊。次珊当时，号为后党，其言当可信"[④]。张次珊即张仲炘，时为工科给事中，曾参与强学会，政变发生后，激烈攻击维新派。邓之诚同时指出，文中提及慈禧"今日便回宫"的时间，恐怕不确。杨崇伊递折，据奏折末

① 丁文江、赵丰田编：《梁启超年谱长编》，上海人民出版社 1983 年版，第 143 页。

② 同上书，第 149 页。

③ 萧一山：《戊戌政变的真相》，《大陆杂志》第 27 卷第 7 期，1963 年。

④ 邓之诚：《骨董琐记》卷 4"杨崇伊"，邓珂增订点校，中国书店 1991 年版，第 515—516 页。

署时间为初三日（1898年9月18日），而房德邻则认为，“其实未署日期不一定是奏上日期，此折当上于初四日”[①]，茅海建又不同意房德邻的判断[②]。

另外，蔡金台在致李盛铎的信中，则揭示了杨崇伊递折的幕后情况：“自七月下旬，即得至确之耗于云中，且属为之谋参奏。以告再芸，不之信。且行急无暇，间语问刍，则问刍已数言于清河，已拟发矣。而庆邸言宫中固无恙，遂复止，乃转以属之杨莘伯。盖惜足下之不与也，会袁世凯来，而谭嗣同说以调兵，入见语亦云然。袁乃密白略园，电庆邸达之，而杨莘伯乃手训政疏叩庆邸，俱赴湖呈递。时慈意以为此等大政，必有联章，乃成规模，且须大臣言之。莘伯乃告其师王仁和。仁和以书戒之，有‘无牵帅老夫’语。莘伯以已成骑虎，不能甘休。且警信日至，谓断发改衣冠，即在指日。而孙文党羽云聚辇下及津沽，势且猝发。不得已独冲入告。发时尚知会张次山等凡九人，而无一应者，遂独上之。至初五日，慈圣忽传驾入宫。其夕以密谕交崇受之，缉捕群党。”[③] 邓之诚作按语指出信中各人，称：“再芸为华辉，问刍为刘学洵，仁和为王文韶，清河为张荫桓，徐为徐致靖，略园为荣禄，莘伯为杨崇伊，仲虎为徐建寅，唯云中不知何人，金台字燕生，丙戌翰林，与盛铎同为德化人。”[④] 由信中可以看出，杨崇伊所上密折，是后党自“七月下旬”筹划酝酿的结果。房德邻根据折中“风闻东洋故相伊藤博文，即日到京，将专政柄”一句，指出奏折草拟时间当早于七月二十九日。[⑤] 这就进一步证明，杨崇伊奏折并无急迫之事。

至于杨崇伊的密折在政变中的具体作用如何，还须从密折具体内容中寻找。杨崇伊密折以“为大同学会蛊惑士心，紊乱朝局，引用东人，深恐贻祸宗社。吁恳皇太后即日训政，以遏乱萌”为主旨，具体内容如下：“臣维皇上入承大统，兢兢业业二十余年，自东瀛发难，革员文廷式等昌言用兵，遂致割地偿款。兵祸甫息，文廷式假托忠愤，与工部主

① 房德邻：《戊戌政变之真相》，《清史研究》2000年第2期。

② 茅海建：《戊戌变法史事考》，第85页。

③ 邓之诚：《骨董琐记》卷4“戊戌政变实录”，邓珂增订点校，第517页。

④ 同上书，“按语”，第519页。

⑤ 房德邻：《戊戌政变之真相》。

事康有为等，号召浮薄，创立南北强学会，幸先后奉旨封禁革逐，未见其害。乃文廷式不思悔过，又创大同学会，外奉广东叛民孙文为主，内奉康有为为主。得黄遵宪、陈三立标榜之力，先在湖南省城开讲，抚臣陈宝箴倾信崇奉，专以讪谤朝廷为事，湘民莫不痛恨。今春会试，公车骈集，康有为偕其弟康广仁及梁启超来京讲学，将以煽动天下之士心。幸士子读书明理，会讲一二次，即烛其奸诈，京官亦深知其妄，偶有贪鄙者依附之，而吐骂者十居八九。不知何缘，引入内廷，两月以来变更成法，斥逐老成，借口言路之开，以位置党羽。风闻东洋故相伊藤博文，即日到京，将专政柄。臣虽得自传闻，然近来传闻之言，其应如响。伊藤果用，则祖宗所传之天下，不啻拱手让人。臣身受国恩，不忍缄默，再四思维，惟有仰恳皇太后，追溯祖宗缔造之艰，俯念臣庶呼吁之切，即日训政，召见大臣，周谘博访，密拿大同会中人，分别严办，以正人心。"① 伊折内容主要有四点：（一）举发文廷式创办大同学堂，联络孙文、康有为等人，"专以讪谤朝廷为事"；（二）攻击两月以来的变法举措，不满"斥逐老成"、"位置党羽"；（三）表达对伊藤博文"将专政柄"的担忧；（四）请求慈禧训政。就此四点内容，除光绪将于八月初五日（1894年9月20日）接见伊藤博文一条外，其余均无急迫处置的需要。慈禧显然不会因此而做出"今日便回宫"的决定。但杨崇伊的密折显然还是给慈禧采取行动提供了一个借口，因为在接到奏折当天晚间即决定次日回西苑，只是这一行动并无急迫迹象。② 而据茅海建判断，慈禧初三日晚间决定次日回西苑主要与光绪初五日接见伊藤博文有关。但初五日，慈禧突然将初六日回颐和园的决定推迟到十日，意味着事情的性质发生了转变。这或许正是慈禧在接到袁世凯的告密之后做出的临时性调整，也便意味着政变的发生。而无论是"围园劫后"还是"袁世凯告密"，近年的研究均倾向其存在。如此不难判断，杨崇伊的密折尚不具有左右局势的作用，但显然为慈禧训政提供了一个劝进的依据。

---

① 《掌广西道监察御史杨崇伊折》，国家档案局明清档案馆编：《戊戌变法档案史料》，第461页。

② 茅海建：《戊戌政变的时间、过程与原委——先前研究各说的认知、补证、修正（二）》，《近代史研究》2002年第5期。

就政变而言，在于帝后之间政权矛盾的激化。而在这一过程中，进用四章京架空军机大臣、奏开懋勤殿及袁世凯进京三件事①，让慈禧感到了威胁，决心采取行动，所需要的便是一定的理由或朝臣的呼声。杨崇伊上奏显系受人指使，而指授他的人应该是慈禧的亲信。整个过程都有慈禧的意志在其中，并洞悉全部情况。所以，杨崇伊只是一个受人控制的工具而已，虽然在慈禧表示“以为此等大政，必有联章，乃成规模，且须大臣言之”之后，杨崇伊也曾为之奔走努力，但毕竟人微言轻，并无结果。故递折后他并未获得过多赏赐，原因或许便在于此。而政变后获得较多赏赐的袁世凯，因告密，才是整个事件中贡献最大的人。

在清末政局中，人们既因利益冲突而彼此斥离，又因政治诉求一致而接近。但若以党派划分人群，便显得非常困难。清朝制度严禁结党，在党派问题上，人们唯恐避之不及，很难想象政治人物会甘冒违禁，而授人以柄。所以，即便到了清末，人们在党派问题上仍保持着谨慎态度，不轻易显示派系倾向。清末政局纷争不断，并直接与政权灭亡相连，事后人们在总结当时教训时，政治势力间的角力和纷争，被看作一个重要原因。民国时期，有关清代朝局的野史笔记，盛极一时。著录者，一则为惩戒亡清政治之得失，难免在视角上有裁量之弊；一则为迎合读者口味，而肆意寓褒贬于叙述中。再加上人际瓜葛，情况就会变得更加复杂。若太多依靠民国时期的清末叙事，研究者的思维难免会被带入一个过分强调党派因素的政治分析框架中，反而忽略了清末政治中依观念不同随时分化、聚合的政治运作情状。所谓督抚与中央，湘系与淮系，南派与北派，清流与浊流，除去几位核心人物外，其余并不适合于严格的身份界定。至于满汉之争、帝后党争、新旧之争，也具有类似的特征。在晚清政潮中，人们往往区别具体事件选择个人立场，而并非停留于某一政治集团。决定人们选择政治立场的因素中，除了趋利避害的优选原则外，观念才是贯穿其中最为恒久的关键因素。所以，以清末政治派系为对象的研究，过分强调人际依附性，就必然会在作品中留下凿斧痕迹。

---

① 房德邻认为：“导致初三日政变的原因除开懋勤殿外，还有召袁世凯进京。”房德邻：《戊戌政变之真相》，《清史研究》2000年第2期。

第四章

宪政及官制改革中的御史筹议

在庚子事变中，清朝统治层遭受巨大打击。尚在逃亡中的慈禧太后，急下罪己诏书，一方面为庚子前的决策失误辩解，另一方面希望通过宣布变法转变守旧形象。此后，清廷在涉及经济、教育、官制等方面，进行了初步改革尝试。对于此次变法，在统治层中渐有回响。包括一些地方督抚在内的官员，希望此次改革对原有制度有所突破，能够取得改革实效。但清廷在改革问题上，却并未表现出应有的主动。直到日俄战争结束，战败的俄国宣布进行宪政改革。这一结果极大地刺激了清朝统治层，主张进行宪政改革的呼声渐强，最终有五大臣出洋考察宪政的活动。清廷随后宣布预备立宪，并先行厘定官制，进行官制改革。在这一背景下，对制度负有监察责任的御史群体，从维护统治安全的角度出发，严密审视改革的每一步骤，并以奏折途径及时向上示警，或筹议变法内容，或奏弹改革中出现的危险倾向。

第一节　宪政酝酿期的御史主张

光绪二十六年十二月初十日（1901 年 1 月 29 日），慈禧以光绪名义颁布上谕，决定变法。上谕在指导思想上一改过往“天不变，道亦不变”的守旧路径，转而强调事物的变通性。上谕开首便说：“世有万古不易之长经，无一成不变之治法。穷变通久，见于大《易》；损益可知，著于《论语》。盖不易者，三纲五常，昭然如日星之照世；而可变者，令甲、令乙，不妨如琴瑟之改经。伊古以来，代有兴革，即我朝列祖列宗，因时立制，屡有异同。入关以后，已殊沈阳之时。嘉庆、道光以来，岂尽雍正、乾隆之旧？大抵法积则敝，法敝则更，要归于强国利民而已。”[1] 从上述表态，看到决策者的思想转变仍然不彻底，保留了“不变者”的内容，但相对来说还是进步了，至少在“法令”层面放松了限制。也就是说，决策者允许变法了。

清末思想的转变，代价高昂，是从惨痛失败中获得教训的结果。决策者在上谕中总结过往施政，有这样的话：“自播迁以来，皇太后宵旰焦劳，朕尤痛自刻责。深念近数十年，积习相仍，因循粉饰，以致成此大衅。现正议和，一切政事，尤须切实整顿，以期渐图富强。慈训以为取外国之长，乃可补中国之短；惩前事之失，乃可作后事之师。自丁戊以还，伪辩纵横，妄分新旧。康逆之祸，殆更甚于红拳。迄今海外逋逃，尚以富有、贵为等票诱人谋逆，更借保皇、保种之妖言，为离间宫廷之计。殊不知康逆之谈新法，乃乱法也，非变法也。该逆等乘朕躬不豫，潜谋不轨。朕吁恳皇太后训政，乃拯朕于濒危，而锄奸于一旦，实则剪除乱逆。皇太后何尝不许更新损益科条？朕何尝概行除旧？执中以御，择善而从，母子一心，臣民共见。”[2] 既不愿“积习相仍”而要“取外国之长”实行变法，便必然面临戊戌政变是与非的怀疑和责难。慈禧并未在原有立场上退缩，只将康有为的“变法”定为“乱法”，便避免了推行新法就必为戊戌变法翻案的矛盾状态。当然这种强加的结论，未必得到认同，但在政治上却可化解一时怀疑、阻难及观望情绪。

同样向外国取长补短，如今的变法如何能比过往的施政更进一步，乃当政者必须回答的问题。清廷在上谕中说：“今者恭承慈命，一意振兴，严禁新旧之名，浑融中外之迹。我中国之弱，在于习气太深，文法太密；庸俗之吏多，豪杰之士少。文法者，庸人借为藏身之固，而胥吏倚为牟利之符。公事以文牍相往来，而毫无实际；人才以资格相限制，而日见消磨。误国家者，在一私字；困天下者，在一例字。至近之学西法者，语言文字、制造器械而已，此西艺之皮毛，而非西政之本源也。居上宽，临下简；言必信，行必果。我往圣之遗训，即西人富强之始基。中国不此之务，徒学其一言一话，一技一能，而佐以瞻徇情面，自

① 《光绪朝上谕档》第26册，第460页。

② 同上书，第460—461页。

利身家之积习。舍弃本源而不学，学其皮毛而又不精。天下安得富强耶？总之，法令不更，锢习不破。欲求振作，当议更张。着军机大臣、大学士、六部九卿、出使各国大臣、各省督抚，各就现在情形，参酌中西政要，举凡朝章国故，吏治民生，学校科举，军政财政，当因当革，当省当并，或取诸人，或求诸己，如何而国势始兴，如何而人才始出，如何而度支始裕，如何而武备始修，各举所知，各抒所见，通限两个月，详悉条议以闻。"[①] 当政者将国家穷弱的原因，归于"私"、"例"。去"私"便须整顿吏治，破除"锢习"；去"例"则需变法图新，破除"文法"顽疾。西方因富强而成为学习的方向，当政者认为，过往"学西法者"只及皮毛，而未达本源。除去技艺，"西法"的本原，也只能是制度和原则。如此，便意味着此次变法，必然从制度入手，学习西方的长处，而改变中国制度之衰敝。

若上谕中只是起弊振衰之语，则并不能引来混迹官场多年督抚朝臣们的兴趣。毕竟以往历次遭受挫折或灾难之后，决策者都会痛定思痛，表示一番决心。但此次上谕，却让老于世故的官僚们看到了一些以往所无的不同。张之洞在光绪二十七年二月初五日（1901 年 3 月 24 日）给鹿传霖的电文中表示，曾为上谕在变法态度上的突破而欢欣。他说："去腊变法谕旨，海内欢欣鼓舞，咸谓中国从此有不亡之望矣。人心所以鼓舞者，以谕旨中有'采西法补中法'及'浑化中外之见'二语也，并非因'整顿除弊'，'居上宽，临下简'，'必信，必果'等语也。"[②] 张之洞的欢欣，不仅源于慈禧政治态度的转变，而更重要的则是蕴含其间的政治妥协表态，一种政治示弱。而这是张之洞等地方督抚，尤其那些在庚子事变期间公开主张"东南互保"的督抚们特别希望看到的政治姿态。但上谕中毕竟隐含了一些别样的政治信息，一些不可突破的政治限制。变法上谕发出不久，另一种政治信息，便通过官员间密织的信息网络传布出来。

光绪二十六年十二月二十三日（1901 年 2 月 12 日），张之洞收到

① 《光绪朝上谕档》第 26 册，第 461 页。

② 《致西安鹿尚书》，王树楠编：《张文襄公（之洞）全集》卷 171《电牍五十》，《近代中国史料丛刊》第 46 辑，文海出版社 1970 年版，第 12304—12305 页。

皖抚王之春的一份密电①，电文如下："顷行在军机章京密报：'……奏复变法，勿偏重西'云，想见两宫宗旨，奈何？然就复我古法立论，或不干怒。"② 张之洞于巳刻收到电文，午刻便回电给王之春。电文说："二十三电悉。变法不重西，所变何事，上意即有扞格，启沃全在枢臣。……总之，复奏万不可急，东南数大省必须大致商妥。"③ 由两份电文来看，慈禧虽言变法，广泛征求建议，但暗中却传布条件，限制官员复奏的内容。这不免令张之洞等地方督抚大失所望，于是在复奏问题上持观望态度。他们希图通过协商统一立场，至少在"东南数省"督抚中造成一种变法声势，以利与慈禧讨价还价。

为获得慈禧关于变法的真实意图，张之洞特意发电给其姊夫鹿传霖，虽回电内容不得亲见，但从张之洞于光绪二十七年二月初五日（1901 年 3 月 24 日）发给鹿传霖的另一份电文获知，鹿传霖的回电与王之春来电意旨相同。张之洞二月初五日电文如下："嗣闻人言，内意不愿多言西法，尊电亦言勿袭西法皮毛免贻口实等语，不觉废然长叹。若果如此，变法二字尚未对题，仍是无用，中国终归澌灭矣。"④

在张之洞的理解中，变法在于消除与西方国家间的差异，几乎等同全盘西化。所以他说："盖变法二字，为环球各国所愿助，天下志士所愿闻者，皆指变中国旧法从西法也，非泛泛改章整顿之谓也。若仅整顿常谈，安能数年即有成效，安能即望自强？且与外国何涉？大约各国谓中国人昏陋懒弱，诈滑无用，而又顽固虚骄，狂妄自大，华己夷人，嫉视各国，如醉如梦。其无用，既可欺其骄妄，更可恶。故视中华为另一种讨人嫌之异物，不以同类相待。必欲作践之，制缚之，剥削之，使不得自立为一国而后已。现议之约，即此办法，步步加紧，莫测所终。中国地日蹙，兵日弱，财日匮，群强环而压之，将与越南、印度同，求为高丽而不可得矣。大抵今日环球各国大势，孤则亡，同则存。故欲救中

① 此电，据《张之洞电稿甲编》为庚子十二月廿三日，而《张之洞全集》与《张文襄公（之洞）全集》则同标为十二月二十四日巳刻到。在后两集中，排在其前的《致安庆王抚台》一电，似为此电回覆，且称此电为二十三日电，故排在其后更为恰当。

② 《王抚台来电》，苑书义等编：《张之洞全集》第 10 册（电牍），河北人民出版社 1998 年版，第 8497—8498 页。

③ 同上书，第 8497 页。

④ 《致西安鹿尚书》，王树楠编：《张文襄公（之洞）全集》，第 12305 页。

国残局，惟有变西法一策。精华谈何容易，正当先从皮毛学起。一切迂谈陈话，全行扫除。盖必变西法，然后可令中国无仇视西人之心；必变西法，然后可令各国无仇视华人之心；必变西法，然后可令各国无仇视朝廷之心。且必政事改用西法，教案乃能消弭，商约乃不受亏，使命、条约，乃能平恕，内地、洋人，乃不致逞强生事。必改用西法，中国吏治、财政积弊，乃能扫除，学校乃有人才，练兵乃有实际，孔孟之教乃能久存，三皇五帝神明之胄，乃能久延。且康党、国会之逆党、乱民，始能绝其煽惑之说，化其思乱之心。至于此等大计，圣上主之，疆臣议之，政府定之，愚谬之说不理可也，岂能以国家存亡徇夏洪诸妄人之谬论哉。伏望详思明断，与略园、仁和两相密商之。若不趁早大变西法，恐回銮后，事变离奇，或有不及料者。"①

张之洞认定变法就"必变西法"，并希望在西安行在的几位枢臣，就变法问题在"上意即有扞格"时，能"启沃"圣聪而达明断，锐意变法。而慈禧变法意旨明暗两个基调一旦落定，所谓变法问题的广泛筹议，便再次变成一场政治游戏。如此大范围的政治筹议，只不过是清朝政治原有机制的一次触发，在清朝历朝施政中并不鲜见。如果没有新鲜内容，在如此困境中的筹议，至少对变法本身，不会产生根本性影响。慈禧所期望的不仅是一些建议，更重要的还在于包含于变法筹议活动中的一份服从和支持的政治态度。庚子事件中，清朝统治严重动摇，出现不稳迹象。这不仅仅表现为民众的背离，同时也包括督抚的离心倾向。慈禧深知自己在庚子事件中的责任，也曾有悔过表述。据吴永回忆，在西逃途中，慈禧曾经表示："我总是当家负责的人，现在闹到如此，总是我的错头；上对不起祖宗，下对不起人民。"② 可见，其幡然变法的政治姿态，既为形势所迫，也有思想真实转变的一面。这是当政者面对危局应有的一个需求，未必尽如论者所言，"为了继续保住统治，而故作的姿态"③。但若仅据这些信息便得出判断，认为慈禧的变法没有底线，那便陷入一个政治误区。作为当政者，其政治生命便是手中的权力。任何政治决定，都不可危及其对权力的把控。面对庚子事件以来统

---

① 《致西安鹿尚书》，王树楠编：《张文襄公（之洞）全集》，第12305—12307页。

② 吴永口述：《庚子西狩丛谈》，岳麓书社1985年版，第89页。

③ 韦庆远等：《清末宪政史》，中国人民大学出版社1993年版，第105页。

治权威的损失，慈禧最希望通过变法获得权力加强的机会。因此，新政的初始和结局都将以加强皇权为指归，官制改革也莫不循此而为。

此后，内外官员陈述建议的条陈，纷至沓来。为此，清廷专门于光绪二十七年（1901）三月设置督办政务处，处理有关章奏。当日上谕内容如下："上年十二月初十日，因变通政治，力图自强，通饬京外各大臣，各抒所见，剀切敷陈，以待甄择。近来陆续条奏已复不少，惟各疆臣、使臣多未奏到。此举事体重大，条件繁多，奏牍纷繁，务在体察时势，抉择精当，分别可行不可行，并考察其行之力不力。非有统汇之区，不足以专责成而挈纲领。着设立督办政务处，派庆亲王奕劻，大学士李鸿章、昆冈、荣禄、王文韶，户部尚书鹿传霖为督办政务大臣，刘坤一、张之洞亦着遥为参预。各该王大臣等于一切因革事宜，务当和衷商榷，悉心评议，次第奏闻。俟朕上禀慈谟，随时更定，回銮后切实颁行，示天下以必信必果、无党无偏之意。其政务处提调各官，该王大臣等务择心术纯正通达时务之员，奏请简派，勿稍率忽。此事予限两月，现已过期，其未经陈奏者，着迅速条议具奏，勿再延逾观望。"① 由上谕内容可知，督办政务处是为改革特设的总办机构。这里汇集了各方政治势力，也包括地方督抚的代表，体现了一定的代表性。而在收集的内外大臣变法奏议中，由张之洞、刘坤一联衔合奏的三份奏折，形成比较系统、具体的变法方案，成为此后直到光绪三十一年（1905）五大臣出洋考察宪政前改革的重要范本。

庚子事变地方督抚中，两江总督刘坤一、湖广总督张之洞、两广总督李鸿章、闽浙总督许应骙、四川总督奎俊和山东巡抚袁世凯，拒绝奉行慈禧颁布的宣战诏令，反与参战各国缔结协议，互保管理区域，不相侵扰。地方督抚以"东南互保"的形式，呈现出的政治分立倾向加重了慈禧的担忧，颁诏变法未尝不是为抵消督抚离心倾向的一个重要步骤。但在国家内外呈现全面危机的情况下，颁诏变法毕竟为推行政治改革开启了一线之机。两江总督刘坤一在光绪二十七年二月十七日（1901 年 4 月 5 日）发给张之洞商议联衔合奏的电文中，表达了对变法诏书的欢迎态度。电文如下："鄂铣电悉，议院意美法良，但恐事多阻格，未能照

① 《光绪朝上谕档》第 27 册，第 49—50 页。

行。此次变法为中国治乱兴衰一大转机，关系极巨。香帅博通今古，贯彻始终，经济文章海内推为巨擘，非由香帅主稿断难折衷至当，万望勿再客气主持办理。坤如有所见，亦当知无不言，以备采择。”① 这是刘坤一与张之洞，就联衔合奏事宜的筹商电文。除在主稿问题上，双方互相推让外，电文主要涉及两项内容：其一，刘坤一等人非常重视此次上谕中决定变法的表述，认为是中国“治乱兴衰”的一个转机。刘坤一凭借其丰富的政治经验，作出一个有足够信心的政治判断。其次，在参酌中西制度时，刘坤一虽然认为西方议会制度“意美法良”，但并不认为能在中国顺利推行。言下之意，他设想的变法方案相对保守一些，但却更为妥当。他的主张更倾向务实，不愿触犯当政者的忌讳，期望改革收到实效。

刘坤一此电，是对张之洞前一日电文的回覆。在变法方案问题上，双方在看法近似中略有差异。在前一日的电文中，张之洞概述了关于变法的一些设想。他认为：“其实变法有一紧要事实为诸法之根，惟言之骇人耳。西法最善者，上下议院互相维持之法也。中国民智未开，外国大局茫然，中国全局本有政事亦茫然，下议院此时断不可设，若上议院则可仿行。考宋磨勘转官之法，必有荐主十人。明廷推之法，则大臣皆与，似可略仿之。”② 张之洞认为西方制度的根本是议会制度，但同时认为若在中国提倡，须承担政治风险。另外，他认为中国民智未开，不能推行下议院，但可仿行上议院，并以宋朝和明朝制度相比附，以说明其想法符合“浑融”中西的上谕宗旨。在这一点上，张之洞显然比刘坤一表现得更为激进一些。据张之洞光绪二十七年二月十三日（1901年4月1日）电文显示，督抚联衔复奏的提议，最先由刘坤一提出。张之洞电文如下：“接岘帅正月艳电，谓变法复奏，必宜督抚联衔方可有益。此论诚然，人多尤善。拟请岘帅主稿，鄂省附名。”③ 双方有关联衔复奏的筹议电文显示，主要为了形成推动变法的声势。但从双方就何方主稿问题的推脱之词，似又显示了各自别样的政治意态。地方督抚针

① 《刘岘帅来电》，盛宣怀：《愚斋存稿》卷54《电报三十一》，《近代中国史料丛刊续编》第13辑，文海出版社1975年版，第1212页。

② 《张香帅来电》，盛宣怀：《愚斋存稿》，第1211页。

③ 同上书，第1208页。

对此次变法并无锐意进取的姿态，联衔以壮大政治声势，不过为规避政治风险而已。

在多次筹论中，改革的基本内容逐渐成形。在光绪二十七年五、六月间（1901 年 6—8 月），刘坤一、张之洞以联衔形式，连上三折，这就是历史上著名的“江楚会奏变法三折”。这三道奏折，分别是《变通政治人才为先遵旨筹议折》、《遵旨筹议变法谨拟整顿中法十二条折》、《遵旨筹议变法谨拟采用西法十一条折》，一片为《请专筹巨款举行要政片》。这次会奏活动，虽未能实现起初设想的督抚联衔，但在联衔筹议中，大家达成的一些共识，最终在三折中得以体现。他们不再认同仅限局部的改革，江楚三折提交的是一个从人才培养、政治整顿、经济振兴，到深化向西方学习的全面改革方案。在这一方案的制订过程中，江浙绅商阶层积极参与，张謇、汤寿潜、沈增植分别提交了一份方案底稿。最终，刘坤一从稳妥着眼，主张采用沈增植的方案作为底本。他在给张之洞的电文中说：“张、汤稿宏深博大，意在一劳永逸，惟积习太深，一时恐难办到。沈稿斟酌损益，补偏救弊，较为切要。其中只科举学堂分途考试，不废八股尚需酌改耳。似可用沈稿为底本，再得我公斧政润色，必卓然可观。公前拟九条，皆救时良策，有沈稿所未及者，仍拟添入。”①

“江楚会奏变法三折”提出的政治主张，基本限制在潜移默化的范围之内，不会给政治带来震颤效果。但其主张若能循序执行，渐次达成，并增加后续改革设想，未尝不是一个理想的方案。只是清朝政治锢疾太深，如此清汤未必能达到振衰起弊的作用。由于这个方案并未涉及政权问题，且又非常全面可行，很快便得到慈禧的认可。光绪二十七年八月二十日（1901 年 10 月 2 日），慈禧在特颁懿旨中宣布：“尔中外臣工，须知国势至此，断非苟且补苴，所能挽回厄运，惟有变法自强，为国家安危之命脉，亦即中国民生之转机。予与皇帝，为宗庙计，为臣民计，舍此更无他策。尔诸臣受恩深重，务当将应行变通兴革诸事，力任其难，破除积习，以期补救时艰。左据刘坤一、张之洞会奏整顿中法仿行西法各条，事多可行，即当按照所陈，随时设法择要举办。各省疆

① 《刘制台来电》，《张文襄公（之洞）全集》卷 172《电牍五十一》，第 12375 页。

吏，亦应一律通筹，切实举行，大要不外言归于实，用得其人。”① 如此，“江楚会奏变法三折”得以成为清朝新政时期各项变革的指导思想。虽然就其主张来看，并未提出变革体制的内容，但从刘坤一与张之洞在筹议过程中的思想表露来看，体制层面的改革终究是一个要追求的目标。其改革科举制度及建立法律体系方面的主张，已经在为体制变革做最初的铺垫和尝试。不难想象改革继续深入，会有一个怎样的政治前景。

只是清末政治，已经不能提供一个政治实践的理想环境。即便新政措施次第举行，只是大多徒具形式，政治局势的总体面貌却并未改观。赵秉麟曾对这一时期变法的情况，作过一个总结。他说：“自戊戌新政蹶败，稍谈时务者，祸不旋踵。顽固党势大张，群相率以新党为戒。凡戊戌以前诏行者，皆为推翻。至是，各国皆言中国不变法不能自存。奕劻、鸿章累奏之，始令采行新政。嗣后，刘坤一、张之洞，上变法三奏，督抚台省纷纷言变法，纲目稍具，而朝廷精神不属，盖以是为对付外人之策。上多嫌疑，下怀顾忌，终议论多，而成功少，风俗薾然不振。”② 可见，当时清朝当政者并未下定彻底改革的决心，始终处于观望等待的状态，不能主动因应局势，只能为形势所迫，亦步亦趋。任何改革若缺少了一份制度理想，即所谓政治“精神”，仅把权力、利益得失作为施政的指归，终究逃不过失败的结局。

清政府从光绪二十七年（1901）颁诏宣布变法，至三十一年（1905）派遣五大臣出洋考察政治，相继举办了一些“新政”措施。这些措施基本依据“江楚会奏变法三折”的设计思路，体现了全面并举的原则。在政治方面，其一，添设新机构。督办政务处，便是新设机构之一。光绪二十七年（1901）六月，清政府应列强要求，改总理各国事务衙门为外务部，列六部之首，成为专门办理外交事务的机构。光绪二十九年（1903），清政府在中央设立商部，在各省设立分部，以加强对经济的管理和促进，光绪三十二年（1906）扩充为农工商部。光绪三十一年（1905），清政府设立巡警部，这是仿行西方军事制度的成果之

① 《光绪朝上谕档》第27册，第188页。

② 《赵柏岩集》，第596页。

一，专门负责社会治安。同年，清政府设立学部，管理全国教育。这是在废除科举之后，清政府在教育改革方面的又一重要举措。

其二，裁撤旧衙门。光绪二十八年（1902），清政府以名实不符等理因，将詹事府并入翰林院。同年四月，清政府裁撤户部三库郎中等缺，其收支事宜统由户部堂官经理。光绪三十一年（1905），裁撤国子监，其事务并入学部。在地方机构的裁撤方面，清政府首先于光绪二十八年（1902）裁撤河东河道总督；光绪三十年（1904），裁撤粤海关、淮安关两监督，又裁撤江宁织造。同年十一月，清政府裁撤云南、湖北两省巡抚，其所辖事务并入云贵总督、湖广总督的职责之内。光绪三十一年（1905），清政府裁撤奉天府尹，将奉天府臣改为东三省学政。

其三，调整官员的考课制度。为提高官员的政治素质，清政府于光绪二十八年正月十七日（1902 年 2 月 24 日）下令各省设立课吏馆。上谕中说："近来各省已有奏设课吏馆者，自应一体通行，惟重在考覆人才。"① 此后，制度内容得到不断补充。如规定，候补官员必须领有卒业文凭，才可补用；新中进士人员须先进入京师大学堂学习，并"必须领有卒业文凭，始准送翰林院散馆，并将堂课分数于引见时排单内注明，以备酌量录用"②。光绪三十二年（1906），课吏馆改为法政学堂，专门培养法政人员，清朝政治体制及政治观念又为之一变。

其四，整顿吏治。光绪二十七年三月（1901 年），御史陈璧上《请除各衙门积弊事宜折》，认为"国家定制，以六曹总理庶务，若纲在网，天下大政，咸受成于是。法非不尽善，然行之既久，而百弊从生者何也？官不亲其事，而吏乃攘臂纵横而出于其间也"。他认为政治的弊病在吏治，且在承平之时无法根治，只在"乱极思治之时，改弦更张易为力"，而庚子兵祸，"各衙门文卷册籍荡然无存，吏胥之窟穴其中者，亦散而之四方或改他业以去"，正是去除吏治积弊的良机。所以他请求"朝廷发一明诏，特简通知古今公忠识大体之重臣，将京中大小各衙门所有重复抵牾奥窔不可猝瞭之例，一时权宜可左可右无所折衷之案，一切罢去留其足为典要者，遇事比附，其无可比附者，均恭候钦定遵行，

① 《光绪朝上谕档》第 28 册，第 18 页。

② 《光绪政要》卷 28，第 1797 页。

亦以尊朝廷而重法制也”。至于衙门公事，他“请朝廷发一明诏，自今以始，案卷尽提藏司堂，司员亲手分类记载，续收续记，逐日清理，无令遗漏。初到署之司员，分司后，一面阅看则例，一面学习检案。检案能矣，即令学习拟稿，无一案不出司员之手检，无一稿不出司员之手裁。堂官以是定其贤否，而加之黜陟”①。陈璧所提裁撤书吏、培养司员的整顿办法，获得当政者的肯定，被认为“洞中窾要，有裨治理，殊堪嘉许，亟宜切实施行”。于是当政者颁发诏书，要求各衙门堂官“责成各司员将现行各例，删繁就简，弃案就例，悉心筹度，详细核定，奏明办理，以杜积弊”②。四月，清政府再发上谕，要求整顿部务裁撤胥吏。五、六月，刘坤一、张之洞上“江楚会奏变法三折”，在《遵旨筹议变法谨拟整顿中法十二条折》中，提出整顿吏治的四条主张，“停捐纳”，“课官重禄”，“去书吏”，“去差役”③。随后自六部，京中各衙门开始裁撤书吏。

从光绪二十七年到三十一年（1901—1905），清政府出台的变法措施，涵盖政治、经济、教育、军事、法律五个方面。只是清政府的变革姿态，未能带给人们所预期的效果，反因变法举措耗费大量财政，最终加重了人民负担。正如《东方杂志》所言：“未见有变法之效，惟觉搜刮益重，外势益逼，颇有晚明气象。”④ 另外，自清政府宣布变法以来，国内舆论渐趋活跃，立宪思想的宣传逐渐扩大。到光绪二十九年（1903），《大公报》等报刊，已经在经常性刊发论述立宪的文章。例如，光绪二十九年三月廿七日（1903 年 4 月 24 日）《大公报》刊发文章认为：“外患不能自生，必因内乱而起，内乱实为外患之媒……内乱既达于极点，外患更相迫而俱来。安内不足，御外亦不足。此灭亡之象，已呈露而无遗也。故我中国今日之情形，非外患之足虑，实内乱之可忧。苟仍视民如土芥，芟之薙之，以求一日之安，吾恐瓦解土崩，不旋踵即罹亡国之祸。处今日而谋救国，惟有急求教民之术，急筹养民之

① 《光绪政要》卷 27，第 1594—1595 页。

② 同上书，第 1596 页。

③ 《遵旨筹议变法谨拟整顿中法十二条折》，光绪二十七年六月初四日，《张之洞全集》第 2 册《奏议》，第 1407 页。

④ 蘧照：《立宪私议》，《东方杂志》第二卷第十一期《社说》。

方。不以剥削伤民心，不以压制抑民气。而其图治之根原，首在立宪法、予民权。如此则上下相安，君民一德。联合大群，以防外患之来，则中国之前途或犹可补救于万一。”① 由此可见，当时报刊舆论并不认同清朝政府正在进行的变革举措，而将希望寄托在立宪政治上，并认为立宪是中国命运转机的唯一希望。创刊于光绪三十年（1904）的《东方杂志》，便因高频率刊登宣传立宪的文章而特色鲜明。据《中国近代报刊史》观察，《东方杂志》“所辑录的文字和所刊的《中国立宪之要义》、《论立宪与教育之关系》、《人民程度之翻译》、《论地方自治之亟》等特约文章，都明显地倾向于立宪”②。不仅是绅商阶层，即便是政府官员，也越来越经常性地谈论立宪问题。早在筹议联衔会奏时期，张之洞就已经表达过部分立宪的想法，只是刘坤一担心阻力太大，而作罢议。当时出使日本大臣李盛铎，翰林院学士朱福诜，或请求派员出洋考察政治，或直接主张立宪。随时间推移，主张立宪的声音越来越强大，尤其在日俄战争之中和结束之后，立宪已经成为清朝当政者无法回避的问题。

光绪三十年（1904），日俄战争爆发，国内舆论给以极大关注。一则，日俄为争夺在华利益而战，中国却只能严守中立，无所作为的局面，令人愤激。另则，日俄之战是宪制政体的日本对战专制政体的俄国，具有制度对抗的象征意义。尤其对处于宪制政体大讨论中的中国，更具借鉴意义。若日本能胜，无疑会增强立宪主张的说服力，进而为争取最高决策提供有力的依据。《东方杂志》1904 年第 1 期刊文，便将日俄战争视为专制政体与立宪政体的一场决战，认为“专制立宪之强弱，悉取决于此也”③。随着日俄战场形势的明朗化，人们开始剖析俄国失败的原因，进而说明中国立宪的必然性。《大公报》载文发表看法，认为“中国当务之急在变其政体。今立宪政体通行全球，惟我与俄尚为专制。俄之强也地跨两大洲控弦五百万而不敌三岛之日本，君悉其故乎？非俄之败于日本，乃专制败于立宪耳。政体不变，无论所变何法，法愈变其弊愈深，害益烈，而国亡愈速”，并断言“中国变专制为立宪实为

① 《论内乱外患有相因之势》，《大公报》1903 年 4 月 24 日。

② 方汉奇：《中国近代报刊史》，山西人民出版社 1981 年版，第 589—590 页。

③ 《论中日分和之关系》，《东方杂志》1904 年第 1 期，1904 年 7 月 8 日发行。

当务之急焉”[①]。《南方报》亦载文，认为日俄战争的结果是“天意所示其趋向，引导中国宪政”[②]。

日俄战争的结果，引发了关于立宪的广泛讨论。要求政府实行立宪的主张屡见报端。江浙区域以绅商阶层为主的立宪群体，也展开广泛的政治游说。他们依托广泛的人际脉络，从地方督抚到中央枢臣，积极推销他们的立宪主张。而受此环境影响，立宪问题逐渐成为清朝官员奏议的内容。还在日俄战争前夕，云贵总督丁振铎、云南巡抚林绍年即联衔上奏，陈述关于东三省的看法。他们认为无论日俄谁胜，“中国亦必被侵销”，而“为今之计，似惟有急宣上谕，誓改前非”。他们主张在此危急存亡之际，中国应“亟图挽回，无论此次俄日衅成，我不能不变以图存，即俄日事平，而日本变法之明效如彼，我未变法之吃亏如此，则变与不变，不待再计而决……非毅然决然，如日本明治初年，则虽日言变法，亦必敷衍而终无成效”[③]。随着日俄战局日渐明朗，从地方督抚到枢臣亲贵，以立宪为言，要求变法的主张，屡见奏章。张之洞、袁世凯、周馥、魏光焘等人，或要求派亲贵出洋考察东西各国政治，或要求变革政体，施行宪政。到光绪三十一年六月（1905），八位地方督抚中就有滇、粤、江、鄂、直五位奏请立宪。[④]

而枢臣中，瞿鸿禨也渐有立宪想法。据其子所撰《先君府君行述》载述：“先府君默观时局，非改革无以图存，前席时屡以为言。立宪之议初兴，先府君以斟酌损益，必须博采中西诸国之所长，而详考中外异同之故，因自请赴外洋考察政治。”[⑤] 至此当政者已经再难拒止尝试立宪的请求，而于光绪三十一年六月十四日（1905 年 7 月 16 日）颁布上谕，派遣亲贵大臣出洋考察各国政治。上谕中有这样的话：“方今时局艰难，百端待理，朝廷屡下明诏，力图变法，锐意振兴，数年以来规模

① 《振兴中国何者为当务之急》，《大公报》1905 年 4 月 21 日。

② 《论立宪为万事根本》，《南方报》1905 年 8 月 23 日。

③ 《滇督抚丁振铎林绍年致枢垣日俄将战中国必受其殃请速变法以挽危局电》，王彦威纂辑，王亮编，王敬立校：《清季外交史料》，书目文献出版社 1987 版，第 2839—2840 页。

④ 据吴春梅《一次失控的近代化改革——关于清末新政的理性思考》，安徽大学出版社 1998 年版，第 121 页。

⑤ 瞿宣朴等：《先君府君行述》，《近代史资料》第 83 号，中国社会科学出版社 1993 年版，第 40 页。

虽具而实效未彰，总由承办人员向无讲求，未能洞达原委，似此因循敷衍，何由起衰弱而救颠危。兹特简载泽、戴鸿慈、徐世昌、端方等，随带人员，分赴东西洋各国考求一切政治，以期择善而从。嗣后再行选派分班前往，其各随事诹询，悉心体察，用备甄采，勿负委任。”① 其中虽无一字涉及宪制政体，甚至以“嗣后再行选派分班前往”的说辞模糊考察的期限，但政治体制变革的步伐已是无法阻止。

五大臣出洋考察在经历了一次车站遇刺事件之后，于光绪三十一年（1905）底，分两批先后启程出洋。最先启程的戴鸿慈、端方一支，于光绪三十一年十二月廿九日（1906 年 1 月 23 日），开始对美国、德国、丹麦、瑞典、挪威、奥地利、匈牙利、俄罗斯、荷兰、比利时、瑞士、意大利等国考察，并于光绪三十二年闰四月三十日（1906 年 6 月 21 日）启程回国。由载泽、尚其亨、李盛铎率领的另一支考察团，则于光绪三十一年十二月廿二日（1906 年 1 月 16 日），开始对日本、美国、英国、法国、比利时等国考察，于光绪三十二年闰四月十九日（1906 年 6 月 10 日）启程回国。② 筹备出洋考察政治的同时，清政府于光绪三十一年十月二十九日（1905 年 11 月 25 日）下诏设立考察政治馆，意在“择各国政法之与中国治体相宜者，斟酌损益，纂订成书，随时呈进，候旨裁定”③。即便如此，清政府内部就是否下诏立宪，并无定论。在作为制度监护者的御史群体中，反对立宪的声音众多，主要担心君权因立宪而被削弱。

光绪三十二年七月十三日（1906 年 9 月 1 日）清政府颁布上谕，决定预备立宪。上谕中说：“现在各国交通，政治法度，皆有彼此相因之势。而我国政令积久相仍，日处阽危，忧患迫切，非广求智识，更订法制，上无以承祖宗缔造之心，下无以慰臣庶治平之望。是以前简派大臣分赴各国考察政治。现载泽等回国陈奏，皆以国势不振，实由于上下相睽、内外隔阂，官不知所以保民，民不知所以卫国。而各国之所以富

① 《派载泽等分赴东西洋考察政治谕》，故宫博物院明清档案部：《清末筹备立宪档案史料》，中华书局 1979 年版，第 1 页。

② 此据《清末筹备立宪档案史料》中的载泽及戴鸿慈考察“大概情形”暨“日期”奏折参证而得。

③ 《设立考察政治馆参酌各国政法纂订成书呈进谕》，《清末筹备立宪档案史料》，第 43 页。

强者，实由于实行宪法，取决公论，君民一体，呼吸相通，博采众长，明定权限，以及筹备财用，经划政务，无不公之于黎庶。又兼各国相师，变通尽利，政通民和有由来矣。时处今日，惟有及时详晰甄核，仿行宪政，大权统于朝廷，庶政公诸舆论，以立国家万年有道之基。但目前规制未备，民智未开，若操切从事，涂饰空文，何以对国民而昭大信。故廓清积弊，明定责成，必从官制入手，亟应先将官制分别议定，次第更张，并将各项法律详慎厘订，而又广兴教育，清理财政，整饬武备，普设巡警，使绅民明悉国政，以预备立宪基础。着内外臣工切实振兴，力求成效，俟数年后规模粗具，查看情形，参用各国成法，妥议立宪实行期限，再行宣布天下，视进步之迟速，定期限之远近。着各省将军督抚，晓谕士庶人等，发愤为学，各明忠君爱国之义，合群进化之理。勿以私见害公益，勿以小忿败大谋，尊崇秩序，保守平和，以预储立宪国民之资格，有厚望焉。"[①] 经过政治考察之后，当政者表示立宪已是大势所趋。"仿行立宪"的决定，是经过慎重考虑的结果。在上谕的表述中，"大权统于朝廷，庶政公诸舆论"一句，显然是当政者决定立宪的主旨。这也预示着立宪的过程必然会呈现一个不断向中央集权的趋势。在"规制未备，民智未开"的情况下，当政者做出首先进行官制改革的决定。这涉及权力的重新分配以及可能的转移，因牵涉每一个官员的切身利益，而必然引发统治集团内部的巨大震荡。

关于清政府宣布派亲贵大臣出洋考察政治，御史群体并未作过多表态。据《清末筹备立宪档案史料》显示，从光绪三十一年十一月（1905）五大臣出洋考察始，至光绪三十二年（1906）七月颁布"预备立宪"上谕止，只有两位御史上奏折表达了针对立宪的看法。光绪三十一年十二月二十日（1906年1月14日），江西道监察御史刘汝骥上奏，针对当时宪政思想及主张广为讨论的局面，认为是"异说嚣张，是非杂糅"，并请当政者"明定国是，以正学术而遏乱萌"。他认为："圣人所以恶夫异端曲说，断断而排之者，非攻异己也，惧夫是非不明，而天下之乱将由此出也。"他认为，当时政治主张淆然杂陈的局面是"非圣无法者流，遂挟其爝火篝狐号召于晨光熹微之际。少年学子喜其说之便于

① 《光绪朝上谕档》第32册，第128—129页。

弋富贵钓名誉也，遂丐其剩馥残膏，昌言而无所于讳。四维不张，十日并出，此不独紫色郑声之淆入视听，廪廪有毁冠裂冕之惧焉，此不可不察也。”①

刘汝骥，字仲良，号李青，直隶静海（今天津市静海县）人。光绪二十一（1895）年乙未科二甲第二十九名进士。散馆授编修，升至江西道监察御史，后出为安徽徽州府知府②。刘汝骥思想保守，对立宪“抑君权以张民权”的主旨大不以为然。他说：“君子之谋国也，必先究其受病之根源，以为下药之次序。”他认为宪制政体适合欧洲，在于“欧洲百年前，其君暴戾恣睢，残民以逞，其病盖中于专制，以立宪医之当也”。而中国政治的弊病，在刘汝骥看来与欧洲的状况正好相反，则是“官骄吏窳，兵疲民困，百孔千疮，其病总由于君权之不振，何有于专，更何有于制”。他认为在中国主张立宪是只知“立宪之利，而不知立宪之害，彼曰立宪，我亦张皇其说曰立宪立宪。是犹之医者不寻其脉理，不察其症结，见萎弱之病夫，遽施以乌堇猛烈之剂也”。由于缺少关于西方政治制度直观的体会，又不能理解宪政体制的制度精髓，导致他的政治视角始终未离开王朝兴替、权力得失的范围。而在东西方制度对比上，他的主张便难免出现附会其形，而不能潜探制度、文化精髓的状况。他认为：“政无新旧，惟顺乎民情，学无中西，惟求诸实事。试进而考诸中古，贤能有书，奇衺有皋，则人民有选举权也可知。谋及庶人，询于刍荛，则人民有议政权也可知。稷、契、皋、益终身不迁一官，不易一秩，则行政权、司法权不相假借也可知。又近而考诸欧美治安之策，莫要于警察，则我国匡人、撢人之职也。理财之法莫要于决算、预算，则我国九赋、九式之遗也。彼国魁垒之士，类能读圣经贤传，搜中原文献以证得失，而考异同，而我国烟雾之士，秕国粹而醉欧风，则又嚣嚣然号于众曰吾西学，吾新政，彼隆准虬髯者，几何不睨笑其旁呼。学宗诸先圣，则士夫之气平。国统于一尊，则巨室之觊觎靖。是非正则学术明，学术明则民志定，民志定则君权不至旁落。臣得一言以蔽之曰：亦在朝廷之断行而已矣。”③ 如果“学无中西”可破除东西

① 《御史刘汝骥奏请张君权折》，《清末筹备立宪档案史料》（上册），第107页。

② 朱彭寿编：《清代人物大事纪年》，第1496、1658页。

③ 《御史刘汝骥奏请张君权折》，《清末筹备立宪档案史料》，第107—110页。

文化中此疆彼界的对峙，而刘汝骥的本意显然不在于化解中西文化间的隔阂。他只是将这一思想引向了西学中源的歧途，强化了对“国粹”的膜拜，最终不过是要为“国统于一尊”而“君权不至旁落”服务。

基于此，刘汝骥认为中国政治的病原在君权不振，限制君权并不吻合中国病症，故而反对立宪。其思想的保守性，在于他忠于皇权的虔诚度，忽略了君权之外人类其余价值的存在。相比而言，御史王步瀛的政治倾向则较为开明一些，并不反对变法。而在政治主张方面，王步瀛与刘汝骥颇多相似之处。他认为：“国家之安危，视于政治，政治之枢纽，必在中央。”显然，王步瀛以强化中央权力，视为国家安宁的核心内容。他同时认为政治制度应当与现实状况相适应，即便“专修外交，犹不可不悉内政，况将取外人之政治与我国所固有者，镕陶而损益之，顾于我国之地理、民情、风俗、习惯与政治一切之关系，茫然罔知，遽昧昧然悬一高尚之目的，微论东西之制，不尽吻合于中国，即中国之制，亦断难划一于行省。何也？地大物博，风气互殊，一方所谓利者，迁地或即以贻害，此处所当兴者，彼处或不可不革。惟在舍短从长，师意去迹，因地施宜，揆势立法，则非久于其土与士民相亲者未易从事矣。况行政之要，贵于敏速刚断，权归统一。故西国之制，一部必有长官，长官必以一人，尚虑其不统一也，又置一人为内阁总理，对于议院而负责任。诚以政权若不统一，则多滞碍难行之处，非立法必须公议者比也”。[①] 王步瀛注意到中西制度的差异，更强调对制度做适应性取舍，反对选择政治制度中的盲目性。他重点关注了西方政体中权力的组织形式，而他从中得出的结论，则是“权归统一”。他认同政治变通的做法，赞同派大臣出洋考察政治，认为是“洞悉富强之本，与时变通”之举。同样主张强化中央集权，王步瀛着眼政治变革的前景，而刘汝骥则止步于集权本身，并且是集权于君主。在同一问题上，即便二人持相同主张，政治意旨却也存在明显差异。

王步瀛（1852—1927），“字仙洲，号白麓，晚号遯遯斋，又署息壤余生。先祖为山西洪洞县人，明洪武初年移民时迁入陕西鄜县金渠镇

① 《御史王步瀛奏改良政治必先统一事权析》，《清末筹备立宪档案史料》，第118—119页。

河底村”。光绪二年（1876）丙子科二甲进士，遂任户部河南司主事，后升员外郎。庚子年随扈慈禧、光绪西狩到西安，回京后“因功升任户部郎中、京察一等补御史”。以御史身当言路，“数月连上疏八十余章直言进谏……不仅未被采纳，反而触及了权贵，很快遭贬外调”，任江苏常州知府，继而调甘肃凉州任知府。① 王步瀛之所以特别强调制度改革的“因地制宜”，乃是对过往施政弊病总结的结果。他希望政治改革能落到实处，而不是流于形式。他说：“前者我国部臣于各省之情形素未讲求，故请旨施行之事件，不必悉宜于通国，往往疆臣持其短长，直以万难遵办相覆，或则阳奉阴违，名实不副，部臣亦无可如何。既乖令出惟行之旨，亦非集权中央之道，而按诸地方情形，则实有不能一律者，亦非尽疆臣跋扈因循之咎也。今者百度维新，万方耸视，若蹈前此之积习，将贻列邦之讪笑，诸凡举措何望有成。即大臣顾念及此，以一省之利弊，询该省之疆臣，无论往返稽延时日，且其中之周折隐微，有为督抚之所不欲言，更有督抚所不及知。”

王步瀛之所担心者，也确乎清朝政治存在的问题之一。而处制度创始、百度维新之际，某些政治问题的解决，未必需要采取具体措施，或在一定思想原则下的理解和尝试接受才最重要。当然这也反映出清末政治改革的一个问题，即改革的思想原则并不明确，或者不足以引导人们去接受并消化政治领域的一些新变化。而王步瀛提出的解决之道，是一种沟通、协商的方式。他说：“求其熟悉于地理、民情、风俗、习惯，足以孚士民之心，而收指臂之效者，实莫若本地学品兼优之绅，与本省才能素著之官。臣愚拟请旨将臣此折交政务处及考察政治馆大臣迅速核议，妥订办法，奏候圣裁。并请饬下各直省将军、督抚，慎选本省留心时事阅历有得之道府州县，并令合省绅民公举识见宏通人望素孚之绅士各一员，奏派政治馆顾问官，为一省之代表。遇有该省疑难之问题，即向该员就近諏询，其有于本省情形必不能行者，亦许该员有抗议之权。庶集思广益，兼听则聪，下令于流水之源，不至贻反汗之羞，奠国安民，在此一举。”②

① 眉县地方志编纂委员会：《眉县志·人物》，陕西人民出版社2000年版，第784—785页。

② 《御史王步瀛奏改良政治必先统一事权折》，《清末筹备立宪档案史料》，第119页。

这一主张似乎符合诸如“礼失求诸野”等某些古老政治原则，又似乎有代议制的某些因素，也许这正是他所谓“舍短从长，师意去迹”的改革主旨。但如此不成制度，临时性的政治举措，果能“奠国安民”于“一举”吗？改革设计者一蹴而就的思想，未免太少长远考虑，而多流于政治热情的表露。

在另一奏折中，王步瀛则将《御批历代通鉴辑览》中，乾隆有关明朝政治得失、朝代兴衰的御批，与立宪政体相较，而得出宪制政体“未足尽恃”、“难免滞碍”的结论。他说：“窃闻道路传言，方今朝廷政治，凡政务处所议，犹为旧中之新，将来考察政治馆所办，则为新中之新，相与拭目，仰觌新猷。臣愚以为政治应行考察，无过改官制，开议院，投票举员，地方自治数大端。然利益所在，弊害即隐伏其中。”王步瀛对宪制政体的怀疑态度，来自他的具体推论。而此种政治推论的参照系，既不是现实政治的具体实践，也非宪制政体的具体理论，却是一部老旧《御批历代通鉴辑览》中的御批箴言。如此驴头马嘴的思想搭配，难怪会得出令人无奈的政治结论。他首先怀疑议院在政治生活中的作用，认为“凡事必经议院而后定，恐转滋纷扰也”。其次，他对投票选举制度提出质疑，认为“投票举员之未足尽恃也”。再次，他不赞同地方自治制度，认为“地方自治必用乡官难免滞碍也”。他与同时代的众多官僚，仅从政治形式便将代议制中的选举制度认定为明代的廷推制度，进而认为“简擢出自廷推，实为明代弊政”。同时，对废除科举制也不无非难之词，他说：“前者科举骤停，未及三科递减，众论已嫌其遽，难于教育普及。今兹政治多主立宪，事体何等重大，似宜益加详慎，规划久远。我朝之视明代本如周监（引者注：鉴）于殷，祖宗家法尤为旷古所未有，深冀两宫取各国之长，以去吾国之短，尤望体列圣之意，以立于群兢之时。”① 王步瀛言辞间虽赞同当政者“取各国之长，以去吾国之短”，却又以“列圣之意”相规诫。其着眼点全然在皇权安危，并不能真正从制度精神层面审视改革的利弊得失。由此可见，当时御史群体无论赞同立宪与否，却都表达了对立宪的担忧。而他们的关注点，无疑全在皇权安全上面。唯恐因

① 《御史王步瀛奏改官制开议院投票举员地方自治之弊折》，《清末筹备立宪档案史料》，第122—123页。

立宪而导致君权旁落，威胁到政治稳定。

当清廷下诏宣布预备立宪之后，御史们针对立宪以及预备立宪所发布的具体内容，展开广泛筹议。人们从利弊得失诸方面，展开对立宪问题的讨论。反对质疑的观点有之，而更多观点则表现出对立宪具体举措的兴趣，而不是阻挡立宪的进行。仅从《清末筹备立宪档案史料》来看，其中有十人，分不同年份，表达了针对立宪问题的看法。在这十人中，只有宣统二年掌广东道监察御史胡思敬，对立宪持彻底反对态度。其余九人则从不同角度，为立宪的推进建言献策。

从担忧君主权力或因立宪而旁落着眼，赵炳麟从开下议院及地方自治两个方面阐述对立宪的见解。赵炳麟于光绪三十二年八月十九日（1906 年 10 月 6 日）补御史，隔天即上奏陈述对立宪的看法。他认为："凡君主立宪国，其君有统一之大权，一切关于政治之事，不经君主裁正，不能施行。而君主之所以巩固其权力者，在有下议院以监督行政诸臣，故政府权虽重，而军政、财政，议院不承认，政府无从逞其强权。虽有枭雄，不敢上陵君而下虐民者，群策群力有以制之。今议者虽云采君主立宪制度，然其办法，臣犹有未解者。"赵炳麟上述见解，颇能扣合立宪政治的精髓。他同样从巩固皇权出发，但能从权力制衡的角度，提出对当时立宪主流意见的批评和质疑。他的质疑包括两大"未解者"：其一，"民智未开，下议院一时不能成立，则无以为行政之监督，一切大权皆授诸二三大臣之手。内而各部，外而各省，皆二三大臣之党羽布置要区……为大臣者自有天良，断无异志，然行之日久，内外知有二三大臣，不知有天子。虽谓二三大臣之进退操于君主，而党羽即成，根柢深固，天子号令不出一城，虽欲进退之，乌从下手，是流弊必至陵君，此未解者一也"。其二，"郡县贪暴，民受其虐，今已甚矣，而议者犹欲重郡县权。台谏之职罢，疾苦既无由上闻，监司之官裁，冤抑又无从上诉，虽有高等裁判将以制守令之不平，然郡县有离省数千里，离京数万里者，铁轨不通，轮舟不到，欲其案之达于省中、京中，无论贫弱者之必不能也，即有力者能达矣，而其人之死于监狱，白骨已朽，其家之耗于官府，黄金已尽。况郡县全归奏任，任守令者，非外政府之亲朋，则内政府之戚党也。专折直达君主者，外仅一总督，内仅数大臣，民虽欲赴君门而诉之，何从上达耶？贪酷横行暗无天日，必千百倍于今朝。是流弊必至虐民，此未解者二也”。

基于上述对主流立宪主张的剖解，赵炳麟认为：“夫立宪本欲尊君，而其弊乃至陵君。立宪本欲保民，而其弊乃至虐民。此所谓大臣专制政体也。民不堪其虐，揭竿起事，海外会党利而用之，必有以更宪法伸民权为名，阴行其革命之术者。兴言及此，臣为中国危，臣为生民恸矣。”为避免因立宪不当引发的政治灾难，赵炳麟认为：“今日而言立宪，必自地方自治始。使地方议会组织完密，逐渐而组织下议院。一面就内外官制，因名覆实，各定办事之权限，无事过为纷更也。”他并为此提出具体的操作建议：“今日欲为立宪之基础，首当预备者，略有六端：一正纲纪……二重法令……三养廉耻……四抑幸进……五惩贪墨……六设乡职乡官之议……以上六端，虽系空理，要皆立宪之精神。凡事不讲求精神，徒见人有一官，我易一官之号，人有一署，我增一署之名，犹袭泥马以学良骥，人皆知其必不行也。”①赵炳麟基本抓到了当时主流立宪主张的核心问题，即徒重立宪政体的形式，而于立宪政治的精神，却一无了解或漠然不顾。赵炳麟具有如此政治识见，远在当时御史群体甚至多数官僚的政治认知水平之上。

山东道监察御史徐定超②在立宪和变革官制问题上，亦持开明态度。他认为：“法积久而大弊，道与时为变通，今日之更定官制，诚属因时制宜之举，但变法图强，非徒以为美名也，必知宿弊之所在，洗涤而扫除之，然后能就新政之当行者次第敷布，而无不具举。且自五大臣考查政治回国后，有此一番举动，非独为国人仰望之所系，且为外人观听之所倾。不责其实，而易其名，虽法度屡改，政令屡颁，终无补于维新之治。”③ 徐定超在变法问题上，强调以切实举措清除政治“宿弊”。他反对“不责其实，而易其名”的形式主义做法，希望变法能取得实效。他所提出的十条改革办法，“用人之事五，行政之事五，化旧为新，在

---

① 《论立宪预防流弊第一疏》，《谏院奏事录》卷1，《赵柏岩集》，第898—910页。

② 徐定超，字超伯，一字班侯，浙江省永嘉县楠溪枫林人。光绪丙子科举人，癸未科进士，签分户部广东司主事。清末官至京畿道监察御史。（胡珠生：《徐定超年谱简编》，陈继达主编《监察御史徐定超》，学林出版社1997年版，第391页）；另据《清代官员履历档案全编》宣统元年记载：“徐定超现年五十六岁”（秦国经主编：《清代官员履历档案全编》第8册，华东师范大学出版社1997年版，第260—261页）。

③ 《御史徐定超奏更定官制办法十条折》，《监察御史徐定超》，第24页。

除其弊，转弱为强，在作其气，务为切实可行之事，勿使更张无益之谈，此为得之”①。徐定超有关变法的言论，并无新意，却都指向当时政治弊窦，体现了务实的政治倾向。

总之，关于立宪一事，清朝内外官员意见不一。当考察政治馆王大臣行文向各衙门征求意见之后，反对质疑的声音不绝于途。某些意见，甚至针锋相对。内阁中书王宝田等递呈文，直接表达了对立宪的反对态度。王宝田在呈文中说：“若如今立宪之议，则是举历世相承之官法制度，尽取而纷更之，其造端之大，故十百于唐宋也。其处心积虑欲以振国势，而势愈微；欲以尊主权，而权愈削。至其微削之极，则权与势不移之于下，即夺之于外。”他在历数了古今中外各国制度得失之后，而反诘变法者的意图：“又况时势虽衰，纪纲犹在，执斯道以为之，亦自易易，奈何以大有可为之时，而顾为此必不可成之计，而循默畏慎，一任猖狂妄行者之轻易改制，以养成外重内轻之势，此则不得不为我国家惜此举动也。”② 王宝田等人的呈文，洋洋数千言。其中见解，也并非皆为顽固不化的论调，且代表了相当一部分官僚的意见。

相较王宝田在立宪上的反对态度，给事中刘彭年则持赞成意见。刘彭年在奏折中说：“嗣由考察政治馆王大臣知照各衙门各抒所见，在朝廷集思广益，不厌求详，而一二老成，谓新法之宜行，究不若旧法之尽善，甚且谓君上不负责任为大权旁落，总理大臣事权太重，恐启觊觎非分之渐，此皆未深明各国宪法者也。谨按各国宪法皆言天子神圣不可侵犯，因不可侵犯，故有不负责任之语。夫不负责任非放弃主权之谓，试观日本宪法，凡黜陟、赏罚、宣战、媾和、统率海陆军、召集国会、解散议院一切大权，悉由天皇操之。设措施未协舆情，总理大臣代任其咎，此不负责任之确解也。且总理大臣之行政，天子照临于上，万民监视于下，稍不称职则辞位，即事事尽职，亦有三年一任之限，欲求如中国历代宰相之跋扈专恣，久于其位，何可得哉？此宪法有以制之也。”③

① 《御史徐定超奏更定官制办法十条折》，《监察御史徐定超》，第 28 页。

② 《内阁中书王宝田等条陈立宪更改官制之弊呈》，《清末筹备立宪档案史料》，第 151—162 页。

③ 《给事中刘彭年奏立宪宜教育财政法律三者并举折》，《清末筹备立宪档案史料》，第 162—163 页。

在立宪问题上，从朝臣中涌出的反对意见，不尽出于盲目守旧态度。某些反对见解则基于政治实践，从慎重角度考虑问题，虽无视立宪的世界性趋势，但对决策者仍然有可资借鉴的价值。那种过分担心皇权可能会旁落的意见，则有可能加重皇权持有者的疑虑，最终不利于变法决策的制定，而影响变法进程的推行。诚如江苏巡抚陈夔龙所陈奏的那样："近来预备立宪之举，颇为海内欢迎，而欢迎之故，无非歆动于地方自治之一言。其实程度未到，自治恐为招乱之阶。即仅仅更改官制，似无大弊，而多更一制，即多一耗财之地，多设一官，转多一幸进之门，部臣筹费无出，责之疆吏，疆吏责之州县，州县舍百姓将谁责耶。"① 而内外官员在立宪问题上态度的分歧，也同样存在于御史群体中间，甚至影响到某些人际关系调整。

第二节　官制改革问题上的御史筹议及分析

继光绪三十二年七月十三日（1906 年 9 月 1 日）颁布上谕决定预备立宪，并决定先行厘定官制，清政府于次日再次颁布改革官制的专门上谕。上谕中说："昨已有旨宣示急为立宪之预备，饬令先行厘定官制，事关重要，必当酌古准今，上稽本朝法度之精，旁参列邦规制之善，折衷至当，纤悉无遗，庶几推行尽利。"② 此次官制改革，属于全新制度设计。在机构归并、裁撤及新设的规模上，超过历次变法。这无疑会牵涉每一官员的仕途及命运，必然吸引广泛关注。还在官制编制过程中，围绕官制改革问题的争论，已经在整个官场中蔓延开来。处于参政地位，作为言官，御史拥有上疏发表见解的权力，针对官制改革，给以非常热切的关注，形成一定规模的筹议局面。

综合《清末筹备立宪档案史料》中的相关奏折，御史群体在涉及官制改革问题上，形成几个方面的见解：或对官制改革抱有恐惧心理，而反对改革；或者担心改革的后果，而作出警告；又或者对官制改革提出从改革步骤到具体举措的种种建议。御史群体作为参政者，在官制改革

① 《江苏巡抚陈夔龙奏新政请毋庸扩充立宪变法或暂缓实行折》，《清末筹备立宪档案史料》，第 178 页。

② 《光绪朝上谕档》第 32 册，第 129 页。

问题上的意见表达，总体反映的是整个官员群体的政治认知水平。在政治谏议的背后，渗透着人们复杂的心理状态、政治诉求，或者来自职责的一些政治戒备。通过对其中 39 份奏折的分类，大致可以获得涉及主要两类问题的筹议结果。这两类问题涉及官制改革的目标、步骤，以及改革内容中有关内阁及总理大臣的设置、机构撤并等问题。

在每一类问题上，我们不止于了解御史的具体主张，更希望探索具体主张背后的政治愿望和政治心理。当然仅仅基于这些主张，便希望透析政治全部，是非常不现实的想法。考虑到清末时期人们政治水平的状况，在分析这些主张时，将尽量避免与现有理论中的概念或理想状态中的政治术语，进行对比的做法。那将是一种苛求于人，却无补于真相的行为。因为那种静态对比的方法，只显示当时人们政治理论水平的状况，丝毫不能透析人们的政治心理状态，更不可借以探知影响政治变革的因素。排除掉这些一般的考察意图，梳理当时人们的政治主张，专注于收集那些会对改革进程产生影响的信息，以便做出一些可能有益的评估。

就官制改革要实现的目标而言，在当时的士大夫中存在认识上的差异。一种认识基本停留在政治除弊水平，认为改革只要消除官制中存在的弊端即可，即便引用西方制度，也仅以有利于消除弊端为考虑；再一种认识则能呼应宪政改革的整体趋向，从最终宪政实现的总体要求审视官制改革的推进步骤。在后一种认识中，已能看到一种对现代政治理念的理解倾向。基于不同的认识水平，人们就官制改革的推进步骤，已呈现言说上的差异。但在一个问题上，御史们的主张却高度一致。他们反对那种仅停留于名词的虚假改革，而希望采取切实可行的措施，能够获得政治实际效果。

在这 39 份奏折中，涉及这一论题的奏折主要有六份。从这六份奏折的时间来看，集中在光绪三十二年（1896）的七月下旬到九月上旬，基本是对光绪三十二年七月中旬清政府宣示预备立宪先行厘定官制谕的回应。从奏折反馈信息来看，御史在官制改革问题上，总体持慎重态度。江南道监察御史江春霖于光绪三十二年七月二十六日（1906 年 9 月 14 日）上奏，发表对官制改革的看法。在奏折中，江春霖对现行官制提出批评，举出其中存在的 12 种弊端。现将江春霖提及的官制十二弊列举如下：兼差之弊、偏枯之弊、迁调之弊、保举之弊、捐纳之弊、分发之弊、冗滥之弊、考察之弊、名例之弊、仪注之弊、习俗之弊[①]。

江春霖所举官制"十二弊"，是以除弊为目的，而非为宪政奠基础。同清廷将官制改革作为立宪先行举措的设想比较，江春霖此时的政治识见，尚未能与清廷的宪政改革步伐相协调。这里存在一个非常严重的政治问题，即当政者的改革意图，是否得到明确宣示，且被朝臣正确理解。若按照清政府《宣示预备立宪先行厘定官制谕》的表述来看，江春霖"官制十二弊"的政治主张，并未脱离官制改革"廓清积弊，明定责成"[②]的意旨。但从立宪角度，江春霖的主张又确实与官制改革本意拉开了距离。

政治理解与实际努力出现如此错位，一方面反映了清朝官员总体政治识见与宪政改革的不同步，另一方面则显示出当政者在宪政改革方向及具体内容表述方面尚嫌不够明确。或者当政者自己也并不愿承认立宪是一种政治跨越，而非清除过往政治积弊的改革。至少在部分官员的思想认识中，官制改革仅是一场清除积弊的政治举措。所以，当江春霖提出"官制十二弊"后，便做了一个去病治本的总结。这非常明白地展示了一个事实，即在江春霖理解的官制改革中，并不存在一个宪政远景。对他而言，除弊是官制改革的全部。这一点在其奏议中有相当明白的表达："臣谓官制者，犹人之形体也，诸弊则犹形体之病也。病不去，则四体五官不能效其用，弊不除，则庶司百寮无以熙其绩。去病必治其本，除弊必究其端。"[③]

江春霖对官制改革的上述看法，在官员中具有普遍性。御史们认识不到官制改革的跨越性，转而强调改革务在除弊。这显示出御史们在改革问题上，虽持开明态度，即并不反对改革，但在改革步骤上却持保守态度。他们不希望改革步伐太快，尤其不希望改革只借用外来制度名称，却与本国政治传统及现实弊端不相关。御史在官制改革上呈现的保守性，一定程度上与其针对现实政治问题及社会安全的思考相对应。这在杜本崇的奏折中，得到较明显的体现。

---

① 《御史江春霖请除官制十二弊折》，《清末筹备立宪档案史料》，第386—389页。

② 《宣示预备立宪先行厘定官制谕》，《清末筹备立宪档案史料》，第44页。

③ 《御史江春霖请除官制十二弊折》，《清末筹备立宪档案史料》，第388页。

掌河南道监察御史杜本崇在八月十七日（1906 年 10 月 4 日）的上奏中认为："厘定官制事体重大，宜逐渐认真整顿，不宜全事更张。"他担心政治变革太骤，引起社会的瞬间失范，即他所谓"致隳纲纪，而扰全局"。平心而论，杜本崇所言并非杞人之谈。就当时国内的社会水平而言，政治变革的启动，决策因素明显多于社会推助。政治主张中理想化、追随性的因素，也远大过理性分析。

杜本崇在注解其论点时说："窃维今日局势之艰危，国势之积弱，言者动咎官制之腐败。臣以为官自腐败耳，旧制非尽不善也。立制之初，皆有深意，沿袭既久，名与实违，权限相侵，位多虚旷。至于近年以来，外辱内讧，交相凌逼。大势所趋，固非蹈常习故，所克自立于交争之世者。然欲举数百年之官制，凡关于司法、行政者，务尽扫除而更张之，则官府上下荡无所守，人心惶惑，纲纪日隳，徒暂快言者之意，而其害上及国计，下逮民生，有不可胜言者……臣非谓旧制之不可易也，因革损益，与时变迁，官制之议，不外宜增、宜裁、宜并三者而已。"① 这是一种立意稳妥的主张，针对当时呈现急骤的官制变革，以"三不可者"予以反对，即官制改革仅是少数人决策、变革方案欠缺周详、抄袭日本官制方案欠缺慎重。

基于这样的考虑，杜本崇对改革倡议者主张中的"破坏"言论，持反对态度，而提议采取渐进步骤。他说："今持改革之议者，动谓不破坏不能成立。夫既欲破坏矣，则成立者安在，且所谓破坏者，指国事乎，指民事乎，此特悖谬者之名词，非臣子所宜出也。臣观近来官制，京官如外、商、警、学四部之置，詹事府、通政司之裁，外官则提学司之设，且及于吉林、黑龙江、新疆各省，而河督、漕督、巡抚、道员各项之裁，亦数省行之。臣意宜从此逐渐厘剔，斟酌至善，凡各部院及各省，宜就旧有及新设各官认真整顿，务使官无冗员，人无废事，其大要尤在政府之无私，疆臣之忠实，权限分晰，内外相维，则扶危定倾，胥于是在，不然者权柄所移，激将益变，其弊岂徒在官制一议哉。"② 杜本崇在官制改革上表现的政治态度，显然可归入政治保守主义之列。其

① 《御史杜本崇奏更改官制不宜全事更张折》，《清末筹备立宪档案史料》，第 425 页。
② 同上书，第426 页。

政治思虑精微之处，显然值得关注，或利于修正改革中存在的问题。

这种保守的改革态度，也同时表现在御史张世培的奏折中。光绪三十二年八月二十五日（1906 年 10 月 12 日），掌广西道监察御史张世培上奏折，针对官制改革发表看法。他认为改革官制应当维护现有政体，故而“不可轻弃旧章”。他说：“臣维国家立法，在因地制宜，而效法外人，在取长补短。盖变法者贵有治法有治人，尤贵不惟其名，惟其实也。考之东西各国政法不同，故官制迥异，而同进于富强者，其大要在以进出保守为主义而已。可知外人之互相效法，从不轻弃旧章，惟其进取之心愈勇，斯其保守之心亦坚愈固，非徒务虚名，耸当世之观听已也……而推究官守之弊，曰推诿，曰牵制。因请仿行各国专任之法，将中央官制改而更张之，庶以植新政之初基，而自立于竞争之世。其改订各部院官制，改订各旗官制，或应存，或裁并，或添设，无不条分缕析，筹划精详，盖其所陈者不在专改名称，而在变通实际也。”可见，张世培在官制改革问题上，同样持谨慎态度。他认为若改革者足够审慎，措置切实可行而不徒慕虚名遽行更张，自然能取得政治实效。他说：“若此者虽事更张，绝鲜纷扰，无抑中扬外之过，更无数典忘祖之讥。若谓署犹是署，官犹是官，不改用新名，必难聿新天下耳目。不知变法者循名责实，不必舍己从人，果能上下一体，无旷厥官，日后民智大开，自蕲至富强之域。是法之行不行，不在名之改不改也。”①

有张世培如此看法的官僚并非个例，御史叶沛棠同样反对改革过事更张的做法。王步瀛奏请妥订官制，上谕令各抒所见，八月二十九日（1906 年 10 月 16 日），叶沛棠上奏发表关于官制改革的看法。他认为：“外国官制，皆从本国历史酌准而成，盖以俗有纯漓，地有广狭，国民之程度既异，物力之盈绌亦殊，纵或互取所长，彼此断难强合。近者考察政治大臣请改官制，参酌中外，具见苦心，然过为变更，非特事势所难行，抑亦财力所不逮。今惟于东西各国略仿其意，就吾所固有者而损益之，力求整顿，不事纷扰，既切实举行新政，亦不背祖宗成宪，实事求是，较为妥贴易施。”②

① 《御史张世培奏改革官制不可轻弃旧章折》，《清末筹备立宪档案史料》，第 436—437 页。

② 《御史叶沛棠奏官制不宜多所更张折》，《清末筹备立宪档案史料》，第 444 页。

上述看法所显示的以我为主的改革思想，可谓官僚们在改革问题上态度保守的本根所在。他们并不能从中西两套制度的根本精神上认识问题的关键所在，仅就浮于单个制度表层的功能对比，来衡量官制改革的幅度和取舍。叶沛棠在中央与地方分权问题上不无疑虑，将之与唐代的藩镇割据相比。他说："部臣疆吏划分限制，欲仿美国中央政府仅掌军事、外交、交通、关税各大政，其余大小诸务，悉归各省巡抚办理。臣惟美国系民主国，与中国君主不同，我朝以军机各部统治于中，而以督抚分治于外，一切用人行政，无不奏闻，立法最为尽善。今若划分权限，事属疆臣者可以任意举行，专擅之端由兹而起，唐代藩镇之祸恐将复见于今，此事之断不可行者也。"① 这是典型的据一端而不及其他的看法，无视制度的系统性。当然，即便是主持变革的人，同样带有这一特征。这是清末政治领域普遍存在的一种认识缺陷。人们在政治制度的认识方面，尚处于一个见闻阶段，远未进入理解的程度。

叶沛棠对西方制度中的权力制衡视而不见，除去对专制制度原本存坚定信念之外，无由察觉的认识缺陷，便是另一个重要因素。基于上述原因，叶沛棠在改革问题上，显然仅满足于制度微调，反对大规模制度更张。他说："夫官制改良，在精神不在形式，如果一切更张，每年须多数千万金，款岂易筹，若不切实仿行，只图敷衍外观，改易新名，或致启援引私人之弊，其害视不改而尤甚。"② 叶沛棠关于改革名实相符的议论，固有合理之处，却也显示着短少政治识见的局限。至于其"欲图强国，必先富民"③ 的思想，倒确有见地。

在改革面前官员们普遍存在求稳心理，这与个人私利很难划清界限。事实上，在官制纷更问题上，多数官僚心存疑惧。在态度上，官僚们也会表现出较为消极的一面。这也正是保守思想中，趋向守旧的那部分。掌广东道监察御史涂国盛，便回避了官制改革制度方面的内容，而只接受适当的机构调整。他说："至今时事日非，忧患迫切，非由官制之不善有以致之，实由官之办理不善者，有以酿之。"所以他主张对原有官僚体系加以保留，只需"于满汉各署之公事稍简者，则酌量归并，

① 《御史叶沛棠奏官制不宜多所更张折》，《清末筹备立宪档案史料》，第445页。

② 同上书，第447—448页。

③ 同上书，第448页。

庶事无大小，得人而理”。[①] 而御史联魁更从“考经书所载”为论，认为：“况创议官制原非筹饷急务，可否参酌考订，从缓办理，分别先后次第举行。”[②] 联魁的表态，显示了对官制改革的一种漠视。

御史在官制改革筹议中显现的保守倾向，并非刻意阻挡改革，而是基于改革可能存在弊端的忧虑，持慎重态度、采渐进主张。单以一场改革的操作设言，御史呈现的审慎本无可厚非；而就具有制度跨越性的改革而论，御史带有保守性的主张，与立宪为目标的改革方向，已呈认识及目标的割裂。人们在改革问题上存在的认识分歧，显然与改革主持者的思想及理论准备不足有关，至少存在宣传落后于举措的问题。在改革问题上，京官中尚且有如此分歧，更遑论普通士人。何况清末官制改革，在政治决策之外，并无源自社会需求的支撑。更为吊诡之处在于，一场未经充分社会酝酿而以行政命令强制推行的改革，其政治目标竟是需要民众参与其间的立宪政治。这是一幅非常怪异的政治变革图景，其结果不问而知。改革主持者，或许根本未能领悟立宪政治的精神本质，更未全盘考虑社会递进式的变革路线。政治改革一旦涉及权力划分及人群利益，必然引出诸多疑惑及反诘之论。改革准备不足及引导不善，将使本属有益的政治改革，变成一场权力角斗的闹剧。清末官制改革，无法回避上述权力及利益问题，最终也无法避免因此而起的争执。

在官制改革问题上，与仅限除弊的稳妥主张不同，江南道监察御史吴钫的思考中，则保有一个远期宪政目标。吴钫的改革主张具有制度跨越的想象维度，故其议论便不再限于对原有制度的补缀。也正是有这样一个跨越式的改革目标，在他的主张中便有一个关于消除改革阻力的认识和主张。而在改革阻力的认识上，吴钫也表现了超越同时代人们的思想深度。他以“官制将改，宜熟筹至计，以安群情，而消阻力”为言上奏，建议安置改革中出现的“汰员”，以消除改革带给人们的情绪不安。吴钫认为：“自古定大策决大计者，不可不排群议，尤不可不安群情……近数年来，学士大夫智识程度渐有进步，宜乎赞成者多，阻挠者少。然臣闻大小臣僚相与议论，皇然有不安其位之虑则何也。以习俗之

① 《御史涂国盛奏请勿遽改官制折》，《清末筹备立宪档案史料》，第450页。

② 《御史联魁等奏改革官制请从缓办理折》，《清末筹备立宪档案史料》，第459页。

相沿既远，而利害之系于身者至切也。”[①] 吴钫从士大夫切身利益着眼，探究改革可能面临阻力的尝试值得肯定。

吴钫认为存在群情不稳的局面，并从三个方面分析官员“皇然”而阻挠改革的原因。他说：“夫中国自三代而降，以官爵奔走天下也久矣，士亦萃其聪明材力以争趋于仕宦之一途，今日之纡青佩紫，皆积半生之殚精竭虑而始得之。一旦改弦更张，必至顿失故步。臣揆其由，约分三等。其一各部院大员，或以资格荐升，或以勤劳见擢，位望既高，资生之计亦繁，而一切仰给于官，一经裁并，闲废必多，若无罪而罢斥，亦人情所难堪。此阻力之由于大员者一。其一各部院司员积劳屡年，有以一等记名道府者，有以截取例用知府者，有积资望可驯至卿贰者。计自通籍以后，至速亦须十数年之久，一旦弃已成之绩，舍其旧而新是谋，则向日之资格既归乌有，将来之升沉更不可知。此阻力之由于司员者二。其一满洲人员，国初定鼎，满员以从龙功多，五品以下京官额缺视汉员多至数倍。今议改官制，势难再分界限，则无数冗员将归裁汰，出身之路既绝，谋生之术俱穷。此阻力之由于满员者三。”[②]

吴钫以上所论，全盘道出士大夫在改革面前的情态。清末改革最终以失败告终，固由于方案设计不善，缺乏对现代政治的深层理解，而当事者的利益牵绊或许才是最为根本的原因所在。对此，吴钫提出了解决办法：“臣不揣冒昧，请量筹疏通之法，以破除一切障碍之端。窃料各衙门裁并后，旧日大员未必尽能位置，拟仿日本元老院之制，优其职位，重其奉给，遇有大员缺出，仍得请旨简用。盖日本元老复出而柄政权者往往有之，且该院有议论、监察之权，政事得失，官员贤否，亦得随时上闻，责任不为不重，如此则大臣不患摒弃矣。各部院京察截取之员为数无多，拟请一二年内仍照旧办理，俟此项人员用毕，再改归新章。其余材具较优者，计改章以后，需才必多，该员随处可以见长，不患无升转之路，如此则庶僚不忧沉滞矣。至五品以下满员，人数较多，品格不齐，拟俟新章定后，令各衙门甄别一次，择其材具胜任者，或内充书记之任，或外任佐理之官，责任既专，较从前之闲散，更有以自

① 《御史吴钫奏改官制宜筹安置汰员以消立宪阻力折》，《清末筹备立宪档案史料》，第404页。

② 同上书，第404—405页。

效，如此则满员不至窘迫矣。”[①]

吴钫拟议办法，目的在顺利推进改革。他担心改革的执行者因畏惧阻力而趑趄不前，徒使改革只具虚名而无其实。他说：“夫国家经久之计，原不必尽徇众意，而多数人之不便，则事将阻格而不行，士大夫以官为生者，十之七八，势至无以为生，必出全力以相抵制，卒至盈廷聚讼，是非莫定。当事者畏难避谤，更改一二无关轻重者聊以塞责，使至良至美之法，破坏于庸众无识之口，甚可惜也。”[②] 在考虑改革可能遇到的阻力之外，吴钫对官制改革的实际内容和总体规划，也颇有一些思考。

在另一份奏折中，吴钫基于改革的跨越式特征，主张对官制改革进行总体设计。他说：“伏念兹事体大，造端极难，国民之程度太低，专制之相沿过久，故行之不可以无序，而谋之不厌其求详，必宿弊之先祛，斯新机之可导。即如更定官制，原不过转旋行政之机关，为立宪之初基，而非宪法之全体。然当议改之始，必须处处求合于宪法，庶目前无窒碍之虞，日后有推行之利。若徒变其名而不变其实，虚袭其面目而不振挈其精神，则官制虽改如未改，宪法几行而难行，不特辜朝廷与民更始之盛心，亦何以塞薄海咸与维新之希望。”[③] 吴钫基于宪政的总体改革方向，设计官制改革内容，提出“选用之法首宜严定也”、“升转之法亟宜变革也”、“内外奉给亟宜平均也”、“官场仪节亟宜简省也”[④]四项内容。吴钫拟议以上四项内容，基于对立宪政治的一定理解和一种期望。他说：“臣愚以为立宪之精意，在使国民担任全国之义务，必先使国民有爱国亲上之热诚，若官场之仪节不除，则上下之意情终阂。应请于改订官制之后，即酌定长属相见、官民相见之礼，明降谕旨，将从前告期衙期，跪拜请安，称卑道小诸陋习，革除净尽。务使上不至骄，下不至谗，养成高尚之人格，而通难言之民隐，合已涣之群情，胥视此矣。”吴钫上述思想即便百年后仍有借鉴意义，虽然其中的具体内容，

① 《御史吴钫奏改官制宜筹安置汰员以消立宪阻力折》，《清末筹备立宪档案史料》，第405页。

② 同上。

③ 《御史吴钫奏更定官制宜厘定选用升转俸给仪节四端折》，《清末筹备立宪档案史料》，第415—416页。

④ 同上书，第416—418页。

在当今社会已经或废或除，不复存在，但其所提宪政改革精神及改革设计思路，仍然值得当今人们为之思索。在奏折最后，吴钫说："以上各端，皆与官制相辅而行，所谓官制其名，此则其实也，改官制其面目，此则其精神也。不特将来立宪应从此预备，即目前行政，亦应由此改良。盖外仿良规，内考古制，未有不如此者矣。"①

在御史有关变革的奏言中，有一个共同内容，即希望改革不图虚名、不走形式，确能收到实效。吴钫能从官制改革的本质提出问题，能着眼清末政治改革的宪政目标，说明其具有超过同代人的政治觉悟和思想水平。而在清末御史中，具有吴钫这样政治思想水平的尚有其人。掌四川道监察御史王诚义，便是其中一位。

王诚义从宪政总体目标，审视官制改革的阶段性政治举措，对其中所行步骤表达不解。他说："上年五大臣之出洋，以奉命考察立宪之制也，迨诸大臣考求回国，灼知中外情势不同，遂主缓行宪法，先改官制之议，似亦几费权衡矣。然试问诸臣所考察外洋之官制，果为既立宪之官制乎，抑为未立宪之官制乎？盖外洋各国君无专制之权，而上下议院合通国之人心，以谋一国之政事，实所以补助君权也。故各国政府责任虽重，而内无专擅之嫌，外无藩镇之祸者，恃有议院以持其后也。有时政府行事不为议院所附，大臣且立时相率以退，其权之相为维系相为监防若是。假令各国并无议院之助，其设官必不尽如今日之制，断可知矣。故各国今日之官制，实既立宪之官制也。"② 王诚义敏锐地认识到，中国官制改革中所仿行的外国官制，是各国宪政制度的一个部分，与宪政制度中其他制度存在一种相依并存的关系。正是基于这一认识，王诚义对中国立宪仅截取官制一项的做法提出质疑。他说："今中国宪法未立，议院未开，而遽仿外洋之官制，似未免不揣其本而齐其末。且权在朝廷，犹讥为专制，权在政府及督抚，反不嫌于专制乎，其义更扞格而难通矣。"既然中国宪政制度并未完备，尚不具备仿行外国官制的条件，那么官制改革在实现目标及操作步骤上，就有必要有所调整和规划。就

① 《御史吴钫奏更定官制宜厘定选用升转俸给仪节四端折》，《清末筹备立宪档案史料》，第418页。

② 《御史王诚义奏更改官制应分未立宪与既立宪两期次第推行折》，《清末筹备立宪档案史料》，第451页。

这一问题，王诚义主张："则请分为二期焉。一、目前未立宪之官制若何厘定，纲举目张，更求补偏而救弊。一、将来既立宪之官制，民和物阜，不妨舍旧以图新。"① 在王诚义的主张中，官制改革第一期要实现的目标，与主张改革除弊者的目标颇为近似。两者的不同之处在于，王诚义的方案还存在第二期的目标。在王诚义的方案中，第一期目标便成为后一期目标实现的基础。

关于立宪及官制改革在程序上出现的问题，时任陕西道监察御史履晋，表达了与王诚义类似的疑问。他说："乃两月以来，闻所编官制仅将在京各衙门大事更张，取日本中央集权之意，归其权于内阁，而外官尚未议及，臣窃惑焉"。履晋的疑惑，基于对立宪步骤的认识："夫时处今日，非立宪无以自存，而立宪之大原必由地方自治入手，地方自治国民之事也。州县为亲民之官，首宜变革定制……不如为州县多设佐二，条分缕析，各任一门，辅以乡官，以立地方自治之基础，而州县总其成，上之于府，府分上之于各司，而督抚总其成，再分上之于各部。此即明定权限之意。俟办理就绪，再将京师各衙门改并增置，俾内外一律，各有专司，庶几顺理成章，不劳而治，否则徒事纷更，必至旧事日见废弛，新事亦无所措手。譬之废科举，改学堂，须先从蒙学入手，而后小学、中学以至大学，层累而跻，不能躐等。未有不揣其本而齐其末，徒抄袭中央集权之名词，而毫无实际者也。"在履晋立宪步骤的理解中，地方官制改革当先于中央进行。他认为过早地进行中央官制改革，将造成新旧交替间的混乱。他批评这样的做法是缺少对宪政制度本原认识的体现，终将徒劳无益。他认为立宪而不先立议院，将破坏宪政的制度精神。他说："然则欲行立宪，非取决于公论不可，欲取决于公论，非先立议院不可。议院者立法之地也，政府者司法行政之地也，议院可以监督政府，则政府有所顾忌，不敢蒙蔽以营私，然后君民一体，呼吸相通，宪法之精意胥在乎是。傥未立议院，先立内阁，举立法、司法、行政三权握于三数人，则政府之权愈尊而民气不得伸，民心无由

① 《御史王诚义奏更改官制应分未立宪与既立宪两期次第推行折》，《清末筹备立宪档案史料》，第452页。

固，不但立宪各国无此成法，亦大失谕旨庶政公诸舆论之本意矣。”[①]在官制改革问题上，御史们的议论无疑存在着分歧。那种改革只为“除弊”的主张，其思想尚处于传统政治的圈囿中。他们不满于官制改革，主要集中在纷更制度和变换称谓方面。他们尚不能发现，潜藏于官制改革背后权力转移的事实。而从立宪目标着眼的议论，能够从更广的制度空间审视这场改革，也便能够发现改革中偏离宪政方向的问题。他们更希望逐步为宪政培植基础，使官制改革为立宪的终极目标服务。

清廷决定在正式立宪之前，先行改定官制以为“预备立宪之基础”[②]。这一改革思路主要来自端方等于光绪三十二年七月初六日（1906年8月25日）进呈的《请改定官制以为预备立宪折》。在这份奏折中，端方等人认为：“中国非急采立宪制度，不足以图强。又以现在如遽行立宪制度，亦不足以举实。”[③] 而且端方等人在参酌各国制度之后，认为中国“今日欲加改革，其情势与日本当日正复相似”[④]，因此，建议清廷仿效日本先行改定官制。在奏折中，端方等人提供了一个较为系统的官制改革方案。这个方案包括以下几方面内容：“一曰宜略仿责任内阁之制，以求中央行政之统一也”；“二曰宜定中央与地方之权限，使一国机关运动灵通也”；“三曰内外各重要衙门，皆宜设辅佐官，而中央各部主任官之事权尤当归一也”；“四曰中央各官宜酌量增置、裁撤、归并也”；“五曰宜变通地方行政制度，以求内外贯注也”；“六曰裁判与收税事务，不宜与地方官合为一职也”；“七曰内外衙署，宜皆以书记官代吏胥也”；“八曰宜更定任用、升转、惩戒、俸给、恩赏诸法及官吏体制，以除种种窒碍而收实事求是之效也”[⑤]。这八个方面的内容，对中国政治制度现代化，无疑具有标示作用。只是其中蕴含的加强中央集权意图，出现于一个以立宪为长远目标的方案中，便有足令警

① 《御史履晋奏改革官制宜先州县后京师并先立议院后立内阁折》，《清末筹备立宪档案史料》，第459—461页。

② 《总核官制大臣庆亲王等奏编定阁部院官制折》，《宪政初纲》“奏议”，《东方杂志临时增刊》，上海商务印书馆光绪三十二年十二月（1907年），第9页。

③ 端方：《端忠敏公奏稿》卷6，《近代中国史料丛刊》第10辑，文海出版社1967年版，第719页。

④ 同上书，第721页。

⑤ 同上书，第722—758页。

惕的理由。即如前述掌四川道监察御史王诚义所论，在宪政制度缺失的情况下，却采行宪政下的官制，恰当与否值得商榷。至少从权力监督角度，便足令身负其责的御史担心。

继七月十三日、十四日两日（1906 年 9 月 1 日、2 日），清廷连发上谕决定改定官制后，七月十六日（1906 年 9 月 4 日）编纂官制大臣召开了第一次会议，十八日（1906 年 9 月 6 日）设编制馆。此后，编制大臣制定了一个包括五条内容的“厘定官制宗旨大略”，作为编制原则。后经一月时间，编制大臣拟定了一个改革中央官制的草案。这个草案基本是对《请改定官制以为预备立宪折》的具体化。其主要内容包括设立内阁等新国家机关，以及相应官员的设置，诸如设立内阁总理大臣等，此外还涉及对原有衙门的裁并等。

官制改革，牵涉每一位官员前途命运，自始便广受关注。当改革内容外泄后，官员们从不同角度，依各种意图，发表针对官制改革的看法。御史作为一个重要的言论群体，利用参政权力，能够使其有关改革的见解上达于清廷。故御史的有关筹论，自不当与普通舆论相等视。而在御史的相关议论中，反对和质疑，明显占据主要方面。抛开部门私利，多数筹议的关注点，集中在权力监督和制衡方面。光绪三十二年八月十一日（1906 年 9 月 28 日），掌湖广道监察御史蔡金台，在所上奏折中便谈到了改革中权力的限制问题。他说：“臣考中外设官，大略相仿，而彼独优胜于我者，一言以蔽之，曰权限分明而已。盖事之治，治于有权；权之专，专于有限。惟有权即必有限，亦有限乃能有权，理势之相因有如此者。今既欲事更张，自应力求美备。”① 蔡金台限制权力的主张包括三个内容：“一、限阁部之权”；“一、限督抚之权”；“一限州县之权”②。蔡金台限制权力的主张，正是基于官制改革与宪政建设并未同步这一点而言。他对无议院监督、权力制衡缺位下，专责于大臣的改革内容表示质疑。他说：“属其权于大臣数人，以专责成而去阻碍。惟其权既增，则必仿其行政议政分途对峙之制，而以监督之权付之议院，又必仿其以民助君之意……各国之臣权百倍于我，而绝无内重外重

① 《御史蔡金台奏改革官制宜限制阁部督抚州县权限折》，《清末筹备立宪档案史料》，第 412 页。

② 同上书，第 412—415 页。

之弊者，则民选议院之效也。臣愚以为此时仿办，但可狭其范围，不可误其宗旨，但可暂以此权付之与民相近之士，断不可误以此权属之势莫与京之官，此则姑徇民智未开之议论。”① 蔡金台的质疑基于对宪政制度一定的了解，希望官制改革能够循宪政精神进行。其所谓“但可狭其范围，不可误其宗旨”一句，便是指此而言。

当然并非每一御史都能达到蔡金台如此的理论水平，但仅从过往的政治经验，便能觉察到官制改革内容中有可能威胁君权的内容。如蔡金台这样，主要从宪政制度精神角度提出质疑，而其他人则仍然从权力安全角度，针对官制改革的具体内容提出反对意见。掌江西道监察御史刘汝骥的思想相对保守，便认为总理大臣的设置有侵君权之嫌。他说：“然臣窃见载泽密陈大计折内，有君主无责任一语。臣百思之而不得其解，已窃窃疑之。既闻厘定官制大臣，有设总理大臣一人之议，是置丞相也。是避丞相之名，而其权且十倍于丞相也。欧美之伯理玺天德译为大总统，抑何弗直名之为总统乎。”刘汝骥对总理大臣权力的忧惧，主要来自于参照传统政治构架中的权力关系。在他的政治眼界中，政府只是君主意志的执行者，否则便是僭越性质。他说：“臣考历代官制本不相沿袭，然其大旨不外乎六卿分职，各率其属二语。故有中央集权之政府，断无太阿倒持之政府。政府者，天子发号施令所从出之地也。”②

浙江道监察御史石长信同是从君权安全角度，审视内阁总理大臣的设置。他与刘汝骥相比，对宪政明显做过一些研究，能够从宪政体制中的权力制衡角度，分析官制改革的内容。他说：“内阁官制设总理大臣一人，迹近专擅”，而“预备立宪，先从改官制入手，议事诸臣遂欲集权中央，推崇阁制，规仿日本设总理大臣一人、左右副各一人，提纲挈领，以一事权。臣考英制国有二相，摄枢府决庶政，所以重其权也。然首相必由议院保荐，遇事而议院持之，不崇朝而告退，是综理庶务之权虽属之若人，进退若人之权仍属之众人，所以严其限也。今下议院未兴，国民程度不及，不能保荐即不能持其进退，而集重权于一人，幸公

① 《御史蔡金台奏改革官制宜限制阁部督抚州县权限折》，《清末筹备立宪档案史料》，第412页。

② 《御史刘汝骥奏总理大臣不可轻设以杜大权旁落折》，《清末筹备立宪档案史料》，第421页。

忠自矢，已不免专擅之嫌，倘私意偶蒙，恐流为僭窃之渐，征诸泰西，似有未协。”① 这一观点显然与蔡金台的认识较相契合，不能接受总理大臣的设置及其权限设置。

在上节内容中，曾经介绍过赵炳麟针对立宪的看法。他虽对清廷变通政体的立宪活动表示赞同，但从君主立宪的制度精神，继而针对官制改革提出质疑。其相关言论显示，赵炳麟已能基本理解宪政制度的原理，深知议院在立宪政体中的筹策及监督作用。其有关先于设立议院官制改革的质疑，既源于对宪政制度的理解，又从警惕独裁权力出发，显示出较高的政治素养。

赵炳麟初补福建道监察御史，便疏论宪政，预防弊端。此疏上于光绪三十二年八月二十一日（1906 年 10 月 8 日），据赵炳麟在《论立宪预防流弊第二疏》中的说法，其所上第一疏，“系言其理由，未尝逐条辨析”②。所以，在呈递第一疏后的第四天，即八月二十五日，赵炳麟再次上疏，阐述其有关新编官制的看法。在第二份奏疏中，赵炳麟尤其对编制新官制中，渐而显现的僭权倾向表示关注。他说：“大权统于朝廷，庶政公诸舆论二语，最合君主立宪国政体，大义微言昭示天下，使编制诸臣仰承诏旨之义，体会周详，何有流弊。不谓其所编官制，乃大权操于大臣一二人，而庶政则私诸十员参事官也。”③ 赵炳麟首先从用语违例，指责编制者的轻慢之心。他说：“臣闻该大臣等，所拟内阁官制，开宗明义即谓：内阁政务大臣辅弼君上，代负责任。此语非常狂悖，盖‘责任’二字，有对待之意。人所责我者，而我以自任。故东西各国，‘责任’二字，专属政府，尚不敢指斥君主。”④ 在实际权限问题上，赵炳麟认为，在拟订的内阁官制条目中，总理大臣总揽政权，必然阻断君主与朝臣间的直接沟通，言路将“隘之又隘”⑤，流弊将不可胜言。在简用官员问题上，赵炳麟也提出质疑。他认为拟订中的各部官制通则第二十四条，有限制君主简授官员权力之嫌。他质问编制诸臣，

① 《御史石长信奏请将政务处并入内阁其他官制勿大更张折》，《清末筹备立宪档案史料》，第 431 页。

② 《论立宪预防流弊第二疏》，《谏院奏事录》卷 1，《赵柏岩集》，第 911 页。

③ 同上书，第 911 页。

④ 同上书，第 911—912 页。

⑤ 同上书，第 914 页。

“何以甘溃国家之大防而不恤”①？

赵炳麟认识到，立宪政体下“君臣上下”得以“相安于无事”，其中关键因素，在于政府与议院之间的相互牵制。权力间的相维与制衡，健康且有作为的政党政治，都可确保皇权居于一尊地位。但就中国而言，社会并不具备建立宪政的政治基础，贸然实行必然造成无尽内患。赵炳麟在奏折中对此有较详阐述：“我国教育未兴，率有私党无公党，原无政治思想，只以富贵相求，富贵所在，即声气所通，故在朝只有私党之营，在野绝无政党之固，上下议院不克成立者以此，责任政府不能仿行者亦以此。若贸然为之，不揣其本，而齐其末，遽立此无监督之责任政府，恐患气之乘不在敌国外忧，而在邦域之内也。”鉴于此种局面，赵炳麟提出建议：“似行政机关仍应暂归各部，而裁并、增置，大加厘定，亦即气象一新，已足塞各国之观瞻，慰臣民之跂望。立法一权无所归属，宜遵祖制，以专衔言事属之御史、讲官及四品以上京堂，分任立法之职务，借通国民之声气。其内阁、军机处，无论归并与否，并易何种名称，应暂仍旧制以为承旨传宣之地位，不作总挈行政之枢机。一俟上下议院成立之日，乃为责任政府设置之时，现在惟以全力奖励自治，提倡教育，以储绅民政治之知识，以为立宪政法之基础。明示天下，无论如何，必使上下议院与责任政府同时设立，以免偏重。”②

赵炳麟在官制改革问题上，始终认为议院与内阁应当同时成立。但光绪三十三年（1907），清廷最终采纳袁世凯建议，先行建立责任内阁。消息传出，赵炳麟于七月初三日（1907年8月11日）上疏，建议成立责任内阁的同时，须建立监督机关。他说：“今既决意先立内阁矣，惟监督机关必须设立。”在奏疏中，赵炳麟对责任内阁之“责任”给出五点阐述：“一政权、兵权不可混合”；“一资政院宜实有议院之性质”；“一审计院及行政裁判院宜同时设立”；“一都察院必须整顿”；“一内阁大臣必定任限”③。由此五点阐述可以看出，赵炳麟在宪政问题上，达到了较高的理论水平。其认识，甚至超过众多后来者。当然在同时代的

① 《论立宪预防流弊第二疏》，《谏院奏事录》卷1，《赵柏岩集》，第919页。

② 同上书，第922—928页。

③ 《御史赵炳麟奏组织内阁宜明定责任制度确立监督机关以杜专权流弊折》，《清末筹备立宪档案史料》，第511—513页。

御史中间，如赵炳麟这样通晓东西方制度的人毕竟还是少数。即便在与赵炳麟交厚的几人中，都呈现这种认识上的差距。胡思敬就曾在此期间，特意写信劝说过赵炳麟。十几年后，他再为相互之间的分道而哀叹。友人之间尚且有如此分歧，他人更不必论。御史欧家廉用以反对官制改革的理由，便显得落后和无知。他认为日本的政权组织状况，是“已隐鉴欧人之失权而渐趋中国之专制”的结果。很明显，他只看到日本立宪加强中央集权的表象，便简单地从权力控制角度，评价官制改革的内容，不免有驴唇马嘴之嫌。他最终得出结论：“此数者他国或可用而吾国决其不宜。”①

这一时期，足能引发御史们为之竭力相争者，恐非裁撤政府机构莫属。这直接与个人利益相连，引出众声喧哗也是自然的事。本无识见，却因急迫而发声，其中见解的鄙陋，可想而知。无非为保住一个能维持生计的依凭，人性使然，亦无可厚非。但在机构撤并问题上，一概以私利审视当时人的奏议，便未免忽略了其中基于权力安全的筹思。

掌浙江道监察御史王步瀛，于光绪三十二年十月十四日（1906 年 11 月 29 日）上奏，陈述其有关反对科道裁缺的主张。首先在裁撤言官问题上，他认为：“苟议院一日未成，即言官一日难去。”② 显然，王步瀛所坚持保留的乃是言官担负的监督职责、行使的监察功能，对“有议请裁缺一半”科道人员的传闻，感到非常“骇异”。他对宪臣陆保忠支持裁撤科道人员的态度表示不满，并备述科道“不宜裁减”的理由。③显然他认识到在议院设立之前，科道担负着主要的监察内阁百官职责。正如他所言论，既然“科道为朝廷耳目之官，爪牙之任”④，那么便不宜削弱其职能。

掌河南道监察御史黄昌年，表达了同样的观点。他说：“据报章所载官制草案，及近日将军、督抚电覆军机处询问酌改官制之主见，大半以兴立议院尚待时期，其是非得失，臣不必论，惟不立议院则不能破坏

① 《御史欧家廉奏内阁官制宜详慎定拟以防揽权窃政折》，《清末筹备立宪档案史料》，第 557—558 页。

② 《御史王步瀛请免裁都察院员缺折》，《清末筹备立宪档案史料》，第 474 页。

③ 同上书，第 473—476 页。

④ 同上书，第 475 页。

台谏，此一定之理也。”① 此外，御史中尚有江春霖、石长信，给事中忠廉等，发表有关反对裁撤科道人员，或撤并都察院的看法。他们基本从权力制衡的角度，阐述保留都察院的理由。但他们并不因此就认为都察院，可以取代议院而存在。在给事中忠廉等人的奏折中，便表达了这样的观点。他们认为，议院与都察院“性质不同，作用绝异”，相互不可取代，“而议者有以都察院代国会，以保荐代投票之说，臣等窃以为差之毫厘失之千里矣”②。

在官制改革问题上，御史的筹议呈现多层次反对和质疑。在这些筹议中，消极反对的言论并不占主流。经过庚子事变之后，士大夫在变革问题上基本转为开明一面。改革者虽然声称改革官制是为立宪基础，但在关注进而研究宪政制度的御史看来，先于设立议会的官制改革，具有诸多威胁君权的特征。从新设的总理大臣到地方各级官吏，因改革获得更多权力，而新的监督制度并未同步建立，而旧有监控系统却面临削弱的危险，这才是御史们反对、质疑官制改革的原因所在。所以在这一问题上，研究者过于强调御史们的保守和私心，不免轻视了御史投入筹议的那份忧思和责任感。

第三节　政潮与政争中的御史弹劾活动

1906 年，清政府宣布仿行立宪，“先行厘订官制”。随后围绕官制改革问题，在朝臣中进行了一场广泛的讨论。作为体制的监护者，御史群体不仅对官制改革表达了种种担忧，而且针对主持官制改革的奕劻等人进行了弹劾活动。在权力关系交错的清末政局中，御史不期然卷入一场背景深刻的政治风潮中。无论是否主动，御史弹劾活动，终究成为此间政潮发动的重要环节。依循御史论政的角度探寻清末政潮，或可收获一种在混杂权力奔竞、派系倾轧之外，事实上存在的制度筹思本相。

庚子事变后，清朝政治中各种势力，在权力结构中出现重新排位现象。清末政治改革，恰为这一权力调整提供了绝好途径。各种政治势

① 《御史黄昌年条陈维持正本筹划言路两端折》，《清末筹备立宪档案史料》，第 486 页。

② 《掌印给事中忠廉等奏下议院亟须特别设立不可以都察院更改折》，《清末筹备立宪档案史料》，第 617—619 页。

力，在权力分配问题上，展开激烈角逐。无论他们以什么理由，总希望对方出现政治漏洞，以便借以颠覆。袁世凯北洋集团的崛起，庆亲王奕劻势力的膨胀，成为这一时期政治上的重要事件。而两者之间，又相互借力，不免引起其他势力的警惕。郭卫东在《论丁未政潮》一文中，认为这时抗衡北洋的政治势力共有三种："亲贵"势力；"老臣"势力；"清廉"势力[①]。较有影响的政治冲突，主要由"清廉"势力发起，针对"北洋"及奕劻势力。由于御史多数支持"清廉"势力，往往每次政治事件中，都能看到御史参与的身影。诸如光绪三十年（1904）发生御史蒋式惺揭露奕劻在汇丰银行存巨款一案；又如光绪三十一年（1905）发生御史张元奇奏劾奕劻次子携妓宴饮案等。

光绪三十二年七月十三日（1906年9月1日）清廷宣布预备立宪，接着宣布先行厘定官制，并启动了官制改革的程序。北洋集团积极参与到官制改革的进程中，而奕劻则给以协助。"清廉"势力希望阻截袁世凯对权力的觊觎之心，于是在两大政治势力之间上演了激烈的政治冲突。而御史中以赵启霖、江春霖、赵炳麟[②]为首，运动言官、发动舆论，支持"清廉"一方。其中，赵启霖尤为骁勇，也因此落职，成为丁未政潮中的重要事件。

赵启霖（1859—1935），字芷荪，晚号瀞园，湘潭县人。光绪"十八年成进士，选翰林院庶吉士，散馆授编修。三十二年正月，补河南道监察御史，九月，掌江苏道监察御史；十一月，兼署山西道监察御史。任职期间，诤谏言事。曾上疏11道，吁请澄清吏治、禁绝鸦片，改革教育、赈济灾黎，被誉为一时之清议。又请将王夫之、顾炎武、黄宗羲从祀文庙，为时人所称道"[③]。据陈继训为赵启霖所著墓表，赵启霖"会段芝贵献妓荐贿，夤缘奕劻、载振。公具发其事，忤权贵，被黜，

① 郭卫东：《论丁未政潮》，《近代史研究》1989年第5期，第77—92页。

② 在清末御史中，"湘潭赵启霖、莆田江春霖、全州赵炳麟，同时为谏官，甚相得，号称敢言。京师人争目瞩之，因假上海洋商标记，共呼三御史为三菱公司。启霖美文辞，温慎如好女子，不妄与人交。入台不一年，以劾奕劻父子罢职。炳麟汲汲好名，视赵、江稍驰骛，所著书秘不示人，多记国朝掌故，然文笔不甚雅驯。春霖刚直使气，好饮酒，饮数斗不醉，酒半辄掀髯指骂王公，闻者咋舌"（胡思敬：《国闻备乘》，第92页）。

③ 湖南省地方志编纂委员会编：《湖南省志》卷30《人物志》（上册），湖南出版社1992年版，第566页。

朝野大哗。陆文慎、江春霖、赵炳麟交章诤救，深宫亦知公可大用，寻即以原官内召，复拜提学四川之命。顾公废然知时事不可为，既抵任，旋自劾免”①。赵启霖参劾段芝贵、载振一案，便发生在光绪丁未年（1907）。

光绪三十三年三月二十五日（1907 年 5 月 7 日），赵启霖上奏折弹劾新署黑龙江巡抚段芝贵，连及奕劻父子。奏折中说：“窃东三省改设督抚，原以根本重地，日就阽危，内而积弊日深，外而强邻交迫，朝廷锐意整饬，特重封疆之寄，冀收拱卫之功。不谓竟有乘机运动，夤缘亲贵，如署黑龙江巡抚段芝贵者。臣闻段芝贵人本猥贱，初在李经方处供使令之役，继在袁世凯署中听差，旋入武备学堂，为时未久，百计夤缘，不数年间，由佐杂至道员。其人其才，本不为袁世凯所重，徒以善于迎合，无微不至，虽袁世凯亦不能不为所蒙。上年，贝子载振往东三省，道过天津，段芝贵复夤缘充当随员。所以逢迎载振者，更无微不至，以一万二千金于天津大观园戏馆买歌妓杨翠喜献之载振，其事为路人所知；复从天津商会王竹林措十万金，以为庆亲王奕劻寿礼，人言藉藉，道路喧传。奕劻、载振等因为之蒙蔽朝廷，遂得署理黑龙江巡抚。……在段芝贵，以无功可纪，无才可录，并未引见之道员，专恃夤缘，骤跻巡抚，诚可谓无廉耻！在奕劻、载振父子，以亲贵之位，蒙倚畀之专，惟知广收赂遗，置时艰于不问，置大计于不顾，尤可谓无心肝！不思东三省为何等重要之地，他族逼处，为何等危迫之时，改设巡抚，为何等关系之事，此而交通贿赂，欺罔朝廷，明目张胆，无复顾忌。”他继言：“旬日以来，京师士大夫晤谈，未有不首先及段芝贵而交口鄙之者。若任其滥绾疆符，诚恐增大局之阽危，贻外人之讪笑。”②

段芝贵，字香岩，“1869 年出生于合肥南乡义城集（今属合肥郊区）附近……童年时在私塾读书数年”，1885 年考入天津武备学堂学习。不久，因李经方出任驻日公使，段芝贵以同乡关系，随李赴日，并被保举，进入日本士官学校学习军事。1892 年回国，1895 年投入袁世

① 陈继训：《四川提学使赵公墓表》，卞孝萱、唐文权：《辛亥人物碑传集》引《狷庵文草》，团结出版社 1991 年版，第 729 页。

② 《劾署抚段芝贵及庆亲王父子折》，施明等整理：《赵瀞园集》，湖南出版社 1992 年版，第 25—26 页。

凯新建陆军。“1900 年，参加镇压义和团，被保举为道员，不久调任督练处总参议兼蒙古副都统。1902 年后，历任直隶军政司参谋处总办、天津南段警察局总办、北洋陆军第三镇统制。1907 年出任东三省军务处总办。1908 年擢升为黑龙江布政使，署理巡抚。”① 段芝贵署理黑龙江巡抚时间是 1907 年，而不是 1908 年。许多书籍在这个时间问题上，都发生了错误。段芝贵能在北洋系统内上升而署理巡抚，与其“机变圆滑，极善钻营有极大关系”②。在民国北京政府时期，他能周旋于多个政治集团之间而无恙，便颇能说明其人特性。

晚清政治，贿赂公行并非什么秘密。段芝贵出身北洋，是袁世凯小站班底人物，又“机警，善伺人喜怒，世凯信任，视侪辈有加”③。日俄战争后，东北局势危迫，清政府听从袁世凯意见，准备在东北建省。1906 年 10 月，贝子载振、巡警部尚书徐世昌奉命到东北视察，路过天津，“小作勾留，世昌居行辕，载振则居督署”。据《凌霄一士随笔》记载，段芝贵当时充任北段巡警总办，因受袁世凯赏识，随时可出入督署。“于载振供张伺应，甚周至”。袁世凯在督署以演剧款待载振等人，而“载振睹歌妓杨翠喜，惊为天人，赞叹不绝。芝贵识为一绝好机会”，利用财势购得翠喜，献于载振，“载振大喜而纳之”。袁世凯借机与载振将三省督抚及其余要职商定，“开一名单，交载振转致奕劻，多世凯夹袋中人物”④。

光绪三十三年三月初八（1907 年 4 月 20 日）上谕：“东三省吏治因循，民生困苦，亟应认真整顿，以除积弊，而专责成。盛京将军着改为东三省总督，监管三省将军事务，随时分驻三省行台。奉天、吉林、黑龙江各设巡抚一缺，以资治理。徐世昌着补授东三省总督，监管三省将军事务，并授为钦差大臣。奉天巡抚着唐绍仪补授，朱家宝着署理吉林巡抚，段芝贵着赏给布政使衔，署理黑龙江巡抚。”⑤ 这份任命名单一出，引来一片质疑的声音。徐世昌早年仕途蹭蹬，只有在与袁世凯结

---

① 据合肥市政协文史资料委员会阜阳市政协文史资料委员会：《皖系北洋人物》，安徽人民出版社 1993 年版，第 77 页。

② 同上书，第 78 页。

③ 沃丘仲子：《近现代名人小传》（下册），第 226 页。

④ 徐凌霄、徐一士：《凌霄一士随笔》（二），第 577—578 页。

⑤ 《光绪朝上谕档》第 33 册，第 31 页。

交之后，才官运亨通，此次出任东三省总督兼行将军事务，自然离不开袁世凯的运作。而朱家宝自庚子年的快速升迁，从知县而封疆，自然也是得到袁世凯赏识的结果。朱家宝确有才能，袁世凯也给以很高赞誉，认为他“器识远大，体用兼赅，听断极其廉明，缉捕尤能勤敏，凡地方应办之事，应行之政，靡不措理裕如，以故所至有声，民情爱戴”①。但若无袁世凯帮助，七年间由知县升至巡抚，也是绝无可能之事。而唐绍仪早年作为留美幼童，被召回国后入北洋水师学堂附设的洋务学堂读书。后作为袁世凯的书记官入朝鲜，在仕途上同样得力于袁世凯的帮助。

如此一来，东三省便基本处于北洋一系的势力范围之内。而袁世凯的这一政治布局，很难逃过朝臣们的视线。尤其是他势力的快速增长，已经引起御史及清流派官员的注意。加上官制改革中，他的积极态度，难免遭到怀疑，甚至攻击。而恰于此时，三月十八日（1907 年 4 月 30 日）的《京报》以《特别贿赂之骇闻》为标题，揭露了段芝贵的献妓荐贿丑闻，但事涉亲贵，言官们虽议论纷纷，却不敢挺身纠弹此事。只有掌江苏道监察御史赵启霖，不顾危险上奏参劾段芝贵并及奕劻父子。奕劻父子行事，在内外官员中已备招“物议”。而段芝贵行贿一事，又广被传播，已经造成巨大社会影响。而赵启霖一疏，叙事详细，引起慈禧太后注意。慈禧自是不能坐视不理，即便敷衍，也必须展示一种政治姿态，于是，明发谕旨，指派醇亲王载沣及大学士孙家鼐查办此事。不久，载沣、孙家鼐以查无实据回奏。

四月初五（1907 年 5 月 16 日），清政府发布上谕：“前据御史赵启霖奏参新设疆臣夤缘亲贵一折，当经派令醇亲王载沣、大学士孙家鼐确查具奏。兹据奏称，派员前往天津详细访查，现据查明，杨翠喜实为王益孙即王锡瑛买作使女，现在家内服役。王竹林即王贤宾，充商务局总办，与段芝贵并无往来，实无措款十万金之事。调查账簿亦无此款，均各取具亲供甘结等语。该御史于亲贵重臣，名节所关，并不详加访察，辄以毫无根据之词，率行入奏，任意污蔑，实属咎有应得。赵启霖着即

---

① 《特保知县朱家宝等请破格擢用片》，廖一中等整理：《袁世凯奏议》（中册），天津古籍出版社 1987 年版，第 564 页。

行革职，以示惩儆。”①

赵启霖弹劾段芝贵一案，受到广泛关注。上海《申报》密切关注此案进程，即在赵启霖被革职的第二天，不仅刊登了罢斥赵启霖的上谕，同时还有关于杨翠喜案的一条专电。电文如下：“杨翠喜案，人证俱已到京，由醇邸亲自提讯。据供，实系王益孙所娶，与某贝子仅识一面。”② 此后几日，《申报》连续报道了事件进展情况，及时向社会发布消息。四月初七日（1907 年 5 月 18 日），《申报》刊登一篇以《论赵启霖革职事》为题的论说，以反讽手法，借批评赵启霖，而讥评政局。文中说：“赵启霖侍御既因参振贝子一案，奉旨革职。闻者，莫不为侍御冤。无生生闻而叹曰：侍御之革职，宜也，夫何冤之有？窃尝论之。侍御于此事，有大罪三。一曰不恕之罪，二曰不仁之罪，三曰不智之罪。杨翠喜者，北京之名妓也。友人有为京津之游，见翠喜者，归而称道弗衰。姑勿论其非振贝子所娶也，就令为贝子所娶，以贝子天性风流，人才倜傥，置之于十二金钗之列，拔之于三千粉黛之场，永固鸾交，长谐凤侣，以玉堂之华胄，娶金屋之名姬，论情既属可原，于理亦应曲谅。乃赵侍御遽欲误人好事，惊散鸳鸯。在贝子所谓千尺情深，曾劳送我。在侍御所谓一池水波，何事干卿。而乃不谅苦衷，遽加弹劾。夫束身寡过之说，洁己自好之言，但可施之穷儒，不能责诸贵族。而侍御不知此义，是曰不恕，其大罪一。吾国比年以往，贿赂公行。朝进苞苴，夕膺显要。视黄金之多寡，为位置之重轻。积习相沿，毫无足怪。初不独段芝贵一人也。段芝贵起自寒微，置身通显，不知费几多心血，耗几许钱财。今者复从王某措借十万金，为庆王寿。其情可怜，而其心良苦……以纳贿论，则芝贵所馈者，不仅一庆王。以行贿言，则庆王所入者，不独一芝贵。夫为已甚者非君子，识时务者乃英雄。而侍御竟形之奏章，破人成事，是曰不仁，其大罪二。且贱不议贵，古圣之所垂箴。疏不间亲，昔贤于焉著论。当强权之世界，无公理之可言。况乎台谏无人，时艰日棘。空说触邪之獬，更无辱台之钱。……赫然而上奏章，崭焉而显头角。以一御史之力，而与一亲王争，所谓均裸壤于山龙，齐牛涔于北

① 《光绪朝上谕档》第 33 册，第 49 页。

② 《申报》光绪三十三年四月初六日（1907 年 5 月 17 日）第 3 版。

海，一触即碎，理所固然，是曰不智，其大罪三。有此三罪，侍御今日之被革职也，夫谁曰不宜。呜呼！侍御尔休矣，尔亦知今日之中国，非人力所能为耶。尔猥欲以一人之力振起之，所谓不度德不量力者，非尔而谁。”①

初八日，《申报》登载初七日一电文，说：“各科道御史于杨翠喜案得有确实证据，现已联合二十四人即日联名据实纠参，请饬下都察院、大理院、法部会同提讯。”② 初九日，《申报》于第二版登载前一日上谕，内容为驳回陆宝忠、赵炳麟为赵启霖所作的申辩。在第三版又登载一电文，电文如下：“御史江春霖初四日上一封奏，谓杨翠喜确于某日由某人送至天津，段芝贵实与王竹林借款，均有证据。查办大臣何谓查无实据，请严饬彻查，详加研讯。折上留中。”③ 四月十二日（1907年5月23日），《申报》在第三版以《醇邸孙相查复杨翠喜案原折》为题，发布相关消息。在第四版以《江御史再参庆邸折留中》为题，登载江春霖参劾奕劻的消息，内容如下：“江御史春霖再具折奏参庆邸已见初九日专电，兹探得折中大意略言，杨翠喜案已有王姓出面，恐不易查，非饬传经手人严讯不可。慈圣览奏，意甚不怿，即掷交庆邸阅看，庆邸惶恐叩头，请发交原查王大臣彻底严查，以分皂白。幸瞿中堂在旁竭力剖解并述及庚子之事，太后乃将江折收回，留中不发。”④

关于赵启霖革职一事，舆论界密切关注，刊载消息并加评论，而朝臣则以各种形式表达支持。“在他罢官的第二天清晨起，就不断有朝官到他家中慰藉，连日宾客盈门，其中有不少他平生不曾识面之士。翰林院士子声称集体罢考。御史江春霖、陆宝忠、赵炳麟为之分辨事实，申张正义。”⑤ 案件尚在查办期间，江春霖继赵启霖之后，于光绪三十三年三月廿九日（1907年5月11日），上奏弹劾奕劻父子。奏折中说：“庆亲王奕劻及其子农工商部尚书载振，威权日甚，势倾中外。此次奕劻七十寿辰，都下喧传收受礼物骇人听闻者甚多，而京外各报尤秉笔直

① 《申报》光绪三十三年四月初七日（1907年5月18日）第2、3版。
② 《申报》光绪三十三年四月初八日（1907年5月19日）第3版。
③ 《申报》光绪三十三年四月初九日（1907年5月20日）第3版。
④ 《申报》光绪三十三年四月十二日（1907年5月23日）第4版。
⑤ 易孟醇：《赵启霖传略》，《赵瀞园集》，第389—390页。

书而不讳，不第署抚段芝贵一人歌妓杨翠喜一事而已。臣久拟疏弹，以上年七月初八、八月初十、十二月二十四及本年二月二十五日，奏劾内外大臣各折片均皆奉旨留中未发。"[①] 据此可知，江春霖弹劾奕劻父子由来已久，而奏折的屡次留中不发，显示了慈禧太后对奕劻的姑息态度。

针对查办期间的一些传闻及非常现象，江春霖认为："赃私之律，授受过付同罪，言之虽确有凭，按之类皆无据。康熙五十年江南乡试副考官赵晋交通关节，苏抚张伯行劾江督噶礼索银五十万保全一案，若非圣祖仁皇帝俯鉴孤忠，几陷不测。是以一月以来，屡贻仗马寒蝉之诮而不敢摭拾上陈也。不意本月廿五日御史赵启霖奏参，才奉谕旨派醇亲王载沣、大学士孙家鼐查办，而天津《大公报》、《顺天时报》又有更正杨翠喜之说，臣阅之大骇。外议多谓载振当将杨翠喜赠其旧好，王益孙出名顶领而胁报馆为之洗刷。人言固不尽可信，但以臣所见，各报门包寿礼数目，言之凿凿，路人皆知，何以绝不更正，独沾沾于更正杨翠喜一节。且各报皆有访事，前之误登，访从何处，后之更正，访自何人，断非绝无来历，岂容信口雌黄。现蒙谕饬载沣、孙家鼐查办虚实，应待奏覆，本无庸更参一议，惟情节既挂弹章，而报纸顿更初议，难保无掉弄笔墨颠倒是非荧惑众听情弊，应请饬并调查各报，传到该报馆访事、主笔，诘问前后不符原因，以凭追究。"[②]

慈禧希图以查办名义给出一个服众的结论，但以"查无实据"结案，且又罢斥赵启霖，难以令人接受。四月初七日（1907 年 5 月 18 日），左都御史陆宝忠上奏，为赵启霖求情。奏折中说："言官参劾失当，心实无他……御史赵启霖罔识忌讳，冒昧直陈，轻听道路之言，以致诬及亲贵，其咎固无可解，而其心实有可原。况御史原准风闻言事，即传闻失实，亦宜曲示优容。查赵启霖平日学问颇优，声名尚好，憨直乃其本心，弹劾因之过当。合无仰恳逾格鸿慈，鉴其愚诚，仍留言路，以作台谏敢言之气，而慰天下望治之心。"[③] 四月初八日（1907 年 5 月

① 江春霖：《劾庆亲王父子疏》，《梅阳江侍御奏议》卷 1，民国八年（1919）铅印本，第 29 页。

② 江春霖：《劾庆亲王父子疏》，《梅阳江侍御奏议》卷 1，第 29—30 页。

③ 《赵瀞园集》，第 29—30 页。

19 日），赵炳麟上奏折，认为："夫时局至今日危险极矣。外人则狡谋久蓄，欲肆瓜分，内地则乱机将发，各怀异志。臣愚以为，处此时势，大小臣工皆应劝善规过，共济时艰。倘敢言之谏臣严加屏斥，臣恐言路闭塞，人心解散，天下事有不忍言者矣。"① 他引用乾隆时优容御史的故事，以说明罢职赵启霖的错误，继而说明驱逐言官的危害。他说："若夫恶闻过举，驱逐言官，皆末造稗政，其祸至于无所底止。奕劻身为大臣，而因言该亲王去位者，前既有蒋式瑆，今又有赵启霖……况段芝贵自署黑龙江巡抚以来，士夫之谈笑，报馆之讥评，久已传布天下。日本东京报纸亦纪其事。臣早欲具折纠参，惟参之则无真实之凭据，不参又不能上对君父，下对天下士民，日夜焦思，以至于病。及见赵启霖纠参，益钦皇太后、皇上之清明，深自愧多所顾忌，不如赵启霖之不顾处分。今则如臣之多所顾忌者，独留于朝；如赵启霖之不顾处分者，罢职而去。设立言路之谓何？将何以作其气耶？他日倘有权奸干国、贿赂公行者，谁复为之直言极谏耶？"② 四月十二日（1907 年 5 月 23 日），江春霖继上一份奏折留中之后，再次上奏，就杨翠喜案查覆结论，提出六点质疑。他认为："出名顶领之说，即使子虚，买妓为妾之事，更无疑义。"他进而引《大清律例·户律》有关官员纳妓为妻妾的相关规定，主张惩办王益孙。他在奏折中说："兵部候补郎中王益孙，名锡瑛，以职官而纳歌妓，顾独逍遥法外，未免滋人拟议。若非照娶乐人律科断，不惟国法未伸，实无以塞都人士之口。"③

赵启霖参案受到广泛关注，"士大夫慕其直声，争置酒作为诗歌以宠其行。奕劻父子虽悍，固无如舆论何也"④。时任湖南提学使的吴庆坻，电邀赵启霖还乡。《蕉廊脞录》"赵启霖赠诗"条记述此事，说："湘潭赵芷生提学启霖，官御史，性刚直，以言事得罪去。余电趣还湘，请监督高等学堂。比过武昌，张文襄留主存古学堂讲席。文襄内召，芷生谢归，余坚请主高等学堂。未几，诏复原官，寻简四川提学使。"⑤

① 《赵柏岩集》，第 1027 页。

② 同上书，第 1029—1030 页。

③ 江春霖：《奏劾王大臣查案疑窦疏》，《梅阳江侍御奏议》卷 1，第 32 页。

④ 胡思敬：《国闻备乘》，第 23 页。

⑤ 吴庆坻撰：《蕉廊脞录》，《清代史料笔记丛刊》，中华书局 1990 年版，第 194—195 页。

清廷于光绪三十三年六月初七日（1907 年 7 月 16 日）颁布上谕，取消对赵启霖的处分。上谕内容如下："已革御史赵启霖加恩着开复革职处分。"① 赵启霖自四月初五日罢职，到六月初七日复职，仅两月余。清廷的转变，可谓迅速。这一结果，应当与御史群体的不断抗争有直接关系。从陆宝忠给赵启霖的信，约略可窥其中端倪。陆宝忠在信中有谓："自君行后，波澜突起，一切情状，当已闻之。弟恐激成世变，约同人徐观其定。隔十余日，竺垣（赵炳麟）先言。月之初五，鄙人复上一封事。隔一日，起用之旨即下。京师久旱祷雨不应，而是得沛甘泽，说者比之洪北江。天人感应之说，久为新学所诟病，而其理或不诬也。两宫明圣，所惜者辅佐无人耳！时局至此，而大臣互相倾轧，党祸将成，鄙人反复言之，冀消弭于无形，岂好为忧盛危明之语哉！倘竟不知感悟，只有奉身以退之一法，不愿做高攀龙也。执事既荷昭雪，转圜之速，感激自不待言。同人皆盼早来，而弟为阁下计，似不妨暂作盘桓。萱侍年高，得承色笑，乃人子极难得之岁月。且负此重望，值此危局，再出亦不易报称。莫如于定省余闲，覃心著述，为正学留一线之传。居乡不易，学界风潮易起，似不必置身其间。至甘旨之奉，宜属朋友，皆当关怀，更不必虑。叨在神交，敢布其区区，尚望时惠德音，俾知梗概。弟年未六十，而蒲柳早衰。自问无补于世，近拟略营菟裘，作归隐计，大丈夫来去分明，断不作驽马之恋也。幸秘不告人。"② 据《赵瀞园集》所收此信的落款，时间为六月初十日（1907 年 7 月 19 日）。信中所谓"波澜突起"，当指以岑春煊、瞿鸿禨为首的清廉派与北洋势力的政治冲突。至陆宝忠寄出此信之时，这一政治较量尚在持续中。所以，陆宝忠会有"党祸将成"的感受，且对局势表现出悲观情绪，大有归隐的意愿。赵启霖显然听从了陆宝忠的建议，并未急于返京。在其"开复谢恩折"中，赵启霖以母病为由，请求暂缓进京供职。其谢恩折内容如下："伏念臣猥由词垣，滥厕言路，愧学识之浅陋，无丝毫之补裨。前因憨愚，已荷宽贷，暂褫鞶带，方杜门而省愆尤，忽奉温纶，仅逾月而蒙昭雪。在圣主优容台谏，权衡一秉乎大公，而臣愚被沐恩私，

① 《光绪朝上谕档》第 33 册，第 108 页。

② 《陆宝忠来函》，《赵瀞园集》，第 392 页。

忖量已惭乎非分……再，臣自奉恩旨，即拟僦装入都，因臣母今年七十有六，现患头晕腰痛诸症，屡月未痊，臣尚未敢遽即就道。一俟臣母病体稍愈，即当迅速晋京供职。”①

关于赵启霖的参案，徐一士认为段芝贵“以道员超领封疆”，只是袁世凯向东北扩张势力“大计画中之一着”，并非全靠代购杨翠喜一事，“其政治上之意味，实重于区区载段私人关系也。至相传芝贵并以巨金赂奕劻，则奕劻本受北洋之奉养而供驱策，事之有无不足深计矣”②。在此政治角力之下，其实杨翠喜一案的事实有无同样并不重要。据《梼杌近志》载：“杨翠喜者，直隶北通州人也……初登舞台，所入甚微。未几受大观园之聘，身价为之一振。津门豪客，多为翠喜揄扬，为一时女伶冠，时翠喜年方十八。后翠喜又就天仙之聘，声名益高，月获包银，可八百元，于是芳名籍甚。迨赵启霖参奏出，而杨翠喜之名，遂轰动全国矣。余同学杨君，谓赵奏本不实。当时赵摭拾影响之词，张皇入奏，其意不过图一己直声震天下耳。盖载振本儇薄少年，性喜渔色，与弟扶二，访艳藏娇，无所不至，风流趣史，广为流传，宜世人多信为实事也。”③ 御史例许风闻言事，对于一个弹劾案件，具体事实并不构成必备条件。御史的参劾，也未必就导致调查的形成。即清末政潮的出现，基本在最高决策者的意图之下。其中若渗透政治机谋，也并非仅凭现象就可以透析。

有学者认为，丁未政潮“就当政阶层范围内论，以奕劻、袁世凯派系的胜利宣告结束。然就整体而论，真正胜利者却是参政阶层。参政阶层的合力互动，不仅使段芝贵、载振失位，奕劻、袁世凯气焰大伤，且赵启霖职位失而复得，并在清末政坛上整合形成了一股可以在一定程度上左右朝政走向、具有相应独立性的势力，这是清末参政阶层的首次集体胜利”④。所谓“参政者的首次集体胜利”恐怕是一种错觉，是将全部政治缩小到一个群体视野的结果。以负有言责的参政阶层，终究只是

① 《开复谢恩折》，《赵瀞园集》，第32页。

② 徐凌霄、徐一士：《凌霄一士随笔》（二），第577—578页。

③ 《梼杌近志》“杨翠喜条”，《清代野史》第4册，巴蜀书社1987年版，第143—144页。

④ 苏全有：《论清末参政阶层的政治参与——以赵启霖、江春霖、恽毓鼎等为视点》，《郑州大学学报》（哲学社会科学版）2010年第5期。

当政者决策的补充因素，仅是更大范围内政治活动的一个部分。言官陈奏是否起作用，在于同当政者的政治斗争意图是否一致。限制强大政治势力的出现，原本就是专制政治的题中之义，并不需要参政阶层的前仆后继。奕劻、袁世凯一派被排压，瞿鸿禨一派的罢斥和开缺，都未能脱出权力调整的皇权意图。所以，丁未政潮中，并不存在哪方胜利的问题，有的只是不断蔓延的政治影响。其中一个重要的结果，便是满族皇亲势力借机窜起。

在清末政治改革中，御史参与政治纷争的动机，一则出于捍卫政治秩序的职责，另则便和御史的个性、愿望相关。至于探讨派系间关系，以及当事者有否受托情节，当以不违背御史的道德及职业持守为限。丁戊政潮中，赵启霖与瞿鸿禨为同乡，均为湖南人。但从各自流传于今的文集中，却找不到相互交往的证据。而赵炳麟与岑春煊，却有较诸一般为深的关系。这从赵炳麟为其父赵润生向岑春煊求取墓志铭一事，便能察其崖略。再从岑春煊所作的墓志铭内容，更进一步了解到，岑与赵润生曾经订交。岑在墓志铭中说："昔岁在壬辰，予薢茩湘源赵君柳溪于京邸，见其沉默寡言笑，知为儒硕，遂与订交。"[①] 但这并不能证明，御史针对庆、袁势力的奏弹活动，便适用派系划分的原则。毕竟御史作为帝王耳目，担负监察官场、维护帝制安全的责任。而庆、袁两系此时势力的膨胀，以及在戊戌政变中可能存在的悖逆事实，均可令御史有意为敌。而无论立宪还是先行官制改革，袁世凯均是重要的倡导者和参与者，既为之筹划并积极活动。据《清末五大臣出洋考察研究》一文考订，清廷派遣五大臣出洋考察，袁世凯的奏请可能起了重要作用。[②] 另据赵炳麟《光绪大事汇鉴》，"载泽等回京，端方留津，与直隶总督袁世凯会议政治"一条称，载泽、端方一路回国，途经天津，"寓天津北洋大臣署，与袁世凯商议改政。世凯主张先组责任内阁，俟政权统归内阁，再酌量开国会。令幕宾张一麐、金邦平为疏，使端方回京上之"[③]。而端方一行回国，自六月十七日（1906 年 8 月 6 日）抵达天津后，若

① 岑春煊：《南洲直隶厅抚民通判赵君墓志铭》，《赵柏岩集·庭训录》，第 26 页。

② 潘崇：《清末五大臣出洋考察研究》，博士学位论文，南开大学，2010 年，第 43—45 页。

③ 赵炳麟：《光绪朝大事汇鉴》卷 20，《赵柏岩集》，第 613 页。

以六月二十一日（1906年8月10日）抵达北京作为离开时间，停留天津达四日之久[①]。赵炳麟所言端、袁商议改政的事情，完全可能发生。

光绪三十二年七月十三日（1906年9月1日），清廷“明谕天下预备立宪”[②]。次日，“饬令先行厘定官制”。清廷谕令编订官制，内容如下：“着派载泽、世续、那桐、荣庆、载振、奎俊、铁良、张百熙、戴鸿慈、葛宝华、徐世昌、陆润祥、寿耆、袁世凯，公同编纂。该大臣等务当共矢公忠，屏除成见，悉心妥订。并着端方、张之洞、升允、锡良、周馥、岑春煊，选派司道大员来京，随同参议。并着派庆亲王奕劻、孙家鼐、瞿鸿禨总司核定，候旨遵行，以昭郑重。”[③] 袁世凯能列入名单，与直隶总督地位特殊有关。其他地方督抚，最多只能“选派司道大员”随同参议。七月十八日（1906年9月6日），设立编制馆，其提调分由孙宝琦、杨士琦充任。其他任职人员，起草课有张一麐、金邦平、曹汝霖、汪荣宝；评议课有陆宗舆、熙彦、邓邦述；考定课有郭增炘、吴廷燮、黄瑞祖；审定课有钱能训、周树模。[④] 上述人员配备，多有袁世凯幕僚亲信。所以，在御史看来，这无疑增强了袁世凯对官制改革的影响力。赵炳麟便认为：“设政治馆专司变制，以庆王奕劻、载泽、端方、袁世凯、张百熙督馆事，立法起草皆委诸馆员金邦平、汪荣宝、曹汝霖、章宗祥等，悉世凯谋士。所编官制，大权集于内阁，奕劻将以袁世凯为内阁总理也。”[⑤] 赵炳麟在官制改革问题上的批评态度，包含着清末政治领域诸多情态。其中既有对权力侵越的防范，也有针对特定政治人物的好恶取舍，还有在改革问题上的不同理解。就权力防范而言，本为御史职责所关。在御史关于宪政改革的筹议中，普遍包含权力防范内容。前述刘汝骥的议论可为代表，也得到慈禧的肯定。

光绪三十三年丁未正月初七日（1907年2月19日）上谕，令刘汝骥补授徽州府知府。十日，刘汝骥递谢恩折，并于次日接受帝后召见。在召见中，慈禧太后对刘汝骥在御史任内的工作给以肯定，说：“你在

① 潘崇：《五大臣出洋考察行程日表》，《清末五大臣出洋考察研究》附录，第352页。
② 赵炳麟：《光绪朝大事汇鉴》卷20，第614页。
③ 《光绪朝上谕档》第32册，第129页。
④ 参见韦庆远《清末宪政史》，第151页。
⑤ 赵炳麟：《光绪朝大事汇鉴》卷20，第614页。

都察院声气很好，你几个折子全好。”而刘汝骥则以预备立宪中皇权安危为谏，示以警惕：“臣蒙天恩简放，感激抚地。微臣临去，尚有一言，就是大权不可旁落。就日本而论，日本之弱，由大将军揽权；日本之强，由明治收回大权。臣前折已详言，伏祈皇太后皇上垂察。”对此，慈禧太后说：“你说的很是。所谓预备立宪者，无非通下情就是了，那不是空空立宪两个字，祖宗法度就全不用了。就是各国宪法，亦自不同。我自然有主意，不至失了大权，你只管放心。”① 丁未年的这场君臣对话充分表明，无论在立宪问题还是官制改革中，皇权的安全问题，始终在当权者及负有防护职责御史的监察之下。赵炳麟等人，在官制改革问题上一再申言，核心目的便是拱卫皇权。

至于御史防范的矛头直指袁世凯一事，一则在于袁世凯的政治布局，触动了监察者，引起了御史们的注意；另则还与戊戌政变中袁世凯的侮君情节有关。尽管袁世凯告密一事，自始便迷雾重重，即便今日，亦无确解，但在当时，人们能传播其事，便是已信其有心态的反映。赵炳麟便以此推测袁世凯积极推动官制改革的意图。他说：“世凯因戊戌之变与上有隙，虑上一旦复权，祸生不测。冀以内阁代君主，已可总揽大权，自为帝制，入京坚持之。”② 故此，赵炳麟“连疏论之”③，以说明先行设立内阁的危害。据《光绪朝大事汇鉴》记载，亦得相关奏折、文献佐证，在内阁制设立问题上，尚有多人论奏。其直接结果，便是内阁制度的暂时搁置，袁世凯政治图谋的受挫。《汇鉴》内容如下：“御史刘汝骥、张世培、赵启霖、江春霖等继续言之，内阁之制不下。世凯连上三疏促之，太后召见切责，世凯恐，遂以阅南北新军会操为词，即日出京。”就袁世凯出京一事，《汇鉴》给出进一步说明，内容如下：“给事中陈田，亦疏劾庸臣误国，疆臣跋扈。谓奕劻庸污，引直隶督臣袁世凯为心腹。世凯以组织内阁为名，挟制朝廷，非将君主大权，潜移于世凯手不止。太后封疏交奕劻、世凯阅看，世凯故立时出京。”④

① 刘汝骥：《陶甓公牍》“丁未召见恭记”，官箴丛书集成编纂委员会编：《官箴书集成》第10册，黄山书社1997年版，第463—464页。

② 赵炳麟：《光绪朝大事汇鉴》卷20，第614页。

③ 同上书，第615页。

④ 赵炳麟：《光绪朝大事汇鉴》卷20，第623页。

陈田（1850—1922），字松山，贵州贵阳人，“同治八年补行乡试，以第一名举于乡。光绪丙戌成进士，选翰林院庶吉士，授编修。官京师日久，从不干谒权贵，日惟潜心嗜古，闭户著书……继改官御史，转给事中，尤能謇謇谔谔，持正不阿。所上封事皆关系国家安危。时军机大臣庆亲王奕劻揽权纳贿，鬻爵误国；北洋大臣直隶总督袁世凯势倾中外，阴谋篡窃，均威焰炎隆，举国无敢撄其锋者。田独忠义愤发，首先劾之，揭其大奸大恶状”。光绪三十二年八月初二日（1906 年 9 月 19 日），掌户科给事中陈田递奏折，以藩镇之祸将酿成为言，参劾奕劻及袁世凯。在奏折中，陈田称奕劻为庸臣，矛头则指向袁世凯。他说：“臣熟察袁世凯之为人，飞扬跋扈，敢作敢为，而又密布心腹于枢密，通贿赂于亲信之亲王，而后可为所欲为也。臣闻袁世凯之交奕劻也，前直隶布政使杨士骧为之行贿万金。自后交通愈密，言听计从，而袁世凯乃得大行其志矣。虑兵部之核其报销也，则为之荐徐世昌为兵部尚书。恐军机之消息不灵也，又为之引徐世昌为军机大臣。徐世昌者，袁世凯之心腹也。”①

陈田主要从两个方面奏劾袁世凯：其一，袁世凯拥兵自重并扩张势力。陈田在奏折中说：“袁世凯身握兵权，可谓重矣。而又荐其表弟刘永庆为江北提督，引其门生周馥为南洋大臣。周馥者，顽钝无耻之小人也，年齿长袁世凯几倍，拜列袁世凯门下。臣闻周馥老而务得，龙钟昏愦，午后接见僚属，言语不能了了。以南洋大臣之重任，而乃引此昏愦之人当之，是何居心？”② 陈田认为，袁世凯势力的扩展，还表现在贿赂亲贵、拉拢公卿方面。陈田在奏折中列举奕劻与袁世凯交往，以及“京僚之无耻者”为牟利而趋附袁世凯的情况。他认为户部尚书张百熙请改官制的奏疏，乃为迎合袁世凯“私图”。而前顺天府尹李希杰，为结交袁世凯，更“来京不即接任，先走津门伺候数日”。作为回报，袁世凯“即为之请津贴九千两”。陈田另举户部侍郎陈璧一例，以说明朝臣趋附袁世凯的情状。他说：“户部侍郎陈璧身为卿贰，仆仆赴津。臣

---

① 凌惕安：《清代贵州名贤像传》第 1 集第 4 卷，商务印书馆 1946 年版，第 34 页。

② 第一历史档案馆编：《光绪朝硃批奏折》第 22 辑《内政》，中华书局 1995 年版，第 778 页。

闻其进谒袁世凯也，坐司道官厅，自同下属，而朝廷之纲纪安在矣。”①

其二，陈田更以亲身体历，说明袁世凯拉拢及打压科道言官。他在奏折中说：“科道官，朝廷之耳目也。袁世凯欲牢笼人心，先示意于前左副都御史张仁黼，谓得一科道公函通款北洋，即可厚筹津贴。臣时在江南道御史任，婉言谢之，告诫同僚，科道为风宪官，不可因衙门清苦为之折节。而袁世凯之怏怏于言官者自此起矣。徐世昌一入军机，即倡议欲裁减言官，仰承袁世凯之意旨。赖朝廷圣明，为之中止。”②

奏阻内阁制颁行，陈田并非孤谏独奏，同期参奏袁世凯及内阁制的御史尚有多人。这些奏疏一起，构成对内阁制颁行及袁世凯势力扩张的阻滞。在赵炳麟补御史后所上第二疏的按语中，略可概知当时情况。赵炳麟在按语中称述：“当是时直隶总督袁世凯，自戊戌政变与皇上有隙。虑太后一旦升遐，祸生不测，欲以立宪为名先设内阁，将君主大权潜移内阁。己居阁位，君同赘疣，不徒免祸，且可暗移神器。御史王乃徵、黄昌年、陈田、刘汝骥、江春霖、赵启霖等言之，世凯一笑置之。炳麟拜御史之命次日上第一疏，又五日上第二疏。世凯大恐，上疏辨，又为太后面责，遂出京。”③ 编于1916年的《袁世凯全传》有如下记载：“西太后虽爱袁备至，然欲夺其兵权，以免跋扈。光绪三十三年七月，有旨补授外部尚书。时湖广总督张之洞，亦被召至京，使与袁同任军机大臣。阳虽重用之，而阴实预防之也。袁闻命固辞，不许，遂不得已而莅部任事。”④ 正因在皇权安全方面有所顾虑，慈禧太后最终削夺袁世凯兵权。而御史中多人的连番纠参，显然起到了推动作用。赵炳麟便认为，因“太后感悟”其奏，加之众御史“继续言之”⑤，终而切责袁世凯。

光绪遽崩，不免“斧声烛影”。袁世凯罢职回乡前，杨度在《顺天时报》上发表文章⑥，专为袁世凯脱疑。但此时杨度已投靠袁世凯，其

① 《光绪朝硃批奏折》第22辑，第778—779页。

② 同上书，第779页。

③ 赵炳麟：《谏院奏事录》卷1，《赵柏岩集》，第931—932页。

④ 上海文艺编译社编：《袁世凯全传》，上海文艺编译社1916年版，第48页。

⑤ 赵炳麟：《光绪朝大事汇鉴》卷20，第623页。

⑥ 《宪政公会常务员长杨度与各地宪政公会会员书》，《顺天时报》第2046、2047号1908年12月15日第7版、16日第7版。

言固不足信；更为关键的是，光绪死于毒杀[1]，现已被史学界证实，袁世凯恐再难脱其疑。袁世凯被罢驱，在宣统继统初始。光绪三十四年十二月十一日（1909年1月2日）上谕："军机大臣、外务部尚书袁世凯，夙承先朝屡加擢用，朕御极后，复予懋赏，正以其才可用，俾效驰驱。不意袁世凯现患足疾，步履维艰，难胜职任。袁世凯着即开缺，回籍养疴，以示体恤之至意。"[2]

关于袁世凯被逐原因，历来几多说辞。《袁世凯评传》一书，偏于维护传主，认为袁世凯终究"逃不脱被罢黜的命运"。其理由有二："根本的原因是亲贵们早就憋着想要把大权收拢到自己的手中。次要些的原因是袁世凯因开平煤矿产权的事，与醇王府结过怨。"[3]编于1916年的《袁世凯全传》对此记述为："时光绪帝病势日剧，皇嗣未定，醇王子溥仪当立。袁虑其修前怨，且庆王亦窃有立我长孙之志。于是二人相谋，排斥醇王之子，然卒不成。既而帝后相继殂落，袁思有以媚醇王，以宜立长君为言。醇王怒斥之，袁大沮丧，遂以溥仪（宣统帝）继承大统。宣统即位，醇亲王监国摄政，以袁之心曲，终不利于皇室，将杀之，张之洞力为营救，始获免。"[4]另由赵炳麟作于1914年的《宣统大事鉴》，有关袁世凯被黜一事的记述，多为亲历，与一般传闻及推测之辞不同，更贴近内幕，颇资借鉴。《事鉴》记述："德宗之崩也，内外啧啧。度支部尚书载泽素亲德宗，密谓摄政王载沣曰：'昔，晋赵盾不能讨弑君之贼，史书赵盾弑其君。今大行皇帝之事，天下称冤，皇上年幼，尔摄政，其毋自贻伊戚。'载沣大感动，会给事中陈田、御史赵炳麟上书劾世凯，遂以足疾罢归。"[5] 依据赵炳麟的说法，袁世凯罢归，由在侮弑光绪。而御史参劾袁世凯，同样基于这一因素，且从皇权安全角度给出谏议。陈田和赵炳麟递呈奏疏之时，正与罢斥袁世凯同日，或直接推动了罢斥上谕的颁行。

陈田奏折，以"枢臣结党营私居心叵测"为辞，视袁世凯为"枭

---

① 据《百年疑案终获破解：光绪确死于砒霜中毒》，《新民晚报》2008年11月1日第A07版：文娱新闻。

② 《光绪朝上谕档》第34册，第325页。

③ 刘忆江：《袁世凯评传》下册，经济日报出版社2004年版，第570页。

④ 上海文艺编译社编：《袁世凯全传》，第51页。

⑤ 赵炳麟：《宣统大事鉴》卷1，《赵柏岩集》，第636页。

桀之才”。他认为袁世凯“揽权独工，冒进无等”，在北洋直隶任上，“枢臣由之进退，九列多其腹心。种种揽权，不堪悉数”，进入军机后，“惟日谋揽权，布置私人”①。陈田在奏疏中列举袁世凯结党营私的诸多状况，进而推论认为：“将来天下督抚皆其私人，全国兵权在其掌握”。基于袁世凯权势扩张的态势，陈田不禁叹问：“臣不知袁世凯意欲何为，陛下于此能不加之意乎？臣闻袁世凯之赐寿也，庆亲王奕劻，至去亲王而书名于寿联，贝子载振之祝词，至称四哥而自称如弟。昧亲王交通百官之祖训，为平等卑下之谀词，朝列震骇，气焰熏天。陛下欲法祖烈而不遏抑其骄焰，岂安全之道耶？”②

至此，陈田认为袁世凯已不适合留在军机处，并给出六条理由。他说：“夫军机者，出政之枢纽，得其人则天下安，失其人则天下危。袁世凯之不可留军机者有六：枢府亲王交通太密，煌煌祖训深以为戒，此一不可也。中外大臣大半皆其私人，朝廷有大政，袁世凯发一议，附和者唯诺赞成，调停者依违两可。政务有不能决者，询之疆臣。袁世凯势倾中外，疆臣多其党羽，此后无人敢与龃龉，势将指鹿以为马，变黑而为白，国是谁属？此二不可也。久握军符，恃兵而骄。前岁袁世凯入议官制，气凌朝贵，摇动枢臣，颇有唐室藩镇朱温入朝之风。使其无兵，当不至跋扈至此。此时虽解兵柄，各营将领多其私人，一旦有缓急，岂复可恃？尾大不掉，可为寒心，此三不可也。自古宰相多用读书，非徒通知古今，亦取驯谨易制。易象戒武人之志刚，史鉴惩将军之跋扈。若以折冲御侮之材，置于帷幄密勿之地，是谓用违其才，亦恐桀骜难御。袁世凯一介武夫，不学无术，此四不可也。近时朝局争言变法，步趋日本。臣考日本变法，收将军之权，还于王室。我国变法，侵朝廷之权，尽属大臣。前岁袁世凯厘定官制，求改设新内阁而不得，近与其党徒日夜图谋遂其初志，无非欲破坏朝局，独握大权。谋改内阁之人即求入内阁之人，此其诡谋不问可知。此五不可也。袁世凯引进私人，则必排挤不附己者以为之地。近日河南巡抚林绍年、安徽巡抚冯煦，整饬吏治，不附权门，无端开缺，群情骇然。而受代者乃吴重熹、朱家宝。吴则旧

① 《光绪朝朱批奏折》第25辑《内政·职官》，第532页。

② 同上书，第533页。

日之陈州府，于袁世凯有私恩。朱则直隶之属吏，于袁世凯为门生。附己者迁秩，不附者解职。此后人皆股慄，孰不望风纳款，投于袁氏之门？小人结党，朝廷孤立。此六不可也。”① 陈田奏折对袁世凯的抨击可谓激烈，对清朝遗产的新任继承者，有极强的刺激效果。

清朝庞大的政权体系，对新贵们而言确有力所不逮之处。在整个晚清时期，满族贵族在政权中的影响力，呈现逐渐衰微趋势。慈禧曾赖以巩固政权的皇权意识，到清末，在士大夫的观念中业已削弱。仅凭皇权秩序，而无实力后盾的新贵们，在政权的掌控上缺乏自信。面对袁世凯这样的权臣，载沣自是深怀畏惧，更涉及光绪问题，故罢黜袁世凯只待时机。陈田及赵炳麟的奏折，无疑起到一种政治激发的作用。奏折递上的当日，袁世凯便被开缺驱逐。而赵炳麟当日奏折，更从“袁世凯之植党营私”、“主少国疑”诸方面，劝说载沣铲除袁世凯势力。他说：“今日袁世凯党羽虽多，幸皆富贵利达之人，世凯一出军机，必皆解散。若待其党根蒂固结，谋定后动，他日监国摄政王虽欲去之，亦无可如何。”②

将袁世凯驱出军机处，在江春霖看来，尚不足以根除其威胁。他认为：“自庆袁交合以来，屏逐异己，遍树私人。世凯现虽去位，而各部长官，直省大吏，尚多其党……万一变生不虞，需才孔急，异时更有请用世凯如严修者。不从，则驱爵于丛；从之，则为虎附翼。患至为备，害至为防，已无及矣。”故他于光绪三十四年十二月二十四日（1909 年 1 月 15 日）上疏，建议“召复勋旧大臣，布列要地，以资坐镇”③。

江春霖（1854—1918），“号杏村，字仲默，晚号梅阳山人，福建莆田人也……弱冠补弟子员，六应科岁试，五冠其曹，以辛卯举人中甲午进士，由庶吉士散馆授检讨。庚子京师乱，遂南归。壬寅归朝，历充武英殿纂修，国史馆协修，撰文处行走。甲辰补江南道监察御史，旋掌新疆道，历署辽沈、河南、四川诸道监察御史”④。江春霖在《清史稿》

① 《光绪朝朱批奏折》第 25 辑《内政·职官》，第 533—534 页。

② 同上书，第 536 页。

③ 同上书，第 610 页。

④ 林纾：《清故中议大夫翰林院检讨前掌新疆道监察御史梅阳江公墓志铭》，《梅阳江侍御奏议》，民国八年刻本。

中有传，记述如下："光绪二十年进士，选庶吉士，授检讨。二十九年，转御史，首论都御史陆宝忠干烟禁，不宜为台长，劾亲贵及枢臣疆臣，章凡数十上。德宗季叶，袁世凯出督畿辅，入赞枢廷，权势倾一时。春霖独论列十二事……嗣是纠弹世凯及庆亲王奕劻父子，连上八疏，皆不报，然朝贵颇严惮之。"①

据《宣统大事鉴》记载，江春霖"在台弹劾不避权贵，时有朝阳鸣凤之目。尝于是年九月九日，劾庆亲王奕劻、袁世凯朋比为奸，殃民祸国，德宗见疏痛哭流涕，而以孝钦故，留中不敢发"②。所谓"是年九月九日"，指光绪三十四年，公历 1908 年 10 月 3 日。此日，江春霖以"枢臣权势太重"上奏，弹劾军机大臣外务部尚书袁世凯。在奏折中，江春霖从十二个方面，历述袁世凯权势太重。这十二个方面分别为："交通亲贵"、"把持台谏"、"引进私属"、"纠结疆臣"、"遥执兵柄"、"阴收士心"、"归过圣朝"、"潜市外国"、"僭滥军赏"、"破坏选法"、"骤贵骄子"、"远庇同宗"③。江春霖奏疏与前述陈田十二月十一日奏疏相比，在揭露袁世凯揽权纳贿、结党营私方面，多有相类而条列更加详尽。较陈田奏疏，江春霖呈递时间更早。据此可以认为，陈田奏折是在江春霖奏折被留中后，新帝当政之初的再次弹劾行动。

袁世凯去职后，江春霖于十二月二十四日（1909 年 1 月 15 日），就消除袁世凯威胁，再次上疏谏议，且附片警诫摄政王勿为"乱聪明者所乱"④。在附片中，他提到此前被召见一事。林纾在为江春霖所作墓志铭中，对此次召见亦有记述："宣统纪元，摄政王监国。庆邸奉旨，世袭亲王罔替。公疏论之，蒙召见。公告监国，以项城与庆邸朋比，不宜处枢近，防祸发肘腋。直庐中，值项城相见，问姓，知为公也。避去，然公言已先入矣。"⑤ 由上述内容可见，召见一事，当发生在赏赐奕劻"世袭罔替"上谕颁布之后，袁世凯去职之前。据《光绪朝上谕

① 《清史稿》第 41 册卷 445，第 12469—12470 页。

② 赵炳麟：《宣统大事鉴》卷 1，《赵柏岩集》，第 636 页。

③ 《光绪朝朱批奏折》第 25 辑，第 377—379 页。

④ 江春霖：《召见进言片》，《梅阳江侍御奏议》卷 2，第 32 页。

⑤ 林纾：《清故中议大夫翰林院检讨前掌新疆道监察御史梅阳江公墓志铭》，《梅阳江侍御奏议》。

档》的记录，赏赐奕劻的上谕颁发于光绪三十四年十一月二十六日（1908年12月19日），而江春霖疏论一事，则发生于十二月初七日（1908年12月29日）。此疏，亦见于《梅阳江侍御奏议》集中。由上述内容比较以推，摄政王召见江春霖的时间，当介于十二月初七日至十一日之间。而《宣统大事鉴》对此次召见亦有提及，内容如下："至是，春霖复言，世凯虽去奕劻尚留，打草惊蛇，纵虎还山，为祸更急。摄政王召见嘉纳之。"①若以此记，摄政王召见江春霖，当在袁世凯去职（光绪三十四年十二月十一日）之后十二月二十四日上奏之前，恐与事实不符。

赵炳麟写作《事鉴》时，受条件所限，或记忆有误。据赵炳麟说："余于官京师时，手编光绪朝大事为汇鉴十二卷。辛亥归桂林，政体遽变，因思宣统御宇虽仅三年，而新陈递嬗关系尤巨。甲寅匿居全县柏树墩，开垦荒地，空山寂然，长夏无事，仍用汇鉴书法，总辑宣统间大事，为宣统大事鉴一卷。虽乡僻无书，纪载太略，然信而有征，藏之名山，传之后世，亦汲冢郑井之遗也。"②封闭环境中的回忆之作，难免有疏漏之处。而摄政王的此次召见，从江春霖《召见进言片》来看，则包含了对御史们的警戒含义。奏片内容如下："臣前蒙召见，仰荷监国摄政王敕令传谕同官，直言报效，不可进乱聪明语。臣遵即于堂期日，当众宣布。间有未到，亦已托其转告。"③结合此后江春霖在弹劾奕劻问题上，屡有碰壁，且终至降职来看，此次召见警戒或更胜于"嘉纳"之义。

在罢驱袁世凯问题上，当政者虽同御史们意见相契，但在涉及政权布局问题上，双方义旨则相去甚远。这从赵炳麟的亲身体历，可斑窥其豹。在江春霖十二月二十四日上疏的同一天，赵炳麟亦上一疏，以"袁氏党羽散布谣言，倾陷监国摄政王"④为言，进呈管见六条。他说："袁世凯十年以来，借朝廷之位，布置私人，窃朝廷之财，施给己党。凡由袁世凯引进，赖袁世凯豢养者，只知有袁氏，不知有朝廷久矣。监

① 赵炳麟：《宣统大事鉴》卷1，《赵柏岩集》，第636—637页。

② 同上书，第631页。

③ 江春霖：《召见进言片》，《梅阳江侍御奏议》卷2，第32页。

④ 赵炳麟：《密陈管见疏》，《谏院奏事录》卷5，《赵柏岩集》，第1143页。

国摄政王孤立于上，若不布置周密，恐事机偶失，将受其党箝制而蹈德宗景皇帝之前辙。”[①] 赵炳麟基于上述担心，并针对“监国摄政王实行排汉也、反对立宪也”的谣言，提出六条建议。这六条建议为：“心志必须坚定”、“事机必须缜密”、“正人必须任用”、“党羽必须解散”、“用人不可分满汉”、“总理大臣必不可骤设”[②]。奏折递上，“奉旨留中”。

同日，载沣在养心殿召见赵炳麟，长达一小时之久。赵炳麟在《宣统大事鉴》及《密陈管见疏》按语中，记述了召见时的情景。《密陈管见疏》按语内容如下：“是日召见养心殿，逾一点钟之久。监国问及防患之策，麟请宣布德宗手诏，大赦党人，择其良者任以国事。起岑春煊典禁卫军兼军谘府，用张謇、汤寿潜、康有为、梁启超、郑孝胥、赵启霖、安维峻，为摄政府顾问，兼授皇帝读。罢奕劻专任张之洞长军机，可息群谣、固众志。监国首肯，商诸张之洞，之洞大反对，遂寝其议。是晚，之洞遣幕友覃兆鹍（号展甫柳州人），来责余，曰：‘尔今日召见所保之人，中堂极不谓然，特告我致词，人生难得清名，毋为人误。’余自此不得召见矣。”[③] 赵炳麟在《宣统大事鉴》中的记述，与上述按语基本一致，只在叙述张之洞态度时更加详细。《事鉴》叙述如下：“摄政王首肯者再，旋召见张之洞商榷。之洞与岑春煊、康有为皆不合，力保奕劻持重，宜加信用，非彼不能镇安皇室，炳麟所奏多纷更不可用，议遂寝。”[④]

江春霖、赵炳麟设想中的政权形态，是一个由汉人为主体的勋旧政权。这与皇族亲贵们攫取政权的欲望明显相悖。另外，为戊戌政变被难诸人昭雪，显然也在御史们考虑之列。江西道监察御史赵熙，“曾上专折请将杨锐刘光第忠烈史实，‘宣付史馆’，又函杨锐子庆昶进京缴呈光绪手诏陈情，并代为草奏，希冀昭雪”[⑤]。赵熙擢任江西道监察御史，时在宣统元年（1909），与江春霖、赵炳麟的政治努力可谓前后相继。

---

① 赵炳麟：《密陈管见疏》，《谏院奏事录》卷5，《赵柏岩集》，第1144—1145页。

② 同上书，第1145—1152页。

③ 同上书，第1152—1153页。

④ 赵炳麟：《宣统大事鉴》卷1，《赵柏岩集》，第637—638页。

⑤ 《荣县志》编纂委员会：《荣县志》卷29《人物》，四川大学出版社1993年版，第583页。

而以上动议，却不为张之洞等人接受。江春霖、赵炳麟于召见时，均遭警告，便是情理中的事情了。

此后，皇族亲贵不顾清朝祖制，大肆攫取政权，引起御史激烈反弹。据《宣统大事汇鉴》记载："摄政王初政，振纪纲，勤召见，天下喁喁望治。自元年以来，任用亲贵，猜忌汉人，天下失望。载洵尤嗜货，海军部及崇陵工程，多以贿行。春霖、思敬先后劾之，语甚沉痛，谓天下解体则国且不保，家于何在。摄政王终不报。"[①] 江春霖一面继续为翦除袁世凯党羽而进谏言，一面针对亲贵当权提出质疑。宣统元年七月十三日（1909年8月28日），江春霖上疏奏劾载洵、载涛，认为二人颇招物议，请求诏诫二王，"庶息众谤"[②]。宣统二年（1910），赵熙亦以"亲贵权势太盛"[③] 为由，上疏请求"裁抑"。疏上，留中不报。其中，江春霖终因弹劾亲贵及奕劻而被夺言职，赵炳麟也因俸满而被罢去御史本缺，以四品京堂候补。载沣基本以留中不报应对御史言官的劾奏，御史对政治的影响力，至此而渐消。

对于这场变革官制的改革，过往研究者专注于制度变革的内容，以及与官制改革相连的几起政潮，而在人物思想方面，长期拘囿于新旧讨论，以及与政潮相连的利益分析，缺少对人物深层心理的探析，尤其在考察一个相对有特征的政治团体方面，阙如较多，有待进一步深入。御史作为参政阶层，其政治表现，长期被置于言官的角色来考察，在这一方面，则与同属言官的谏官和史官并无区别。但御史毕竟有其政治特性，作为帝王耳目、鹰犬，自然有为帝王延伸视野的政治功能。在这一职能的驱动下，御史活动必然带有替帝王巡视的政治气质。纠弹不法只是其政治特性的一个方面，侦知危险，示警于帝王，才是其制度特性的根本体现。而代帝王巡视天下的政治气质，则成为御史积极施为的精神寄所。

清末官制改革存在安全隐患，御史职司监察，在政治安全尤其拱卫皇权方面负有专责，自然不能置身事外。何况变革官制，包含机构裁撤

① 赵炳麟：《宣统大事鉴》卷1，《赵柏岩集》，第640页。

② 江春霖：《劾洵涛二贝勒疏》，《梅阳江侍御奏议》卷2，第43页。

③ 赵熙：《奏请裁抑亲贵权势疏》，王仲镛编：《赵熙集》，巴蜀书社1996年版，第1277页。

内容，牵涉每一官员切身利益，在御史又多加了一份自身官位前途的考虑。在官制改革问题上，他们积极加入讨论，甚至上奏阻挡改革进程，便有许多符合情理的状态。然御史的奏弹行为，一旦纠缠于政治纷争之中，便不限于护卫政治安全的功能。其政治激发及事件推助的作用，随政争的酿起而凸显无疑。清末几次政潮都由御史奏弹而起，无论其中渗透了几多利益考量和基于私利的互猜，但政治安全因素才是决定事件基本走向的本源。清朝政权最终走向皇族化的过程，同样是基于权力安全考量的结果。只是这一结果，多与御史职守及政治愿望相背。

结　语

在清末政局中，二元皇权结构下，重大决策非经多次妥协，难有最终结果。专制政体下，政治协商作用的提升，意味着皇权专制能力的下降。皇权专制性不足，当政者便会借助言路力量以制衡臣权。而言路作用增强的一个直接反映，便是政治舆论的日渐泛滥。制谣、传谣是言路存在的重要特征，更是其组织酝酿政治力量的重要方式。言路主导或影响下的专制政治，鲜有方向性，只展现为效忠皇权主旨下的政治纠劾及派系倾轧。因政治力量寻求组合的进程加速，政治呈现异常活跃之态。而派系划分与政治纷争，并处于一个进程。当政治舆论被节节推高之后，道德便成为唯一有共约性的衡量准则，而政治决策却变得愈加困难。

甲午战争期间，基于道德准则的抗战主张，自非了解战争实情的主和派所能撼动。而战场的失利，则引出更多涉及政治弊端的深层诘问。非常诡谲之处便在于，主和者正是失利的责任承担者。这使得针对“主和”、“议和”决策的诘问，不仅涉及战略选择，而且更是一个包含究责的政治问题。在这个究责诘问中，包含了言路有关中兴道路、政治腐败、叛国卖祖等一系列政治怀疑及政治谴责，也混杂了战略选择与政治究责等多种思考及庞杂诉求。及至甲午战争结束，言路呈现的这一思想混乱，始终未能澄清。而皇权专制能力不足，显然成为妨碍政治厘清的关键因素。清末皇权政治统领性不足的一个重要后果，便是统治层中政治思想及政治诉求的芜然杂陈。这必然影响帝国的政治决策方向，以及决策在统治层中的认同程度。康有为以借鉴俄日为起点的维新主张，固然不能获得统治层广泛的认同，即便清廷的宪政改革决策，也未能扭转保守者基于政治究责的整顿决心。政治认识水平及个人偏好，固然是人们选择政治态度的基本因素，但专制政治中皇权强力的指引作用，却有着无可取代的效能。

御史，在本质上是皇权监察功能制度化和机构化的体现，为治官之官。科道合一后，御史在制度上还同时兼具拾遗补阙的谏官职能。在清末政局中，御史作为言路主体，虽在抗日问题上意见高度一致，但在随后进行的维新变法中，则出现了明显分歧。甲午战败，人们在阻和再战的最后呼吁中，同时提出政治整顿的建议。这与战争存续期间便已出现的谴责舆论一脉相承，是人们对过往施政不满情绪的表露。作为回应，清廷先后在军机处人事方面进行了调整，张之万、额勒和布、孙毓汶、徐用仪等离开军机处。另外，李鸿章等负有直接责任的督抚及军事将领，也受到程度不同的惩处。虽如此，人们所希望进行的却还有更为深刻的政治整顿或变革，以为振兴国家的出路。在中日和约签订之际，各种改革主张已然纷陈，康有为的维新思想，便是在此时传播并得到响应。在改革面前，即便尚处于思想酝酿阶段，御史群体的分歧业已显现。虽在主战问题上曾协同力争的人，当面对变法时，其态度却呈现异化倾向。而这种态度异化，则首先出现在学术争论中。

康有为在学术上的大胆假设，随着维新活动而得到传播，同时也引来众人反对。这从苏舆所编《翼教丛编》的篇目，便可略见一斑。尚在《新学伪经考》撰写阶段，读到其部分书稿的广雅学堂山长朱一新，便提出了批评意见。为此，双方书信往还，进行多次论辩。《翼教丛编》收录朱一新答康有为书信中的五封，姜义华、张荣华编校的《康有为全集》则收录八件。《翼教丛编》中还收有给事中洪良品答复梁启超的一封书信。洪良品对康有为的辨伪之作，颇不认同。在信函尾末，洪良品表明态度："夫以圣贤煌煌垂世大典，悬诸日月，著在天壤，历千百年无异词，乃忽借暧昧不明之人，以'想当然'三字断定，竟以圣贤经世垂教之书，谓出自乱臣贼子之手，侮圣毁经，贻患不小，非所以信今示后也。此鄙人肝鬲之要，敢私布于执事，何如？"[①]余联沅更于光绪二十年（1894）附片，请禁毁《新学伪经考》，认为康有为"非圣无法，惑世诬民，较之华士、少正卯，有其过之无不及也"[②]。以上诸人中，朱一新曾从学清末汉学大师俞樾，爱好周张程朱"义理"，通晓

① 《洪右丞给谏答梁启超论学书》，苏舆编：《翼教丛编》卷1，第67页。

② 《安晓峰侍御请毁禁〈新学伪经考片〉》，苏舆编：《翼教丛编》卷2，第70页。

经学历史，是中法战争中坚定的主战论者。光绪十一年（1885），朱一新任陕西道监察御史，因屡劾太监李莲英而落职，为人鲠直不阿。洪良品，甲午战争中，官任户科给事中，屡劾李鸿章，主张以战为和，思想较为保守。余联沅，任吏科给事中，甲午战争期间，坚定的主战者，多所筹划，在上海道任上，参与"东南互保"等活动。以上三人，都曾任科道官职或终于其任，在学术上均不能认同康有为的异说，在政治上就更难融为同道。

即便在维新变法中曾经一度参与其中的一些人，在思想上也与康有为的新学保持了距离。诸如褚成博，后曾参与强学会事务，但就在中日和约换约不久，改革主张纷呈之时，上奏陈说关于变法的主张。他认为："行法之本，首重得人，致治之谟，必期实践。请以人维法，以身取人，庶可大济时艰，渐祛锢习。"显然，褚成博并不认同变法的主张，而更倾向于政治整顿。他说："当今之世，非无治法之患，实无人心之患。欲求变法，先宜变心。非群才共济，则良法皆成具文。非主鉴公明，则贤奸终将倒置。"① 他以洋务运动三十年的经验来说明其观点："自同治初元以来，曾国藩、左宗棠、沈葆桢、李鸿章诸人，因外患日深力崇西学，于是广制造则开船政机器诸厂，保利权则设招商织布诸局，育人才则创同文方言各馆，勤肄习则立水师武备各堂。其余创兴诸务，更仆难终，岁销帑项以千万计。所以步武泰西，随时立法者，实已不遗余力。当其经营伊始，一切章程规制，斟酌尽善，思议周详，咸谓始虽效彼所长，终当驾乎其上。乃因循至今日，岛寇偶侵，全局糜烂，是岂法之未变，变之未善哉，亦误于行法之不得其人耳……皇上试取二三十年内诸臣条论洋务之奏议，汇而观之，何一不审时度势，兼赅体用，诚能行之以渐，持之以恒，早可无敌于天下。乃远猷败于粉饰，患气伏于贪私，痼疾日深，几难救药。"② 褚成博看到的依然是事物的表象，未能深入制度缺失的本原，仍不免回到规复人心的老路。而在清末皇权专制性严重不足的时候，尚以规复人心为论，不免又是一场空论。士大夫笃信周张程朱理学，并在理学之下构建政治理想。这种依伦理道

① 褚成博：《变法宜先变心折》，《坚正堂折稿》卷2，第18页。

② 同上书，第18—19页。

德维系的政治理念，极大地限制了士大夫政治观察的眼光。他们更专注于道德自觉下获得秩序的政治努力，而对一定制度下可能的政治自觉则缺少敏感和认知。清末御史，在奏议中表现的政治浅见及思想保守性，便根源于此。而思想保守，则是政治浅见的成因之一。

这种由思想保守导致的政治浅见，并不因戊戌变法的失败而改变，也不因庚子事变的惨痛而转移。清末立宪时期，反对立宪、反对官制改革的声音中，出于思想保守的言论仍具有相当的政治影响力。在清末宪政时期，与褚成博有相似思想的御史尚不在少数。胡思敬于宣统元年（1909）补辽沈道监察御史，转掌广西道监察御史。他对议会制度政治功能的理解尚属浅显，将变法立宪视为“喜事好乱之徒”的多事之举。他主要为变法中谋私利的行为担忧，更甚于关注立宪本身的利弊问题。胡思敬与赵炳麟相友善，而赵炳麟在立宪问题上持议却与胡思敬相反，认为立宪是国家“将兴之兆，亦垂绝之机”。

胡思敬在写给赵炳麟的回信中，对赵炳麟的立宪主张多有批评。他说：“今外自疆帅，内自枢府大臣，所用者何人，所操者何术。虽付以雍乾全胜之天下，知不能一朝居幸。而祖宗法制禁令未尽废亡，故倖位虽多，犹悍然有所顾忌。若尽决其防，轻用西人，苟简之防，任其泛滥，四出巧便趣利之徒，尚复何所不至。日俄议和，其谋甚秘，东京闻已定约，民论大哗，麇集而劫政府，大乱数十日乃定。知万事付之议院，择其多数从之，夷法亦不尽然。乃者科举既废，学堂报馆密布如蜂窠，东瀛游学过万人。警部开，赵秉钧以试用道擢侍郎。谋开文部者，据要津而捷高足，尚不乏人。五大臣联翩出使，宪法亦将举行。彼喜事好乱之徒，朝夕祷祀以求之者，皆如愿以偿。君视此为将兴之兆，抑垂绝之机，我辈年齿具壮，又各备员于朝，不一二年将亲受其祸，无待蓍龟决矣。此事未易一二言，言之亡益，徒招人讪笑。以足下有志于古而横说充塞，虽贤者莫能自坚，区区相爱之忱，平时恃以共生死同患难，故不惮出肺腑以相语。若以鄙言为迂顽，不达时变，则气类已不相投，虽欲强副交游之末，勉作周旋附和之辞，面目可憎，语言无味，想亦足下所厌闻矣。”[1] 胡思敬来信，以昆弟之情相责难，批评赵炳麟在变法

---

① 胡思敬：《覆赵竺垣书》，《退庐笺牍》卷1，《退庐全集》，第442—444页。

问题上的持议不当。但这并非来信的唯一目的，胡思敬所担心的则是变法主张背后的个人操守问题。他怀疑赵炳麟借提倡变法，博取名禄，故在信中有一段个人修为的论说。他说："我二人本以道义相交谊，则友朋欢逾昆弟。忧戚与共，知无不言。足下志趣之坚卓，议论之明通，同时侪伍中无以比并。唯是锋芒太露，不无沾沾自喜之心。名者所以勉中人而自立。有道之君子，蓄于中者既充然有余，或失于上而得于下，或屈于一时而伸于百世。极其学之所至，尽性知命，盖虽遁世不见知而不悔。少而急于自见，其末路必憔悴以死，贾生、陈同甫是也。家国大事，言之甚易，行之实难。反而求之六经，证以数千年成败是非，及当今变故，反复沉潜，或有豁然之一日。举世波靡，滔滔不反。虽不能转移风气，要当不为风气所移。天不变，道亦不变。"①

赵炳麟针对来信作出回应，首先感谢来信表达的真情实意："非异姓而骨肉者，谁肯出肺腑、吐金石，医砭我于万里之外耶？圣人称直、谅、多闻为三益友，君乃兼三者而备之。断金获利，伐木得朋，弟窃窃以此自幸也。'锋芒太露'四字，诚弟一生受病根原，黄岩、喻志韶，以四字规我累矣！弟亦忧忧，恸自惩艾，而卒不能阔然高浑，殆学养褊浅所致。"继对变法主张上的分歧，表达了他的初步看法："我辈读书学道，勿持以取名者，自守之贞意应如是。至于学问之广大精微，四海为户庭，万物同胞与，尤不易拘执一域，自隘吾圣贤经世之量。夫大经大法，载在六籍者，固简不胜书。彼东西洋各国经营治术不下数千百年，国力及十数万里以外，夫岂无良法美意而致之？互究参观，各求其是，未可谓为失也。中国乱源，在上者趣势竞利，不顾礼义廉耻；在下者日就困穷，蹙蹙养其生而不得，则为盗为匪，其弱者为丐为殍。上观于朝，下观于野，处处皆乱机。我辈他日采稆无地，夫何待言。"②

胡思敬与赵炳麟的分歧在于，胡思敬的政治思想仍然停留在以道救国的老路上，而赵炳麟则主张用更广阔的眼光审视东西方文明，择善以从。其实自甲午战败，御史中的一些人已在悄然发生转变。陈其璋、王鹏运、杨深秀、宋伯鲁、褚成博、张仲炘等，均不同程度参与维新变法

① 胡思敬：《覆赵竺垣书》，《退庐笺牍》卷1，《退庐全集》，第440—442页。

② 赵炳麟：《自全州覆胡漱堂吏部思敬书》乙巳十二月，《柏岩文存》卷2，《书》，第18页，《赵柏岩集》，总第1437—1438页。

中，杨深秀甚至献出生命。迨至宣布立宪时，御史中的一些人已经开始留心西方制度。如赵炳麟已颇能领会西方宪政制度权力制衡的精神，亦将其用运于政潮斗争中。他主要从权力防范角度，反对袁世凯等人提议的设立内阁主张，而不同于江春霖等人仅限于纠正官场风气的奏劾。赵炳麟不反对设立责任内阁，只是强调必须同步设立议院，以对内阁总理实行限制和监督。这显示了赵炳麟在同时代御史中，较为开明的思想倾向。另外，影响士大夫们思想转变的因素中，固守理学传统自是较为根本，而皇权意识也起到重要作用。尤其在御史思想保守的构因中，皇权意识占据更为重要的地位。这与御史制度的特性有直接关系，所谓君主耳目、帝王鹰犬，拱卫皇权是御史本能的反应。御史们很难从巩固和强化皇权的思维定式转向与此进程相反的方向。而如胡思敬等思想上表现的保守倾向，并非孤立地存在于御史中，事实上是清末士大夫的一个基本思想状态。贯彻其间的是一个信念，一个向道的理念。这可从梁济殉清遗书中寻得答案。[①] 梁济为道义而殉，虽令人敬仰，但终究不是解决中国问题的正确途径。道义二字殊难界清，梁济所殉之道义，恐已非昔日之道义，更非他人谨守之道义。然而，要求政治人物谨守道义，作自觉修束的人性内省，未免对人及社会的期望太过理想。

① 梁济的殉清，在本质上是为道义而殉。他在《敬告世人书》中说："吾因身值清朝之末，故云殉清，其实非以清朝为本位，而以幼年所学为本位。吾国数千年先圣之诗礼纲常，吾家先祖先父先母之遗传与教训，幼年所闻以对于世道有责任为主义，此主义深印于吾脑中，即以此主义为本，故不容不殉。"（黄曙辉编校：《梁巨川遗书》，华东师范大学出版社 2008 年版，第 51 页）梁济所谓"主义"，可用"道义"来概括。虽不出儒家"忠孝节义"的范畴，却别有新解。就如"忠"，梁济的解释为："效忠于一家一姓之义狭，效忠于世界之义广。鄙人虽为清朝而死，而自以为忠于世界。"（《梁巨川遗书》，第 56 页）可见，梁济不论殉清还是为道义而殉，乃鉴于世道堕落而为之挽救。他的志愿在于为世人树一榜样，为迷茫的世界点燃一盏明灯。

参考文献

（以下均按汉语音序排序）

（一）官书、档案、资料汇编

1. 北平故宫博物院编：《清光绪朝中日交涉史料》，北平故宫博物院，1932 年。
2. 陈霞飞主编：《中国海关密档——赫德、金登干函电汇编（1874—1907）》，中华书局 1995 年版。
3. 光绪己亥敕修：《光绪会典》，《近代中国史料丛刊》第 13 辑，台湾文海出版社 1966 年版。
4. 国家档案局明清档案部编：《戊戌变法档案史料》，中华书局 1958 年版。
5. 故宫博物院明清档案部：《清末筹备立宪档案史料》，中华书局 1979 年版。
6. 故宫博物院明清档案部：《清代档案史料丛编》（第四辑），中华书局 1979 年版。
7. 嵇璜、刘墉等奉敕撰：《清朝通志》，浙江古籍出版社 1988 年版。
8. 昆冈等编：《钦定大清会典》，光绪二十五年版。
9. 昆冈等编：《钦定大清会典事例》，光绪二十五年石印版。
10. 刘锦藻撰：《皇朝续文献通考》，商务印书馆 1937 年版。
11. 李鸿章等奉敕重修：《钦定大清会典事例》（光绪朝），光绪十二年石印本。
12. 麦仲华编：《皇朝经世文新编》，沈云龙主编：《近代中国史料丛刊》第 78 辑，台湾文海出版社 1972 年版。
13. 戚其章编：《中国近代史资料丛刊续编——中日战争》，中华书局 1989—1996 年版。
14. 清史稿校注编纂小组：《清史稿校注》，台北国史馆 1989 年版。
15. 清华大学历史系编：《戊戌变法文献资料系日》，上海书店出版社 1998 年版。
16. 《清实录》，中华书局 1986—1987 年版。
17. 秦国经：《清代官员履历档案全编》，华东师范大学出版社 1997 年版。
18. 钱实甫编：《清代职官年表》，中华书局 1980 年版。
19. 钱实甫编：《清季新设职官年表》，中华书局 1961 年版。
20. 钱实甫编：《清季重要职官年表》，中华书局 1959 年版。

21. 璩鑫圭、唐良炎编：《中国近代教育史资料汇编（学制演变）》，上海教育出版社 1993 年版。
22. 全国政协文史资料委员会编：《中华文史资料文库——政治军事编》第 1 卷，中国文史出版社 2004 年版。
23. 全国政协文史资料委员会编：《文史资料存稿选编——晚清·北洋》（上），中国文史出版社 2002 年版。
24. 沈桐生辑：《光绪政要》，《近代中国史料丛刊》第 35 辑，台湾文海出版社 1969 年版。
25. 苏树蕃编：《清朝御史题名录》，《近代中国史料丛刊》第 14 辑，台湾文海出版社 1966 年版。
26. 汤志钧、陈祖恩编：《中国近代教育史资料汇编（戊戌时期教育）》，上海教育出版社 1993 年版。
27. 王彦威纂辑，王亮编、王敬立校：《清季外交史料》，书目文献出版社 1987 年版。
28. 王延熙、王树敏辑：《皇朝道咸同光奏议》，《近代中国史料丛刊》第 34 辑，台湾文海出版社 1969 年版。
29. 王钟翰点校：《清史列传》，中华书局 1989 年版。
30. 席裕福、沈师徐辑：《皇朝政典类纂》，《近代中国史料丛刊》第 90 辑，台湾文海出版社据光绪二十八年刻本印。
31. 《邸抄》，北京图书馆出版社 2004 年版。
32. 延煦等编：《钦定台规》（光绪十六年），海南出版社 2000 年版。
33. 郑樵撰：《通志》，商务印书馆 1935 年版。
34. 朱寿朋编，张静庐等校点：《光绪朝东华录》，中华书局 1958 年版。
35. 左舜生选辑：《中国近百年史资料初编、续编》，台湾中华书局 1987 年版。
36. 赵尔巽主编：《清史稿》，中华书局 1977 年版。
37. 张寿镛：《皇朝掌故汇编内编》，《近代中国史料丛刊》第 13 辑，台湾文海出版社 1964 年版。
38. 张寿镛：《皇朝掌故汇编外编》，《近代中国史料丛刊》第 14 辑，台湾文海出版社 1964 年版。
39. 张廷玉等奉敕撰：《清朝文献通考》，商务印书馆 1936 年版。
40. 中国史学会主编：《洋务运动》，《中国近代史资料丛刊》，上海书局 2000 年版。
41. 中国史学会主编：《中法战争》，《中国近代史资料丛刊》，上海书局 2000 年版。
42. 中国史学会主编：《戊戌变法》，《中国近代史资料丛刊》，上海书局 2000 年版。
43. 中国史学会主编：《中日战争》，《中国近代史资料丛刊》，上海书局 2000 年版。

44. 中国史学会主编：《义和团》，《中国近代史资料丛刊》，上海书局2000年版。
45. 中国史学会主编：《辛亥革命》，《中国近代史资料丛刊》，上海书局2000年版。
46. 中国第一历史档案馆编：《咸丰同治两朝上谕档》，广西师范大学出版社1998年版。
47. 中国第一历史档案馆编：《光绪宣统两朝上谕档》，广西师范大学出版社1996年版。
48. 中国第一历史档案馆编：《光绪朝朱批奏折》，中华书局1996年版。
49. 中国第一历史档案馆编：《庚子事变清宫档案汇编》，中国人民大学出版社2003年版。
50. 中国第一历史档案馆编：《清代档案史料丛编》（第14辑），中华书局1993年版。
51. 中国第一历史档案馆编辑部编：《义和团档案史料续编》，中华书局1990年版。
52. 中国第一历史档案馆、北京师范大学历史系编选：《辛亥革命前十年间民变档案史料》，中华书局1985年版。
53. 中国第一历史档案馆、福建师范大学历史系合编：《清末教案》（第2、3册），中华书局1996年版。
54. 中国第二历史档案馆编：《中华民国史档案资料汇编》（第1辑），江苏古籍出版社1991年版。

（二）日记、笔记、文集

1. 北京市档案馆编：《杨度日记》，新华出版社2001年版。
2. 柴小梵：《梵天庐丛录》，山西古籍出版社1999年版。
3. 蔡云万：《蛰存斋笔记》，上海书店出版社1998年版。
4. 陈夔龙撰：《梦蕉亭杂记》，山西古籍出版社1996年版。
5. 陈赣一：《睇向斋谈往》，上海书店出版社1998年版。
6. 陈冷汰、陈诒先译：《慈禧外记》，沈云龙主编：《近代中国史料丛刊》第88辑，台湾文海出版社影印本1973年版。
7. 陈义杰整理：《翁同龢日记》，中华书局1988—1998年版。
8. 陈继达主编：《监察御史徐定超》，上海学林出版社1997年版。
9. 陈善同：《陈侍御奏稿》，《近代中国史料丛刊》第28辑，台湾文海出版社1968年版。
10. 陈宝泉：《退思斋诗文存》，《中国近代史料丛刊》第57辑，台湾文海出版社1970年版。
11. 岑毓英：《岑襄勋公遗集》，《中国近代史料丛刊续编》第38辑，台湾文海出版社 1985 年版。
12. 岑春煊、恽毓鼎、王照、高树：《乐斋漫笔·崇陵传信录（外二种）》，中华书局 2008 年版。
13. 杜春和、耿来金、张秀清编：《荣禄存札》，齐鲁书社 1986 年版。
14. 顾廷龙编：《王同愈集》，上海古籍出版社 1998 年版。
15. 顾廷龙、戴逸等编：《李鸿章全集》，安徽教育出版社 2007 年版。
16. 郭嵩焘：《伦敦与巴黎日记》，岳麓书社 1984 年版。
17. 龙顾山人：《十朝诗乘》，卞孝萱、姚松点校，福建人民出版社 2000 年版。
18. 胡林翼：《胡文忠公遗集》，《中国近代史料丛刊续编》第 34 辑，台湾文海出版社 1969 年版。
19. 胡寄尘：《清季野史》，岳麓书社 1985 年版。
20. 胡思敬：《国闻备乘》，《民国史料笔记丛刊》，上海书店出版社 1997 年版。
21. 胡思敬：《退庐全集》，《中国近代史料丛刊》第 45 辑，台湾文海出版社。
22. 何刚德：《春明梦录·客座偶谈》，山西古籍出版社 1997 年版。
23. 何启、胡礼垣集，郑大华点校：《新政真诠》，辽宁人民出版社 1994 年版。
24. 黄濬：《花随人圣庵摭忆》，中华书局 2008 年版。
25. 黄遵宪著，钟叔河辑注校点：《日本杂事诗广注》，湖南人民出版社 1981 年版。
26. 江春霖撰：《梅阳江御史奏议》，出版单位不详，1919 年。
27. 姜义华编：《康有为全集》，中国人民大学出版社 2007 年版。
28. 金梁：《光宣小记》，上海书店出版社 1998 年版。
29. 金梁：《近世人物志》，北京图书馆出版社 2007 版。
30. 罗森等：《早期日本游记五种》，湖南人民出版社 1983 年版。
31. 缪荃孙撰：《艺风老人年谱》，北平文禄堂 1936 年版。
32. 廖一中、罗真容整理：《袁世凯奏议》，天津古籍出版社 1987 年版。
33. 廖寿恒：《抑斋日记》，上海图书馆藏稿本。
34. 卢金城编：《江春霖御史奏稿简注》，厦门大学出版社 2000 年版。
35. 梁启超：《戊戌政变记》，中华书局 1954 年版。
36. 梁章钜纂，朱智等续纂：《枢垣纪略》，上海书局 2000 年版。
37. 李伯元：《南亭笔记》，山西古籍出版社 1999 年版。
38. 李孟符：《春冰室野乘》，山西古籍出版社 1996 年版。
39. 李慈铭：《越缦堂日记》，广陵书社 2004 年版。
40. 刘声木撰：《苌楚斋随笔、续笔、三笔、四笔、五笔》，中华书局 1998 年版。
41. 刘体仁：《异辞录》，中华书局 1998 年。
42. 刘鹗：《老残游记》，人民文学出版社 2000 年版。

43. 刘坤一：《刘忠诚公遗集》，《中国近代史料丛刊》第26辑，台湾文海出版社1966年版。
44. 劳乃宣：《桐乡劳先生（乃宣）遗稿》，《中国近代史料丛刊》第36辑，台湾文海出版社1969年版。
45. 骆惠敏编：《清末民初政情内幕——莫理循书信集》，知识出版社1986年版。
46. 瞿兑之：《故都闻见录》，山西古籍出版社1996年版。
47. 瞿兑之：《同光间燕都掌故辑录》，山西古籍出版社1999年版。
48. 祁寯藻、文廷式、吴大瀓等：《〈青鹤〉笔记九种》，中华书局2008年版。
49. 全国政协文史资料委员会编：《晚清宫廷生活见闻》，文史资料出版社1985年版。
50. 任青、马忠文整理：《张荫桓日记》，上海书店出版社2004年版。
51. 荣孟源等主编：《近代稗海》，四川人民出版社1985—1988年版。
52. 沈桐生辑：《光绪政要》，近代中国史料丛刊第35辑，台湾文海出版社1969年版。
53. 宋教仁：《宋教仁集》，中华书局1981年版。
54. 孙宝瑄：《忘山庐日记》，上海古籍出版社1983年版。
55. 孙静安：《栖霞阁野乘》，山西古籍出版社1997年版。
56. 上海图书馆编：《汪康年师友书札》，上海古籍出版社1988—1989年版。
57. 汤志钧编：《康有为政论集》（上），中华书局1981年版。
58. 王闿运：《湘绮楼日记》，岳麓书社1997年版。
59. 王韬：《弢园文录外编》，中华书局1959年版。
60. 王文韶著，袁英光、胡逢祥整理：《王文韶日记》，中华书局1989年版。
61. 王伯恭：《蜷庐随笔》，山西古籍出版社1999年版。
62. 王树枏著，龙顾山人辑：《陶庐老人随年录/南屋述闻（外一种）》，中华书局2008年版。
63. 王栻主编：《严复集》，中华书局1986年版。
64. 吴汝纶编：《李文忠公全集》，海南出版社1997年版。
65. 吴庆坻：《蕉廊脞录》，上海书局2000年版。
66. 吴汝纶著，宋开玉整理：《桐城吴先生日记》，河北教育出版社1999年版。
67. 吴永口述，刘治襄笔记，李益波整理：《庚子西狩丛谈》，中华书局2009年版。
68. 吴趼人著，张友鹤校注：《二十年目睹之怪现状》，人民出版社1959年版。
69. 翁同龢纪念馆编，朱育礼点校：《翁同龢诗词集》，上海古籍出版社1998年版。
70. 翁同龢：《瓶庐丛稿》，台湾文海出版社1967年版。
71. 温肃：《温侍御（毅夫）年谱及檗庵奏稿》，《近代中国史料丛刊》第75辑，台湾文海出版社 1972 年版。
72. 文廷式：《文廷式集》，中华书局 1993 年版。
73. 文安主编：《晚清述闻》，中国文史出版社 2004 年版。
74. 伍廷芳：《伍廷芳集》，中华书局 1993 年版。
75. 谢兴尧注释：《荣庆日记》，西北大学出版社 1986 年版。
76. 小横香室主人编：《清朝野史大观》，河北人民出版社 1997 年版。
77. 徐一士：《一士类稿》，中华书局 2007 年版。
78. 徐一士：《一士谈荟》，中华书局 2007 年版。
79. 徐珂：《清稗类钞》，中华书局 1984 年版。
80. 徐凌霄、徐一士：《凌霄一士随笔》，山西古籍出版社 1997 年版。
81. 许指严：《十叶野闻》，山西古籍出版社 1996 年版。
82. 萧乾主编：《新编文史笔记丛书》第一、四辑，中华书局 2005 年版。
83. 薛福成著，蔡少卿整理：《薛福成日记》，吉林文史出版社 2004 年版。
84. 薛福成：《庸庵笔记》，江苏人民出版社 1983 年版。
85. 薛正兴主编：《李伯元全集》，江苏古籍出版社 1997 年版。
86. 夏东元编：《郑观应集》，上海人民出版社 1988 年版。
87. 叶昌炽：《缘督庐日记》，江苏古籍出版社 2002 年版。
88. 苑书义、孙华峰、李秉新主编：《张之洞全集》，河北人民出版社 1998 年版。
89. 严修撰，武安隆、刘玉敏点注：《严修东游日记》，天津人民出版社 1995 年版。
90. 恽毓鼎、史晓风整理：《恽毓鼎澄斋日记》，浙江古籍出版社 2004 年版。
91. 叶德辉编：《翼教丛编》，《近代中国史料丛刊》第 65 辑，台湾文海出版社 1971 年版。
92. 杨度著，刘晴波编：《杨度集》，湖南人民出版社 1986 年版。
93. 于翰笃编：《于中丞（荫霖）奏议》，《近代中国史料丛刊》第 23 辑，台湾文海出版社 1968 年版。
94. 曾纪泽著，刘志惠点校辑注：《曾纪泽日记》，岳麓书社 1998 年版。
95. 曾纪泽：《出使英法俄国日记》，岳麓书社 1985 年版。
96. 赵炳麟：《赵柏严集》，《近代中国史料丛刊》第 31 辑，台湾文海出版社 1969 年版。
97. 赵启霖著，施明、刘志盛整理：《赵瀞园集》，湖南出版社 1992 年版。
98. 赵烈文：《能静居日记》，台湾学生书局 1964 年版。
99. 郑孝胥著，劳祖德整理：《郑孝胥日记》，中华书局 1993 年版。
100. 朱维乾等编纂：《江春霖集》，马来西亚兴安会馆总会文化委员会 1990 年版。
101. 张枏、王忍之编：《辛亥革命前十年时论选集》（二）（三），生活·读书·新知三联书店 1963 年版。
102. 张百熙：《退思轩诗集》，京师印行，1911 年。
103. 张謇撰，张怡祖编：《张季子（謇）九录》，《近代中国史料丛刊续编》第 97 辑，台湾文海出版社 1983 年版。
104. 张謇研究中心，南通市图书馆编：《张謇全集》第六卷，江苏古籍出版社 1994 年版。
105. 张謇：《柳西草堂日记》，《近代中国史料丛刊》第三编第 19 辑，台湾文海出版社 1969 年版。
106. 张元济：《张元济诗文》，商务印书馆 1986 年版。
107. 张祖翼：《清代野记》，中华书局 2007 年版。
108. 张佩纶：《涧于日记》，台湾学生书局 1965 年版。

（三）传记、年谱、报刊

1. 卞孝萱、唐文权编：《辛亥人物碑传集》，团结出版社 1991 年版。
2. 陈声暨编，王真续编，叶长青补订：《侯官陈石遗年谱》，台北广文书局 1971 年影印。
3. 董守义：《恭亲王奕䜣大传》，辽宁人民出版社 1989 年版。
4. 丁文江、赵尔丰编：《梁启超年谱长编》，上海人民出版社 1983 年版。
5. 葛虚存：《清代名人轶事》，山西古籍出版社 1997 年版。
6. 高阳：《翁同龢传》，黄山书社 2008 年版。
7. 高平叔：《蔡元培年谱》，中华书局 1980 年版。
8. 顾廷龙：《吴愙斋（大澂）先生年谱》，哈佛燕京学社 1935 年版。
9. 胡钧编：《张文襄公年谱》，台湾文海出版社 1966 年版。
10. 侯宜杰：《袁世凯传》，百花文艺出版社 2003 年版。
11. 康有为：《康南海自编年谱》（外二种），中华书局 1992 年版。
12. 李守孔：《李鸿章传》，学生书局 1978 年版。
13. 李宗侗、刘凤翰编：《李鸿藻年谱》，台湾中国学术著作奖助委员会 1970 年版。
14. 梁启超：《李鸿章传》，海南出版社 1993 年版。
15. 闵尔昌纂录：《碑传集补》，明文书局 1985 年版。
16. 缪荃孙纂：《续碑传集》，明文书局 1985 年版。
17. ［美］I. T. 赫德兰著，晏方译：《慈禧与光绪——中国宫廷中的生存游戏》，中华书局 2004 年版。
18. 溥仪著，溥杰整理：《我的前半生》，群众出版社 1981 年版。
19. 钱仪吉纂录：《碑传集》，台湾明文书局 1985 年版。

20. 清史编委会编：《清代人物传稿》，中华书局 1984 年版。
21. 孙应祥：《严复年谱》，福建人民出版社 2003 年版。
22. 沈云龙编：《袁世凯全传》，台湾文海出版社 1966 年版。
23. 沈渭滨：《晚清女主——细说慈禧》，上海人民出版社 2007 年版。
24. 沈祖宪等：《容庵弟子记》，台湾文星书店 1966 年版。
25. 苏同炳（庄练）：《中国近代史上的关键人物》，百花文艺出版社 2007 年版。
26. 汤志钧：《戊戌变法人物传稿》（增订本），中华书局 1982 年版。
27. 王玉堂：《刘坤一评传》，暨南大学出版社 1990 年版。
28. 汪兆镛辑：《碑传集三编》，台湾明文书局 1985 年版。
29. 沃丘仲子：《近代名人小传》，中国书店 1988 年版。
30. 魏秀梅编：《清季职官表附人物录》，"中央研究院" 近代史研究所 2002 年版。
31. 徐彻：《慈禧大传》，辽海出版社 1998 年版。
32. 许同莘编：《张文襄公年谱》，商务印书馆 1947 年版。
33. 夏东元编：《盛宣怀年谱长编》，上海交通大学出版社 2004 年版。
34. 谢俊美：《翁同龢评传》，南京大学出版社 1998 年版。
35. 苑书义：《李鸿章传》，人民出版社 2004 年版。
36. 严修自订，高凌霄补：《严修先生年谱》，齐鲁书社 1990 年版。
37. ［英］濮兰德、［英］白克好司著，陈冷汰、陈诒先译，张宪春整理：《慈禧外记》，珠海出版社 1995 年版。
38. 朱尚文编：《翁同龢先生年谱》，台湾商务印书馆 1971 年版。
39. 朱沛莲编：《清代鼎甲录》，台湾中华书局 1983 年版。
40. 张树年主编：《张元济年谱》，商务印书馆 1991 年版。
41. 张謇：《啬翁自订年谱》，台湾学生书局 1974 年版。
42. 张孝若：《南通张季直先生传记》，台湾学生书局 1974 年版。
43. 《万国公报》、《申报》、《大公报》、《政治官报》、《近代史资料》、《清议报》、《盛京时报》、《国风报》、《知新报》、《东方杂志》、《新民丛报》

（四）专著

1. 艾永明：《清朝文官制度》，商务印书馆 2003 年版。
2. 白蕉：《袁世凯与中华民国》，上海人文月刊社 1936 年版。
3. 白钢主编：《中国政治制度史》，天津人民出版社 1991 年版。
4. 宝成关：《奕䜣慈禧政争记》，吉林文史出版社 1990 年版。
5. 包遵彭、李定一、吴相湘编：《中国近代史论丛》第 1 辑，台湾正中书局 1968 年版。

6. 蔡明伦：《明代言官群体研究》，中国社会科学出版社 2009 年版。
7. 陈葆仁编：《明清两代滇籍谏官录》，昆明新云南丛书社 1947 年版。
8. 陈梦家：《中国文字学》，中华书局 2006 年版。
9. 陈旭麓：《近代中国的新陈代谢》，上海人民出版社 1999 年版。
10. 陈茂同：《中国历代选官制度》，上海华东师大出版社 1994 年版。
11. 陈生玺、杜家骥编：《清史研究概说》，天津教育出版社 1991 年版。
12. 常熟市人民政府、中国史学会合编：《甲午战争与翁同龢》，中国人民大学出版社 1995 年版。
13. 车铭洲编：《西方现代语言哲学》，李连江译，天津南开大学出版社 1989 年版。
14. 董丛林：《晚清政事探研》，东方出版社 2001 年版。
15. 董丛林：《变政与政变（光绪二十四年聚焦）》，河北大学出版社 2006 年版。
16. 董丛林：《晚清社会传闻研究》，人民出版社 2007 年版。
17. 董丛林：《李鸿章的外交生涯》，团结出版社 2008 年版。
18. 董琨：《中国汉字源流》，商务印书馆 1998 年版。
19. 董方奎：《清末政体变革与国情之论争——梁启超与立宪政治》，华中师范大学出版社 1991 年版。
20. 杜家骥：《八旗与清朝政治论稿》，人民出版社 2008 年版。
21. 德龄著：《慈禧御前女侍官德龄见闻录》，顾秋心等译，大众文艺出版社 2003 年版。
22. 戴玄之：《义和团研究》，台湾文海出版社 1963 年版。
23. 刁忠民：《宋代台谏制度研究》，巴蜀书社 1999 年版。
24. 刁忠民：《两宋御史中丞考》，巴蜀书社 1995 年版。
25. ［德］卡尔·曼海姆（Karl Mannheim）著：《意识形态与乌托邦》，黎鸣、李书崇译，商务印书馆 2000 年版。
26. ［德］卡尔·曼海姆著：《保守主义》，李朝晖、牟建军译，译林出版社 2002 年版。
27. ［德］海德格尔著：《路标》，孙周兴译，商务印书馆 2000 年版。
28. ［德］海德格尔著：《形而上学导论》，熊伟、王庆节译，商务印书馆 1996 年版。
29. ［德］卡尔·曼海姆著：《保守主义》，李朝晖、牟建军译，江苏译林出版社 2002 年版。
30. 冯尔康：《清史史料学》，沈阳出版社 2004 年版。
31. 冯尔康：《清代人物传记史料研究》，商务印书馆 2000 年版。
32. 冯友兰：《中国现代哲学史》，广东人民出版社 1999 年版。

33. ［法］托克维尔：《旧制度与大革命》，商务印书馆 1997 年版。
34. 郭廷以：《近代中国史纲》，中国社会科学出版社 1999 年版。
35. 郭廷以编：《近代中国史事日志》，中华书局 1987 年版。
36. 郭世佑：《晚清政治革命新论》，湖南人民出版社 1997 年版。
37. 高旺：《晚清中国的政治转型——以清末宪政改革为中心》，中国社会科学出版社 2003 年版。
38. 郭松义、李新达、李尚英：《清朝典章制度》，吉林文史出版社 2003 年版。
39. 郭松义、李新达：《中国政治制度史》第 10 卷（清代），人民出版社 1996 年版。
40. 郭怨舟等：《巡察台湾御史杨二酉》，山西人民出版社 1993 年版。
41. 郭汉民：《晚清社会思潮研究》，中国社会科学出版社 2003 年版。
42. 古鸿廷：《清代官制研究》，台湾“国立”编译馆 2000 年版。
43. 高阳：《柏台故事》，台湾皇冠出版社 1983 年版。
44. 高一涵：《中国御史制度的沿革》，商务印书馆 1930 年版。
45. 侯宜杰：《二十世纪初中国政治改革风潮——清末立宪运动史》，人民出版社 1993 年版。
46. 黄彰健：《戊戌变法史研究》，上海书店出版社 2007 年版。
47. 黄惠贤、陈锋：《中国俸禄制度史》，武汉大学出版社 1996 年版。
48. 胡绳武：《戊戌维新运动史论集》，湖南出版社 1983 年版。
49. 胡沧泽：《中国监察制度史纲》，方志出版社 2004 年版。
50. 胡沧泽：《唐代御史制度研究》，台湾文津出版社 1993 年版。
51. 胡厚宣等：《甲骨探史录》，生活·读书·新知三联书店 1982 年版。
52. 何晓明：《返本开新——近代中国文化保守主义新论》，商务印书馆 2006 年版。
53. 何兆武口述，文靖撰写：《上学记》（修订版），生活·读书·新知 三联书店 2008 年第 2 版。
54. 金易、沈义羚：《宫女谈往录》，紫禁城出版社 1995 年版。
55. 姜鸣：《龙旗飘扬的舰队——中国近代海军兴衰史》，上海交通大学出版社 1991 年版。
56. 蒋廷黼：《中国近代史》，上海古籍出版社 1999 年版。
57. 蒋庆：《政治儒学：当代儒学的转向、特质和发展》，生活·读书·新知三联书店出版 2003 年版。
58. 贾玉英：《宋代监察制度》，河南大学出版社 1996 年版。
59. 贾玉英：《中国古代监察制度发展史》，人民出版社 2004 年版。
60. 监察院编：《监察制度史要》，南京汉文正楷印书局 1935 年版。

61. 孔祥吉：《清人日记研究》，广东人民出版社 2008 年版。
62. 孔祥吉：《戊戌维新运动新探》，湖南人民出版社 1988 年版。
63. 罗志田：《再造文明之梦：胡适传》，四川人民出版社 1995 年版。
64. 鲁迅：《中国小说史略》，《鲁迅全集》第 9 卷，人民文学出版社 2005 年版。
65. 刘军宁：《保守主义》，中国社会科学出版社 1998 年版。
66. 刘伟：《晚清督抚政治——中央与地方关系研究》，湖北教育出版社 2003 年版。
67. 刘小枫编：《施特劳斯与古典政治哲学》，上海三联书店 2002 年版。
68. 刘绪义：《历史给谁来酿酒——湖湘才子品读曾国藩》，当代中国出版社 2008 年版。
69. 梁启超：《清代学术概论》，上海古籍出版社 1998 年版。
70. 梁启超：《戊戌政变记》，中华书局 1954 年版。
71. 林华国：《义和团史事考》，北京大学出版社 1993 年版。
72. 林明德：《袁世凯与朝鲜》，台湾“中研院”近代史研究所 1961 年版。
73. 林文仁：《南北之争与晚清政局：以军机处汉大臣为核心的探讨》，中国社会科学出版社 2005 年版。
74. 林文仁：《派系分合与晚清政治：以“帝后党争”为中心的探讨》，中国社会科学出版社 2005 年版。
75. 李细珠：《张之洞与清末新政研究》，上海书店出版社 2003 年版。
76. 李剑农：《近百年中国政治史》，复旦大学出版社 2002 年版。
77. 李鹏年、朱先华、秦国经等编：《清代中央国家机关概述》，紫禁城出版社 1989 年版。
78. 李曙光：《晚清职官法研究》，中国政法大学出版社 2000 年版。
79. 李文海：《世纪之交的晚清社会》，中国人民大学出版社 1995 年版。
80. 李乔：《清代官场百态》，中国人民大学出版社 1990 年版。
81. 李世涛主编：《知识分子立场——激进与保守之间的动荡》，长春时代文艺出版社 2000 年版。
82. 李世涛主编：《知识分子立场——民族主义与转型期中国的命运》，时代文艺出版社 2000 年版。
83. 李孝定编述：《甲骨文字集释》，台湾“中央研究院”历史语言研究所 1970 年再版本。
84. 苗长青：《晚清官僚派别派系研究》，辽宁大学出版社 1993 年版。
85. 孟森：《明清史论著集刊》，中华书局 2006 年版。
86. 茅海建：《戊戌变法史事考》，三联书店 2005 年版。
87. 茅海建：《从甲午到戊戌：康有为〈我史〉鉴注》，生活·读书·新知三联书店

2009 年版。
88. ［美］丹尼斯·朗（Dennis H. Wrong）：《权力论》，陆震纶、郑明哲译，中国社会科学出版社 2001 年版。
89. ［美］亨廷顿：《变动社会中的政治秩序》，上海译文出版社 1989 年版。
90. ［美］费正清、刘广京编：《剑桥中国晚清史（1800—1911 年）》，中国社会科学院历史研究所编译室译，中国社会科学出版社 1985 年版。
91. ［美］魏斐德（Frederic E. Wakeman，Jr.）：《洪业——清朝开国史》，陈苏镇等译，江苏人民出版社 1995 年版。
92. ［美］马士（Hosea Morse）著：《中华帝国对外关系史》，张汇文等译，上海书店 2000 年版。
93. ［美］史景迁（Jonathan D. Spence）：《追寻现代中国——最后的王朝》，中国人民大学出版社 1994 年版。
94. 戚其章：《甲午战争史》，上海人民出版社 2005 年版。
95. 戚其章、王如绘主编：《甲午战争与近代中国和世界——甲午战争 100 周年国际学术讨论会文集》，人民出版社 1995 年版。
96. 钱穆：《国史大纲》，商务印书馆 1996 年版。
97. 钱穆：《国史新论》，三联书店 2001 年版。
98. 钱穆：《中国历代政治得失》，三联书店 2001 年版。
99. 丘永明：《中国监察制度史》，华东师范大学出版社 1992 年版。
100. 启良：《新儒学批判》，上海三联书店 1995 年版。
101. 彭勃、龚飞主编：《中国监察制度史》，中国政法大学出版社 1989 年版。
102. 芮和燕：《西汉御史制度》，台湾政治大学政治研究所 1964 年版。
103. 任恒俊：《晚清官场规则研究》，海南出版社 2003 年版。
104. 盛康辑：《皇朝经世文编续编》，近代中国史料丛刊第 84 辑，台湾文海出版社 1972 年版。
105. 石泉：《甲午战争前后之晚清政局》，上海三联书店 1997 年版。
106. 桑兵：《庚子勤王与晚清政局》，北京大学出版社 2004 年版。
107. 桑咸之：《晚清政治与文化》，中国社会科学出版社 1996 年版。
108. 汤志钧：《戊戌变法史论》，上海书局 2000 年版。
109. 王戎笙主编：《台港清史研究文摘》，辽宁人民出版社 1988 年版。
110. 王浦劬主编：《政治学基础》，北京大学出版社 1995 年版。
111. 王亚南：《中国官僚政治研究》，中国社会科学出版社 1984 年版。
112. 王开玺：《晚清政治新论》，商务印书馆 2006 年版。
113. 王晓秋、尚小明：《戊戌维新与清末新政——晚清改革史研究》，北京大学出版社 1998 年版。
114. 韦庆远、柏桦：《中国政治制度史》（第 2 版），中国人民大学出版社 2005 年版。
115. 韦庆远、高放、刘文源：《清末宪政史》，中国人民大学出版社 1993 年版。
116. 王维江：《“清流”研究》，上海书店出版社 2009 年版。
117. 吴相湘：《近代史事论丛》，台湾传记文学出版社 1964 年版。
118. 吴相湘：《晚清宫廷实纪》，台湾正中书局 1988 年版。
119. 吴相湘：《晚清宫廷与人物》，台湾传记文学出版社 1979 年版。
120. 萧功秦：《危机中的变革：清末现代化进程中的激进与保守》，上海三联书店 1999 年版。
121. 辛向阳：《大国诸侯——中国中央与地方关系之结》，中国社会科学出版社 1996 年版。
122. 萧一山：《清代通史》，华东师范大学出版社 2006 年版。
123. 萧公权著，杨肃献译：《翁同龢与戊戌维新》，台湾联经出版公司 1983 年版。
124. 徐中约：《中国近代史》，香港中文大学出版社 2001 年版。
125. 徐迅：《民族主义》，中国社会科学出版社 1998 年版。
126. 许慎撰：《说文解字》，中华书局 1963 版年。
127. 许慎著，汤可敬撰：《说文解字今释》，岳麓书社 2002 年版。
128. 许大龄：《明清史论集》，北京大学出版社 2001 年版。
129. 虞云国：《宋代台谏制度研究》，上海科学出版社 2001 年版。
130. 于省吾主编：《甲骨文字诂林》，中华书局 1999 年版。
131. 杨天石：《海外访史录》，社会科学文献出版社 1998 年版。
132. 杨天石：《寻求历史的谜底》，首都师范大学出版社 1993 年版。
133. 杨国强：《晚清的士人与世相》，生活·读书·新知三联书店 2008 年版。
134. 袁伟时：《帝国落日：晚清大变局》，江西人民出版社 2003 年版。
135. ［英］罗杰·斯克拉顿（Roger Scruton）著：《保守主义的含义》，王皖强译，中央编译出版社 2005 年版。
136. ［英］休西·塞尔：《保守主义》，杜汝楫译，商务印书馆 1986 年版。
137. ［英］柯林武德：《历史的观念》，何兆武、张文杰译，商务印书馆 1997 年版。
138. ［意］贝奈戴托·克罗齐，［英］道格拉斯·安斯利英译：《历史学的理论和实际》，傅仁敢汉译，商务印书馆 1982 年版。
139. 曾纪蔚：《清代之监察制度》，兴宁书店 1931 年版。
140. 庄建平：《晚清民初政坛百态》，四川人民出版社 1999 年版。
141. 朱德米：《自由与秩序：西方保守主义政治思想研究》，天津人民出版社 2004

年版。
142. 赵映诚：《谏官与谏官制度》，香港新世纪出版社 1993 年版。
143. 郑秦：《清代法律制度研究》，中国政法大学出版社 2000 年版。
144. 郑秦：《清朝司法审判制度研究》，湖南教育出版社 1988 年版。
145. 张海林：《端方与清末新政》，南京大学出版社 2007 年版。
146. 张连起：《清末新政史》，黑龙江人民出版社 1994 年版。
147. 张朋园：《立宪派与辛亥革命》，吉林出版集团有限责任公司 2007 年版。
148. 张德泽编：《清代国家机关考略》，中国人民大学出版社 1981 年版。
149. 张鸣：《再说戊戌变法》，陕西人民出版社 2008 年版。
150. 张鸣：《中国政治制度史导论》，中国人民大学出版社 2004 年版。
151. 中国义和团运动史研究会编：《义和团运动与近代中国社会国际学术讨论会论文集》，齐鲁书社 1992 年版。

（五）学位论文

1. 傅绍良：《唐代谏官与文学》，博士学位论文，陕西师范大学，2002 年。
2. 陈秋云：《中国古代言谏文化与制度研究》，博士学位论文，中国政法大学，2001 年。
3. 陈勇勤：《晚清清流派清议思想研究》，博士学位论文，北京师范大学，1994 年。
4. 蔡明伦：《明代言官群体研究》，博士学位论文，华中师范大学，2007 年。
5. 蔡明伦：《明代言官研究》，硕士学位论文，华中师范大学，2004 年。
6. 党宝海：《中国古代监察制度与绩效研究》，博士后报告，北京大学，2005 年。
7. 代小丽：《民国初年行政监察制度研究》，硕士学位论文，中国人民大学，2009 年。
8. 黄河：《北魏监察制度研究》，硕士学位论文，吉林大学，2010 年。
9. 郝玉朋：《清代监察制度研究：以清代密折制度为个案》，硕士学位论文，人民大学，2007 年。
10. 胡斌：《明清监察制度初探》，硕士学位论文，贵州师范大学，2008 年。
11. 胡沧泽：《唐代御史制度研究》，博士学位论文，厦门大学，1988 年。
12. 胡震：《晚清京控案件研究》，博士学位论文，北京大学，2006 年。
13. 胡海滨：《清末监察制度改革述论》，硕士学位论文，湘潭大学，2006 年。
14. 华晓皓：《清代监察效能初探》，硕士学位论文，苏州大学，2009 年。
15. 靳丽：《明代御史制度探微》，硕士学位论文，贵州大学，2008 年。
16. 李巧：《试论清代监察制度的建置及其监察机能萎缩的原因》，硕士学位论文，郑州大学，2004 年。

17. 李宝柱：《北宋的两制与台谏》，博士学位论文，北京大学，1985 年。
18. 梁娟娟：《清代谏议制度研究》，博士学位论文，山东大学，2009 年。
19. 刘双舟：《明代监察法制研究》，博士学位论文，中国政法大学，2002 年。
20. 刘卓：《袁世凯统治时期监察制度研究》，硕士学位论文，吉林大学，2005 年。
21. 刘涛：《从都察院到检察厅：以清代法制变革为视角》，博士学位论文，中国人民大学，2008 年。
22. 刘芳：《言官与戊戌变法》，硕士学位论文，吉林大学，2006 年。
23. 陆振兴：《明代都察院研究》，博士学位论文，北京大学，1992 年。
24. 马艳丽：《明清御史制度比较研究》，硕士学位论文，东北师范大学，2008 年。
25. 彭红梅：《北魏御史台试析》，硕士学位论文，北京师范大学，2009 年。
26. 任长义：《唐代御史台研究》，博士学位论文，北京师范大学，2007 年。
27. 唐剑：《明清言谏制度研究》，硕士学位论文，湘潭大学，2006 年。
28. 王海平：《论我国行政监察制度的完善》，硕士学位论文，黑龙江大学，2009 年。
29. 王倩：《监察御史与晚清政局——以奕劻被劾案为线索的考察》，硕士学位论文，华中师范大学，2008 年。
30. 谢海燕：《晚清资政院研究》，硕士学位论文，北京大学，2004 年。
31. 肖海燕：《晚清清流派研究》，硕士学位论文，吉林大学，2005 年。
32. 余洪波：《论中国古代监察机关的职权及其特点》，硕士学位论文，中国人民大学，1994 年。
33. 杨雄威：《日暮穷途：清末预备立宪时期的言路》，硕士学位论文，河北师范大学，2006 年。
34. 尤育号：《黄体芳研究》，硕士学位论文，华东师范大学，2007 年。
35. 张敬：《清末言官的变法观考察》，硕士学位论文，河北师范大学，2005 年。
36. 张锦国：《试论明代的司法监察制度》，硕士学位论文，中国人民大学，2010 年。
37. 郑庆寰：《五代十国监察制度初探》，硕士学位论文，辽宁大学，2010 年。
38. 占丽媛：《清代都察院体制探析》，硕士学位论文，南京师范大学，2008 年。
39. 赵晋波：《陈宝琛清流风格研究》，硕士学位论文，东华大学，2007 年。

（六）期刊论文

1. 陈勇勤，关于清流研究的多篇文章：《辜鸿铭论清流党问题浅析》，《福建论坛》（人文社会科学版）1992 年第 1 期；《论甲申易枢后清流党人任海疆三会办问题》，《历史档案》1992 年第 1 期；《康有为与清议的动机》，《北方论丛》1994

年第 2 期；《略论李鸿章与清流派》，《学术界》1992 年第 4 期；《清流党成员问题》，《近代史研究》1992 年第 4 期；《吴大澂东调帮办吉林边防小考》，《社会科学战线》1993 年第 1 期；《晚清清流派的恤民思想》，《历史档案》2003 年第 2 期；《论晚清清流派的文化思想》，《学术研究》1993 年第 3 期；《晚清清流派伦理思想刍议》，《孔子研究》1993 年第 3 期；《“道”不变，“器”各有所择——晚清清流派文化观概论》，《江汉论坛》1993 年第 6 期；《晚清清流派思想研究》，《近代史研究》1993 年第 3 期；《论晚清清流派的对外思想》，《河北师范学院学报》（社会科学版）1994 年第 2 期；《晚清清流派教育思想探论》，《辽宁教育行政学院学报》1994 年第 1 期；《张佩纶辛丑议约中离京回宁原因辨误》，《南京社会科学》1994 年第 12 期；《论陈宝琛在中法战争中的军事和外交策略》，《福建论坛》（人文社会科学版）1994 年第 6 期；《论清流派学习西方的思想意识》，《江苏社会科学》1994 年第 3 期；《光绪间“清流”三群体与在朝清议》，《荆州师范学院学报》1995 年第 6 期；《试论陈宝琛的儒学思想》，《齐鲁学刊》1996 年第 1 期；《李端棻的一件奏折与清议呼吁廉政自强》，《贵州社会科学》2007 年第 12 期，等等。

2. 迟云飞：《清末最后十年的平满汉畛域问题》，《近代史研究》2001 年第 5 期。
3. 丁名楠：《十九世纪六十至九十年代清朝统治集团最高层内部斗争概述》，《近代史研究》1982 年第 1 期。
4. 董蔡时、王建华：《论甲午战争时期帝党和言官的“倒李”斗争》，《清史研究》1994 年第 4 期。
5. 董丛林：《清末戊戌、己亥年间“废立”传闻探析》，《南开学报》（哲学社会科学版）2003 年第 2 期。
6. 董丛林：《清末新政立宪革命三者关系简论》，《光明日报》1997 年 5 月 6 日。
7. 董丛林：《权监势力与晚清朝政》，《河北学刊》1995 第 3 期。
8. 冯尔康：《清史研究与政治》，《清史研究》2005 年第 3 期。
9. 冯尔康：《断代史清史研究的过去、现状与问题》，《天津师范大学学报》（社会科学版）2007 年第 6 期。
10. 宫玉振：《赵炳麟何时奏请制定预算决算表以资考核》，《历史档案》1993 年第 3 期。
11. 宫玉振：《从联盟到分裂——论清末言官与亲贵关系的变化》，《齐鲁学刊》1993 年第 2 期。
12. 高新伟：《中国古御史系统独立性失效的经济学分析》，《云南社会科学》2008 年第 3 期。
13. 郭卫东：《戊戌政变后废帝与反废帝的斗争》，《史学月刊》1990 年第 6 期。

14. 郭卫东：《丁未政潮中康梁派活动考略》，《历史档案》1990 第 1 期。
15. 韩敏：《清代爱国御史韩锦云》，《海南大学学报》1984 年第 1 期。
16. 何若钧：《甲午战争时期的清议》，《历史教学》1987 年第 4 期。
17. 何树宏：《奕劻与晚清政局》，《清史研究》2000 年第 2 期。
18. 姜铎：《洋务运动与晚清政局》，《历史教学》1995 年第 7 期。
19. 孔祥吉：《百日维新前后的开新与守旧之争》，《晋阳学刊》1985 年第 1 期。
20. 李祖基：《清代巡台御史制度研究》，《故宫博物院院刊》2003 年第 2 期。
21. 李锦全：《论戊戌变法与清末新政中的慈禧》，《文史哲》1999 年第 1 期。
22. 刘丽君：《论清代康熙朝御史弹劾噶礼案》，《华北水利水电学院学报》（社科版）2008 年第 6 期。
23. 梁娟娟：《论清代皇权的加强与科道官谏诤职能的萎缩》，《求索》2008 年第 10 期。
24. 林克光：《清末第一御史江春霖》，《历史教学》2002 年第 1 期。
25. 雷俊：《官僚立宪派与清末政争》，《华中师范大学学报》（哲社版）1992 年第 4 期。
26. 马蓉、马婧：《我国古代御史制度》，《法制与社会》2008 年第 29 期。
27. 戚其章：《论甲午战争初期的帝后党争》，《山东社会科学》1987 年第 2 期。
28. 戚其章：《论庚子事变中的和战之争》，《东岳论丛》1986 年第 6 期。
29. 芮和林：《勤政清廉的长芦巡盐御史——莽鹄立》，《盐业史研究》2000 年第 4 期。
30. 史全生：《论戊戌维新运动中的帝党》，《历史档案》1984 年第 4 期。
31. 唐国军：《清流与教化——屠仁守行年事迹考论》，《孝感学院学报》2008 年第 2 期。
32. 汤志钧：《翁同龢和帝党》，《近代史研究》1994 年第 4 期。
33. 吴观文：《试论清初的监察制度与吏治》，《求索》1986 年第 6 期。
34. 吴心伯：《甲午战争至戊戌变法前清廷朝局初探》，《安徽史学》1995 年第 2 期。
35. 吴春梅：《预备立宪和清末政局演变》，《安徽史学》1996 年第 1 期。
36. 吴万善：《甲午战争期间的“铁汉”御史安维峻》，《西北民族大学学报》（哲学社会科学版）1988 年第 3 期。
37. 武晓华：《略论清代监察制度》，载《山西大学学报》（哲学社会科学版）1989 年第 3 期。
38. 王维江关于清流研究的多篇文章：《谁是“清流”——晚清“清流”称谓考》，《史林》2005 年第 3 期；《从“清流”到“清流党”》，《史林》2006 年第 1 期；《邓承修：另类“清流”》，《史林》2007 年第 2 期；《“清流”与〈申报〉》，

《近代史研究》2007 年第 6 期；《从慈禧到“清流”：同光中兴中的“声”与“色”》，《学术月刊》2007 年第 12 期；《“清流”张之洞》，《社会科学》2008 年第 1 期；《张佩纶：悲情“清流”》，《史林》2008 年第 5 期；等等。

39. 王小华：《晚清前清流探略》，《重庆工学院学报》（社会科学版）2008 年第 2 期。
40. 道成：《中日甲午战争与慈禧太后》，《清史研究》1994 年第 4 期。
41. 邢早忠：《清代监察制度的特点》，《贵州社会科学》1985 年第 3 期。
42. 谢海涛、杨宝杰：《书生报国：甲午战争中“后清流”的活动》，《北方民族大学学报》2009 年第 9 期。
43. 谢海涛、杨宝杰：《甲午战争中“后清流”提出的御敌方略初探》，《青海民族研究》2010 年第 1 期。
44. 叶玉琴：《论晚清预备立宪期间御史谏议的作用》，《莆田学院学报》2004 年第 1 期。
45. 杨益茂：《洋务运动与晚清政局》，《清史研究》1995 年第 4 期。
46. 袁亚忠：《丙午官制改革与清末政局》，《山东社会科学》1996 年第 2 期。
47. 朱金甫：《鸦片战争前道光朝言官的禁烟论》，《近代史研究》1991 年第 2 期。
48. 朱从兵：《一个言官的尴尬——赵炳麟的铁路筹建思想与实践》，《广西师范大学学报》（哲学社会科学版）2005 年第 4 期。
49. 张文翰：《陶文毅公在清代清流人士心目中的历史地位》，《湖南城市学院学报》1990 年第 4 期。
50. 章开沅：《翁张交谊与晚清政局》，《近代史研究》1981 年第 1 期。
51. 张践：《丁未政潮与预备立宪》，《四川师范大学学报》（社会科学版）1994 年第 2 期。

（七）外文论著

1. Mary Clabaugh Wright, *The Last Stand of Chinese Conservatism: The Tung - chin Restoration, 1862 - 1874*, Stanford University Press, Stanford, Calfonia, 1957.
2. Benedetto Croce Authorized, *Translation by Douglas Ainisilie*, *History Its Theory and Practice*, New York Harcourt, Brace and Cmpany, 1923.
3. R. J. White, *The conservative tradition*, London, 1950.
4. A. Quinton, *The Politics of Imperfection*, London, 1978.
5. S. Huntington, *Conservatism as Ideology*, in American Political Science Review, 1957.
6. D. Willetts, *Modern conservatism*, Harmondsworth, 1992.

后　记

自启蒙就学便有一些学习障碍，思维里经常混入千军万马，注意力难以集中。这注定了我学习经历的波折，四十多岁才结束了学校受教生涯。当然，一定阶段的人生状态反而有利于对某些主题的思索，毋乃失之东隅收之桑榆乎？

关于社会及历史虽又多经几年思索，曾经为之困惑的那些问题，却依然无解，或坚持一个答案的求解，或转向承认一个无解的事实。也许，一些问题原本无解，只是在我们思索、求解的过程中，解决了那些最迫近的问题。

在《清末政治旋涡中的御史（1894—1911）》一书准备、写作的两年中，寂寞求索，对一些被简单化的问题，终于有了窥破面相的认识。这或许才是那两年再思索中，应当和已经收获的东西。想至此处，我便可以欣然继续那个或许无解，却并非无所获的思索了。

感谢我的导师董丛林教授，允许我以《清末政治旋涡中的御史（1894—1911）》为题写作。

感谢开题时，各位老师的指导和建议；感谢同学、室友，日常高水平议论的启导。

感谢中国社会科学出版社的老师为本书校对提供的指导和付出的辛劳。

最后，感谢我的爱人！

郑翠斌

2015 年 2 月于红河